Pádhraic Mháire Bhán

nó

An Gol agus an Gáire

Seán Ó Ruadháin

AN GÚM
Baile Átha Cliath

An tEagrán Nua seo

ISBN 1-85791-096-6
An chéad chló 1932
An dara cló 1934
An tríú cló 1935
An ceathrú cló 1937
An cúigiú cló 1938

Tá na foilsitheoirí fíorbhuíoch de Shéamus Ó Dúgáin agus d'Áine Ní Chiaráin a chabhraigh chun an t-eagrán seo a ullmhú.

Arna chlóbhualadh in Éirinn ag Criterion Press Tta

Le ceannach ón
Oifig Dhíolta Foilseachán Rialtais,
Sráid Theach Laighean, Baile Átha Cliath 2,
nó ó dhíoltóirí leabhar.

Orduithe tríd an bpost go dtí:
Rannóg na bhFoilseachán, Oifig an tSoláthair,
4-5 Bóthar Fhearchair, Baile Átha Cliath 2.

An Gúm, 44 Sráid Uí Chonaill Uachtarach, Baile Átha Cliath 1

I

A Thiarna Dia, nárbh uafásach an oíche í! A leithéid níor shéid as aer le cuimhne cinn an duine ba shine ar an mbaile. Bhí sé ina chalm ciúinis le dhá lá roimhe sin – ní chorrófaí ribe de do ghruaig. Nuair a dúirt sean-Mháirtín go raibh doineann air, magadh a toisíodh a dhéanamh faoi. Chonaic sé an cúr, ina chnaip mhóra bhuí, ag teacht aniar leis an ionradh tuile, agus ní fhaca sé ag teacht amhlaidh riamh é nach mbeadh an stoirm sna sála aige. Agus níorbh é sin an t-aon tuar amháin. Bhí na faoileáin ina scataí ar fud na bhfálta le trí lá roimhe sin mar a bheadh siad ag teitheadh ón bhfarraige; agus, comhartha ní b'fhearr ná ceachtar acu, an seanrón glas nach bhfacthas cheana ón lá mífhortúnach úd ar bádh long Mhitchell, bhí sé á thaispeáint féin thart le cladach, é ag breathnú uaidh isteach ar na tithe mar a bheadh sé ag magadh, seanchloigeann air a bhí liath le haois, agus cuma air go raibh sé chomh críonna le Solamh.

Go deimhin bhí ráflaí iontacha ar fud an bhaile dá mb'fhéidir aird a thabhairt orthu. Fear eicínt de mhuintir an taoibh amuigh a bhí ag teacht as Gaoth Sáile cúpla lá roimhe sin, dúirt sé go bhfaca sé long faoi lánseol ag scinneadh thairis ag teacht anoir Baile na bhFearghusach dó, gan rud ar bith fúithi ní ba fhliche ná an gaineamh. Má b'fhíor dó é ba í an long sí í nach bhfeictí ach amháin nuair a bhíodh mí-ádh mór eicínt le teacht ar dhuine nó ar dhaoine. Corrdhuine a thug aird air, ach magadh a rinne formhór an bhaile faoi, ag déanamh amach go raibh braon beag thar an gceart istigh aige ag teacht abhaile dó. Agus fágadh an scéal mar sin.

Ach tháinig an tuar faoin tairngreacht ag sean-Mháirtín, rud ba mhinic leis. Le titim dubh na hoíche go díreach agus leath tuilte aige, phreab an ghaoth ó thuaidh, agus thoisigh an tuargain. Ag neartú a bhí an stoirm nó go raibh sé in airde mhara. Anois agus arís thigeadh ráig mhór shneachta a bhaineadh lasracha as clocha an chladaigh, agus mhaithfeá d'Éire chláir ach gan a bheith ag éisteacht leis an gcoscairt. Bhí an fharraige ag béicigh agus ag búiríl mar a bheadh na mílte tarbh buile ag comhfhreagairt a chéile, agus na tonntracha tréana ag teacht 'go torannach tolgach trom' ina seanrith, ag nochtadh ort aniar ó bhun na spéire mar a bheadh ollphiasta móra a bheadh ar deargmhire agus a mbeadh fúthu talamh agus trá a shlogadh siar ina gcraos. Oíche a bhí inti a scrúdfadh an duine ba chrua croí le créatúr ar bith a bhí ar mhuir mhór na dtonn.

Is uaigneach uafar iargúlta an baile Log an tSearraigh lá ar bith sa mbliain, ach tá an cat mara ar fad air i ndúlaíocht an gheimhridh nuair a bhíos na hoícheanta fada fuara fliucha ann agus gan ré gan réalta ar amharc. Gob lom carraigeach é agus é mar a bheadh sé sáite amach sa bhFarraige Mhór. Gan scáth gan foscadh gan cosaint air ó shíon ar bith a shéideas, go gcuirfeadh sé i gcuimhne duit starrfhiacail a bheadh fágtha léi féin i gcarbad caillí mantaí. Tuairim leathchéad teach ann ar fad, tithe beaga bídeacha ceann tuí, iad uilig go léir ar an déanamh céanna, agus iad ar fad cosúil lena chéile ach amháin go mbíonn cuid acu aolnite agus cuid eile nach mbíonn de réir mar a bhíos na daoine ar leo iad níos deisiúla ná a chéile, nó suim i nglaine acu. Shílfeá le breathnú tamall uait orthu go mba chaoirigh bearrtha iad a bheadh ag iarraidh a bheith ag baint an fhoscaidh dá chéile lá síne – trí theach in áit, ceithre theach in áit eile, agus mar sin de, go díreach mar thitfeadh siad anuas as an spéir, gan eagar, gan ordú, gan leagan amach.

I bhfad uait ar thrí thaobh, theas, thoir, agus thuaidh,

d'fheicfeá leathfháinne de shléibhte móra thart timpeall ort ag bun na spéire, ag toisiú le Sliabh Mór agus ag críochnú le Cnoc an Túir, iad ar fad ag féachaint go dána bagrach i dtreo na farraige; agus ar an taobh thiar tá an Fharraige Mhór í féin ag síneadh uait siar, siar, go gcastar í féin agus néalta neimhe ar a chéile; í ansin á húnfairt féin agus ag éagaoin agus ag olagón amhail rud beo a bheadh i bpianpháis agus i bpiolóid; í ag méadú agus ag maolú, ag maolú agus ag méadú ó mhaidin go hoíche agus ó Luan go chéile. Níl aon talamh eile le casachtáil ort ar do bhealach siar go dté tú go dtí an tOileán Úr; agus, ar an ábhar sin, is minic muintir na háite ag déanamh gaisce go bhfuil cónaí orthu 'sa bparáiste is gaire do Nua-Eabhrac'. Agus go deimhin féin agus go dearfa is mó de mhuintir an pharáiste a chasfaí leat san Oileán Úr ná mar atá sa mbaile.

Talamh an bhaile tá sé roinnte ina chúláin bheaga agus ina mhionghiotaí – seanroinn atá air ón dílinn – gírle ag duine in áit, stang in áit eile; leathcholpa anseo, colpa ansiúd thall, agus mar sin de; agus na paistí beaga uilig tugtha faoi sconsa acu – claíocha cloch nó fód – go gcuirfeadh siad i gcuimhne duit na roic a d'fheicfeá in éadan seanóra.

Na daoine a bhfuil cónaí orthu i Log an tSearraigh is iad is fearr foighid ar thalamh na cruinne nuair nach maraíonn siad a chéile leath an ama, mar gur mion minic feithide le duine amháin ag titim ar chuid an té úd eile; ach gí gur minic sceaimhínteacht agus b'fhéidir scliúchas agus scamhailéireacht le clos, ina dhiaidh sin féin níor chuala aon duine riamh gur buaileadh buille nó bosóg, ná go raibh cúirt nó seisiún ag duine acu ar a chomharsa.

Tá siad ansin ag coraíocht leis an saol agus an saol ag coraíocht leo. Iad ag cur a mbreithiúnas aithrí díobh sula gcailltear iad ar chor ar bith. Gan acu ach ón láimh go dtí an béal agus gan sin féin acu go minic. Ach dá anróití dá bhfuil an saol acu tá fáilte agus féile le fáil go síoraí suthain ann ag fear bóthair is bealaigh, agus ní 'bacach' an fear siúil ach 'bochtán Dé'.

In áiteacha den tsórt seo is ea a gheofá teanga agus tréithe, béascna agus béaloideas, onóir agus uaisle Gael go beo bríomhar fós i measc portach agus cnoc agus carraigeacha, ó díbríodh thar Sionainn siar an seanbhunadh na céadta bliain ó shin.

★ ★ ★

Bhí Máire Bhán agus a seisear dílleachtaí cruinn thart ar an tine nuair a thoisigh an stoirm. Bhí Brídín, an leanbh ab óige, agus í ag slíocadh an chait, agus ag gáire faoin gcaoi a gcuireadh sé a cheann suas in aghaidh a láimhe le gach cuimilt dá dtugtaí dó, agus a ruball san aer aige. Bhí Pádhraic, an duine ba shine den chlann, ag déanamh rópa cocháin i gcomhair béal-ligtheoir pardóige, agus bhí Tomás agus Micheál agus Eibhlín ag déanamh 'lúrabóg lárabóg' dóibh féin ar leic an teallaigh.

Ní raibh aon tsolas san teach ach cér bith solas a bhí ar an tine, mar nach lastaí an laimpín stáin a bhí crochta ar an mballa ach nuair a bhítí ag ithe an tsuipéir nó ag réiteach dí don bhoin. Bhí Antaine, an dara duine de na páistí, imithe chun an tsiopa faoi dhéin gráinne tae agus siúcra, cúig ubh a bhí ar an drisiúr leis ceangailte istigh i naipcín beag dearg, agus sop tuí thart orthu ar fhaitíos go mbrisfí iad.

Máire Bhán í féin bhí sí ina suí ar leic an teallaigh, a droim leis an mbac aici agus a dhá cois chosnochta sínte uaithi amach. Bhí sí ag cniotáil stocaí le haghaidh an mhargaidh. Anois agus arís stadadh an chniotáil agus bhíodh a ceann ag titim anuas ar a brollach, mar bheadh sí ag titim ina codladh; ach dá óige Brídín thug sí faoi deara an mháthair. D'éirigh sí as cuimilt an chait. Tháinig sí agus shuigh sí in ucht na máthar. Leag Máire Bhán an stoca a bhí sí a chniotáil as a láimh agus theann sí an páiste lena hucht. Chuir sí siar gruaig Bhrídín as a súile agus ansin phóg a leiceann.

'Cumhdach Mhic Dé orainn!' ar sise, á coisreacan féin, nuair a d'airigh sí an chéad sinneán. Bhain sé preab as a croí. Ní raibh aon lá riamh nach raibh faitíos uirthi roimh an stoirm, ach ó fuair a fear bás dhá bhliain roimhe sin agus a fágadh ina baintreach í, an sinneán ba lú ar bith ach é a theacht san oíche chuirfeadh sé ar ballchreatha í. Na páistí a bhí i mbun na gcleas féin ní rabhadar gan scáfaireacht a bheith orthu. D'éiríodar as an spórt ar áit na mbonn, agus chruinnigh thart i gcosamar na máthar.

Lean Pádhraic air ag déanamh an rópa, gí gur bhain an stoirm geit as. Dhearc sé ar an mháthair agus ar na páistí eile, gan gíog a labhairt, nuair a chonaic sé cruinnithe i dteannta a chéile iad. Ansin bhuail air ag feadaíl, ag tabhairt misní dóibh má b'fhíor dó féin.

'A Phádhraic ó, seas amuigh go bhfeice tú an bhfuil Antaine ag teacht ón siopa,' arsa an mháthair; 'sin é ina oíche dhubh dhorcha é, agus tá sé thar am aige a bheith ar ais ó d'imigh sé. Má neartaíonn an ghaoth scuabfar amach ar an bhfarraige é ach grásta Dé.'

Stop Pádhraic den fheadaíl. D'éirigh sé agus leag an rópa agus an cochán i leataobh le hais na fuinneoige, agus chuaigh amach go coirnéal na binne. A Dhia, nárbh ann a bhí an gála! Bhí imghaoth ag réabadh roimpi thart le coirnéal na binne agus ba bheag bídeach nach mbainfeadh sí duine dá bhoinn. Bhí air coinneáil isteach go dlúth leis an mballa, ar eagla go scuabfaí chun bealaigh é leis an ngaoth mhór.

Tháinig Antaine isteach idir an dá am agus é i ndeireadh na péice. Bhí sé ag caoineadh mar go raibh a bhairéad caillte aige – scuabadh dá cheann le sinneán é – agus b'ar éigean ab fhéidir foighid a chur ann. Ach an tae agus an siúcra! Bhí siadsan agus greim daingean docht aige orthu, agus iad ceangailte istigh sa naipcín dearg, agus gach cosúlacht ar an ngasúr go mba luaithe i bhfad a scarfadh sé leis an anam ná a scarfadh sé leis an mburla beag, leis an gcaoi a raibh greim an fhir bháite aige air.

★ ★ ★

De réir mar bhí an t-ionradh ag ardú ba é an chaoi a raibh an stoirm ag neartú. Shílfeá go minic gurbh iad deamhain ifrinn a bhí ag screadaigh agus ag scréachaíl leis an gcaoi a raibh an stoirm ag feadaíl ar fud na n-alt agus na gcarraigeacha. Leis an scéal a dhéanamh ní ba mheasa bhí an fharraige cháite ag stealladh aníos ar an teach agus in aghaidh na fuinneoige. B'in é an faitíos ba mhó a bhí ar Mháire Bhán anois – faitíos go leagfadh an fharraige an bothán uirthi agus go mbáifí istigh san teach iad. Chuaigh sí suas sa seomra agus thug anuas buidéal an uisce choisricthe a bhí crochta thuas ar phosta na leapa.

Leis an anbhá a bhí uirthi bhí sí ag dul á chroitheadh í féin nuair a labhair Dia ina croí. Chuimhnigh sí nár cheart do bhean uisce coisricthe a chroitheadh fhad agus bhí aon fhear nó aon pháiste fir le fáil a dhéanfadh é. 'Nach mé a ndeachaigh sé sách gar dom,' ar sise, ina hintinn féin, 'mo mhíthapa a dhéanamh leis an tútáil atá orm'. Sheachaid an buidéal ar Phádhraic agus dúirt leis an t-uisce coisricthe a chroitheadh ar fud an tí. Chroith sé é le sop cocháin.

Ach ní raibh aon bheann ag an stoirm ar uisce coisricthe. Ag neartú a bhí sí. Bhí na taobháin agus na creataí féin ag smeachaíl le neart na gaoithe, gan caint ar na rataí. Bhí faitíos ar Mháire Bhán go dtógfaí an ceann den teach bun barr agus nach bhfágfaí cleath ná sop uirthi féin ná ar na páistí. Dá dhonacht dá raibh an oíche rinne sí misneach dul amach go bhfeiceadh sí an raibh an teach ag imeacht. Bhí sé chomh dubh le pic agus níor léir do dhuine méar a chur ina shúil, gan bacadh le rud ar bith a fheiceáil.

Chuir sí cluas uirthi féin tamall agus d'éist sí. Shíl sí gur chuala sí torann mar bheadh an buntsop ag éirí. Bhí sí ag útamáil thart nó go bhfuair sí an ghraeip a bhí sáite sa gcarn aoiligh ar chúl an tí. Rug ar an ngraeip agus chaith an cúig nó an sé de scaobáin aoiligh suas ar an tuí san áit ar shíl sí gur airigh sí í ag éirí. B'in arbh fhéidir léi a dhéanamh. Chuaigh sí isteach chun an tí, agus í ag coinneáil go dlúth isteach le balla ar fhaitíos go scuabfaí chun bealaigh í. Dúirt sí nach rachadh sí amach arís cér bith síon a shéidfeadh, ach d'fhág an teach agus a raibh ann faoi ghrásta Dé.

Nuair a thiontaigh sé ag trá thoisigh an stoirm ag lagú, agus ba ghearr gur chiúinigh sé arís chomh tobann agus shéid sé, ach amháin gur lean an fharraige uirthi ag géimnigh, beagnach chomh dona agus bhí sí an tráth ba mheasa an t-anfa. Bhí Máire Bhán tuirseach sáraithe leis an eagla agus leis an imní. Bhí na páistí ina sraith sínte thart sa teallach agus iad tite ina gcodladh, gach duine acu ach amháin Pádhraic. Ghléas sí greim suipéir dóibh – cúpla fata agus braon fuaranglaise agus chuir a luí iad. Níor bhlais sí féin dath ar bith bhí sí chomh sáraithe sin, ach dúirt sí féin agus Pádhraic an Paidrín Páirteach sula ndeachadar a luí.

II

Bhí an choigilt caite nuair a dhúisigh Máire Bhán ar maidin. Thuig sí as sin go raibh sé i dtaca an lae. Thiontaigh sí ar a taobh agus thoisigh ag breathnú amach ar an ngríosach. Lig sí osna chráite. Nár chrua an saol aici é, ag obair is ag luain ó dhubh go dubh agus ó Luan go Satharn ag iarraidh greim a choinneáil léi féin agus lena páistí. Nárbh uirthi a bhí an mí-ádh an lá a fuair a fear bás agus ar fágadh ina baintreach í. Nach iomaí fear eile – ach choisc sí an smaoineamh ar an toirt. Nár mhór an peaca di a bheith ag cuimhneamh ar rud mar sin! Ina dhiaidh sin féin ní raibh rud ar bith nárbh fhéidir leis a bheith ní ba mheasa agus nárbh é toil Dé é? Nach raibh na páistí aici? Dá mbeadh Pádhraic cúpla bliain eile d'aois – ní raibh sé an dá bhliain déag amach is amach – nach mbeadh sé in ann a lán cúnta a thabhairt di? Nach raibh sé ag cuidiú léi go mór cheana? Nár mhór an trua nárbh fhéidir léi a choinneáil leis an scoil tamall eile agus an máistir á rá léi go raibh tógáil an léinn chomh maith sin ann. Ach céard ab fhéidir a dhéanamh ....?

Thoisigh Brídín ag caoineadh trína codladh agus dhúisigh sí. Thiontaigh an mháthair isteach agus thoisigh ag crónán ina cluais, nó gur thit sí ina codladh arís. Shocraigh sí na héadaí leapa ar an mbeirt pháiste ban ansin agus shleamhnaigh amach as an leaba go neamh-mhothaitheach.

Nuair a bhí a cuid éadaigh curtha uirthi aici chuaigh sí suas sa seomra. Sheas sí le hais na leapa. Bhí an ceathrar gasúr ina sac codlata. Pádhraic a bhí ar colbh. Bhí Tomás agus Micheál taobh istigh de agus bhí Antaine i gcos na leapa. Dá mbeadh teannadh ar a cúl aici is crua a theastódh leaba eile uaithi, ach chaithfí cur suas leis an scéal mar bhí sé go fóill beag.

Leag sí a lámh go héadrom ar ghualainn Phádhraic agus chorraigh é. Ní dhearna sé ach a chosa a shíneadh uaidh agus srann a chur as. Chorraigh sí arís é. Thug sé leathfhoscladh ar na súile, dhearc suas agus é idir a bheith ina chodladh agus ina dhúiseacht, ansin lig anuas na fabhraí go trom arís.

'A Phádhraic, a Phádhraic, a deirim leat. Éirigh mar a dhéanfadh gasúr maith.'

D'fhoscail Pádhraic na súile arís go mall leisciúil, shearr é féin, chuir an dá dhorn suas agus bhuail air ag cuimilt agus ag tochas mar bheadh faoi an dá shúil a réabadh glan amach as na mogaill.

'Céard é, a Mháthair?' ar seisean, ar deireadh thiar nuair a bhí na súile dea-chuimilte aige.

'Éirigh, a chuisle, agus tabhair leat an t-asal siar chun an chladaigh. B'fhéidir go n-éireodh leat brosna leasa a fháil agus an stoirm uafásach a bhí ann aréir. Caithfimid féachaint leis an gcúláinín seanleasa úd thuas a chríochnú sula raibh an t-earrach sa mullach orainn.'

'An bhfuil sé ina lá?'

'Sílim gurb é breacadh an lae atá ann. Ní thig dó a bheith i bhfad uaidh, ar chuma ar bith, mar go bhfuil sé an-fhada ó ghlaoigh an coileach, agus tá an choigilt i ngar do bheith caite. Brostaigh ort mar dhéanfadh peata.'

D'éirigh Pádhraic aniar sa leaba agus thoisigh ag cuartú a chuid éadaigh. An fear a bhí i gcos na leapa bhí bríste Phádhraic cuachta aige faoina cheann féin, agus bhí a sáith le déanamh ag Máire Bhán agus an bríste a tharraingt amach as faoina cheann gan é a dhúiseacht.

'An bhfuil do chuid éadaigh ar fad agat anois, a ghrá?'

'Tá, a Mháthair. Bí thusa ag dul síos agus ag déanamh lán mo bhéil tae dom fhad is bheas mé ag caitheamh orm mo cheirteacha. Beidh mise síos sna sála agat.'

Chuaigh Máire Bhán síos chun na cisteanaí. Rug sí ar an tlú – ní raibh ann ach lata iarainn agus é lúbtha – agus thoisigh uirthi ag tarraingt amach na coigilte. Bhí sí ag rácáil agus ag ransú ar fud na gríosaí leis an tlú. De réir mar chastaí aibhleog léi chuireadh sí ar leataobh í le hais an bhaic nó go raibh carnán beag deas deirg aici ar deireadh thiar. Ansin ghlan sí amach a raibh de luaith agus de luaithghríosach ar áit na tine; chrom siar faoin leaba agus thoisigh ag caitheamh aniar móna. Nuair a bhí an tine thíos aici bhuail uirthi á séideadh le híochtar a peiteacóit nó go raibh bladhaire breá uirthi agus í fadaithe.

Ní raibh Pádhraic i bhfad ag cur air a chuid éadaigh. Gí go

raibh sé an aois a bhí sé ní dheachaigh bróg ná stoca ar a chois riamh. Go deimhin ba ghearr an t-achar roimhe sin ó cuireadh bríste féin air. Nocht sé anuas doras an tseomra agus é ag iarraidh an bríste a dhaingniú le tairne crú. É féin a ghearr an cnaipe inné roimhe sin, an áit a raibh sé féin agus Micilín Pheait ag imirt agus scon Micilín é. Tairne meirgeach a bhí ann a bhain sé as seanchrú a fuair sé caillte ar an mbóthar, agus bhí sé chomh docht sin go raibh spuaic tógtha aige ar láimh an ghasúir ag iarraidh a dhaingniú san éadach corda.

'An bhfuil an tae thíos agat, a Mháthair?' ar seisean, nuair a bhí an tairne daingnithe aige. Thug sé súil ar an tine go bhfeiceadh sé an raibh an túlán crochta.

'Cuirfead scaird uisce sa scilléad anois, agus ní bheidh sé ala na huaire ag fiuchadh. An citeal sin – bheadh sé leathionradh sula mbeadh sé réidh. Bí ag fáil an asail faoi réir agus beidh sé réidh agam duit nuair a bheas an srathair agat air.'

Chuaigh Pádhraic amach chun an sciobóilín. Thoisigh an t-asal ag cuachaíl agus ag tochailt lena chois tosaigh nuair a chuala sé coiscéim an ghasúir, mar gur shíl sé go raibh sé ag teacht le bia chuige. Scaoil Pádhraic é agus thug thart go dtí an doras é. Cheangail den ursain é, agus leag dornán coirce aige i mbáisín fhad is bhí sé á úmachan. Ansin suas leis chun na tine agus d'ól siar an blogam tae a bhí réidh ag a mháthair dó gan arán ná eile leis. Is gnás é atá i Log an tSearraigh, go mór mór má bhíonn deifir mhór ar dhuine amach ar maidin, nach mbactar le greim ar bith a chaitheamh; ach níor chualathas trácht ar aon duine ann riamh, dá mhéad an deifir nó an driopás dá mbeadh air, a rachadh amach ar maidin gan a bheag nó a mhór tae a ól. Rinne Sasana an tae a thabhairt isteach chun na n-oileán seo ar mhaithe lena ciste féin, agus is iontach den tsaol an greim daingean atá faighte aige ar na daoine sna háiteacha is boichte faoin tuath féin. Is é 'íocshláinte' na ndaoine é, agus níl aon teacht dá uireasa acu. Leis an scéal a dhéanamh níos measa ghnítear an tae chomh trom sin, de ghnáth, faoin tuath, gan caint ar bith ar an bhfiuchadh a bhaintear as, agus gur nimh a bhíos ann go minic. Tuigeann siad féin sin go maith mar go bhfuil sé ina sheanfhocal acu 'marbh le tae agus marbh gan é.' Tá an dúil nimhe acu ann agus ní bheadh ann ach díth céille do dhuine a bheith á gcomhairleachan.

Chuaigh Máire Bhán go dtí an drisiúr agus rug ar mhuga mantach. Chuir amach scaird tae as an scilléad ann, agus chuir gráinne siúcra air agus braon bainne. Sheachaid sí an muga ar Phádhraic. Chaith sé siar a raibh san soitheach gan mórán ama a chaitheamh leis, agus siúd chun bóthair é féin agus an t-asal. Ní dhearna sé dearmad ar é féin a choisreacan go diaganta deabhóideach ag dul amach thar mhaide na tairsí dó, mar nach n-aithneofá go fóill arbh é an lá nó an oíche a bhí ann. Bhí cáil na sí ar phort an leasa riamh, agus bhí Pádhraic lánchinnte go n-íosfadh na taibhsí é dá mba rud é go mbéarfadh siad air gan choisreacan.

Ach níorbh fhada siar a bhí sé nuair a thoisigh an lá ag gealadh, agus b'fhéidir an scrios agus an t-ár a rinne an ghaoth mhór an oíche roimhe sin a thabhairt faoi deara. Shílfeá le breathnú ar na tithe gur cearca colgacha iad leis an gcaoi a raibh an clúdach roillte réabtha i ndiaidh na hoíche. Teach Sheáinín Thaidhg bhí sé feannta go dtí an scraith, agus bhí solas an lae le feiceáil isteach tríd. Má bhí féin é féin ba chiontach. Ní chlúdódh sé a theach in am trátha ach á chur ó lá go lá. Bhí scéala aige air anois agus thuig sé nach é lá na gaoithe lá na scolb.

Ba bheag duine ar an mbaile nach raibh dochar eicínt déanta dó de bharr na hoíche. An té nach raibh a chruaichín choirce tiontaithe air bhí a shop féir tugtha chun bealaigh, agus bhí punanna coirce agus brosnaí móra féir scaipthe ar fud an chladaigh.

Thóg sé tamall ar Phádhraic sula raibh sé i Rinn an Róin mar go mba in aghaidh a chos a d'imíodh an t-asal ón mbaile i gcónaí. Ach níorbh é Pádhraic an t-aon duine amháin a rinne mochóireacht an mhaidin sin. Ba bheag teach ar an mbaile nach raibh duine as i bport an leasa. Bhí gach duine ag leagan amach go mbeadh a lán éadálacha ag teacht faoi thír de bharr an ghairbhshín, agus bhí an cladach dubh le daoine. Ach ba bheag na héadálacha a tháinig, mar nach raibh an ghaoth i mbun maith, agus cér bith cnuas a tháinig ba chun na Sraithe a chuaigh sé. Ina dhiaidh sin féin fuair

Máirtín Ceannaí sail mhór dharach, agus Tomás Phádhraic bairille de chineál eicínt ola nárbh fhéidir a dhéanamh amach cén sórt í.

Ba iad an bheirt seo ba mhoiche a bhí ar a gcois ar maidin, agus bhí a shliocht orthu, bhí an leas acu, gan caint ar a bhfuaireadar thairis. Bhí sin ann banc breá leathaigh, agus mar gheall ar a fhairsinge agus bhí sé thug an bheirt fhear cead do Phádhraic a bheith ag tarraingt as go dtí an oíche.

D'ísligh an gasúr agus thoisigh air ag líonadh an ualaigh. B'fhurasta a aithne go raibh stoirm láidir ann aréir roimhe sin, mar go raibh cuid de na slata mara agus na clocha a raibh siad ag fás orthu, bhí sin scuabtha isteach ar an trá, agus b'éigean dó na slata mara a bhriseadh sularbh fhéidir leis a ualach a líonadh. B'uafásach an stoirm a thiomáin clocha mar sin isteach ó dhoimhin na farraige.

B'in é an uair a baineadh an gheit as Pádhraic. Níor airigh sé riamh agus é crom nó go dtáinig an rud taobh thiar de agus gur thug poiteadh dó san ioscaid. Léim sé. Ar dhearcadh thairis dó agus a chroí amuigh ar a bhéal céard a gheobhadh sé ann ach an mada s'acu féin. D'fhág an mada an teach nuair a chonaic sé an gasúr ag imeacht ach d'fhan sé ag ithe faoileáin a casadh air marbh sa gcladach. Nuair a bhí an faoileán ite aige chuir sé an bealach de siar.

'Ná raibh rath ort, a Rógaire, murar bhainis lán na mbonn asam,' arsa Pádhraic, agus lean air ag líonadh an ualaigh. Ach ba ghearr gur baineadh geit eile as. Chuala sé síos uaidh ag béal na toinne an tafann agus an troid agus an tuargain. Chuir sé cluas air féin. D'aithin sé tafann a mhada féin – tafann cráite nach ndéanadh sé ach nuair a bhíodh sé i gcruachás eicínt.

Tharraing sé ar Rógaire, mar gur shíl sé gurbh é an rón glas a bhíodh á thaispeáint féin leis an stoirm a bhí aige ann – an rón úd ar chuala sé sean-Mháirtín ag cur síos air, agus a bhí chomh críonna le Solamh. Ach níorbh é, ach mada uisce mór a raibh sé féin agus Rógaire i ngreim scornaí ina chéile, agus gan fios cé acu a raibh an bhua aige.

Bhí an mada uisce istigh i bpluais faoi charraig mhór agus gan amach ach a cheann, agus Rógaire agus greim píobáin aige air ag iarraidh é a tharraingt leis. Bhí an áit ina bhachtach acu thart timpeall ar an gcarraig, i riocht agus go sílfeá gur beirt fhathach a bheadh ag féachaint cor coraíochta ann.

Bhí eagla ag teacht ar Pháidhraic go mb'fhéidir go dtachtfadh an mada uisce a mhada féin, agus suas leis san áit a raibh an t-asal agus thug leis anuas maide mór cromóige a bhíodh leis i gcónaí ag ceannaireacht. Níor fhás mórán féir faoina chosa nó go raibh sé ar ais arís. Bhí eagla air aon bhuille a bhualadh mar go raibh an dá mhada i bhfostú ina chéile, agus ní raibh a fhios aige nárbh é a mhíthapa a dhéanfadh sé agus a mhada féin a bhualadh agus b'fhéidir a mharú.

Bhí sé ag faire go géar ag fanacht le deis a bhuille a fháil agus fuair sé sin ar deireadh. Sa treascairt a bhí ann tharraing Rógaire an mada uisce amach giota maith as an bpluais, agus nuair a fuair an gasúr an fhaill tharraing sé an bata as mullach an aeir agus thug an buille sin dó i mbaic an mhuinéil. Chuir sin néal ann, agus sula raibh faill aige teacht chuige féin arís, b'iúd buille agus buille eile faighte aige, agus chuir sin deireadh leis.

III

Bhí an bricfeasta bruite nuair a tháinig an gasúr ar ais tar éis an t-ualach a fhágáil ar an iomaire. Fataí agus faochain a bhí acu ar a mbricfeasta. Bhí na fataí ar bhascaod agus an bascaod leagtha ar bhéal pota. Bhí an mháthair agus na páistí ban ina suí ar an urlár thart ar an mbascaod, ach bhí stól ag na gasúir. Nuair a tháinig Pádhraic isteach agus an mada uisce leis d'éirigh an t-aos óg ar fad ag breathnú air agus ag déanamh iontais dó. Ní fhacadar mada uisce riamh, ach chonaiceadar rón go minic.

'Ara, a Phádhraic, a stór, cá bhfuair tú é sin?' arsa Máire Bhán, ag leagan uaithi an fhata a bhí sí a ghlanadh le cur ina béal agus ag breathnú ar an mada uisce. 'Mada uisce atá ann, nach ea? Más rud é nach bhfuil an craiceann tollta gheobhaidh tú a luach go maith.'

Nuair a chuala na gasúir eile an gaisce a rinne Rógaire agus an troid a rinne sé bhí bród mór acu as, agus thugadar dea-chuimilt dó agus ghlanadar an fhuil de. Bhris Antaine cúpla fata ar bhraon uisce dó, agus d'alp sé suas iad mar bhainfeá smeach.

Chomh luath agus a fuair Máire Bhán an teach faoi réir tharraing sí uirthi péire troithín a bhí ar chúl phosta na leapa agus thoisigh á gcur uirthi. Dúirt sí le hAntaine an bhó a scaoileadh amach sa ngarraí agus ansin fanacht i mbun an tí agus aire mhaith a thabhairt do Bhrídín go dtigeadh sí féin ón trá. Cuireadh an mhuintir eile ar scoil ach amháin Pádhraic.

'Agus cá bhfuil tusa ag dul, a Mháthair?' arsa Antaine, nuair a chonaic sé í ag gluaiseacht.

'Caithfidh mé dul chun na trá, a ghrá. Tá rabharta ag toisiú inniu agus beidh trá mhaith fhaochan ann. Beidh na ceannaitheoirí ag teacht Dé Sathairn agus dá n-éiríodh liom céad faochan a bheith agam is crua a theastódh a luach uainn. Beidh sé tamall fada sula mbeidh an ghlaic charraigín a chruinníomar indíolta má thigeann mórán eile den drochuair.'

★ ★ ★

Tharla go raibh trá iontach ann mar go raibh gaoth anoir léi agus b'fhéidir le lucht na bhfaochan dul amach ar ghob Scoith Linigh, áit nár tógadh faochóg roimhe sin le leathbhliain. Bhí scata mór ban agus páistí cruinn ag na faochain agus nuair a chonaic Máire Bhán chomh fairsing is bhíodar ba uirthi a bhí an t-aiféala nár choinnigh sí na páistí ó scoil agus lá mór a dhéanamh de. Ach ní raibh aon leigheas ar an scéal aici ach í féin féachaint le hobair beirte a dhéanamh fhad is mhair an trá.

'Mo choinsias, a bhean seo,' arsa Bríd Mhór, ag teannadh anuas leis an áit a raibh Máire, 'ní i do chodladh a chaith tusa an mhaidin agus an méid sin a bheith tógtha agat. Dheamhan ar airíomar féin an t-am ag sleamhnú thart nó gur fhógair duine de na páistí orm go raibh sé ina dhíthrá. Mura dtige saothrú eicínt chun na háite ní bheidh na daoine beo. Tá siad báite le fiacha sna siopaí agus cluinim gur dhúirt Tomás Ó Baoill nach dtabharfadh sé níos mó cairde uaidh ach go gcaithfeadh sé próiseanna a chur amach chuig lucht na bhfiach.'

'Más mar sin atá an scéal,' arsa bean eile as an gceann thiar den bhaile, ag teannadh anall agus ag cur a ladair isteach sa gcaint, 'ní bheidh aon tsaol ann. An té a bhfuil muc nó feithide le díol féin aige níl tada le fáil aige air. Bhí bó mhaith mhothais ag Tomás Aindí ar an aonach Dé Máirt seo caite agus ní bhfuair sé fear á fiafraí; agus Micheál Bhríd Chit a raibh dhá mhuc istigh aige dheamhan luach na mbanbh a gheobhadh sé orthu gan caint ar an méid a chaill sé leofa á dtógáil le cúig mhí.'

Níor ghnás le Máire Bhán béal bocht a dhéanamh leis na comharsana. Cheap sí go raibh an scéal dona go leor aici a bheith uirthi dul ag tógáil na bhfaochan agus gan é a dhéanamh níos measa. Ba bheag a shíl sí lá den tsaol gur ag cruinniú faochan ar chladaí Log an tSearraigh a bheadh uirthi dul, ach ní raibh leigheas air. Bhí sí ag obair léi go dúthrachtach gan mórán airde aici ar chlabaireacht na mban eile nó go bhfaca sí go raibh sé ag tuile. Ansin bhailigh sí léi abhaile, mar go raibh a seanualach aici. D'fhan na mná eile nó gur dhíbir an t-ionradh tuile iad.

IV

Ní túisce a bhí an bricfeasta caite ag Pádhraic ná siúd amach é go teach shean-Mháirtín go bhfeannadh sé an mada uisce dó.

Bhí sean-Mháirtín ina sheasamh ag coirnéal na binne, é ag baint taca as maide cromóige lena dheasóg agus an chiotóg thuas aige os cionn a shúl. Bhí an chráin istigh sa ngarraí ag tochailt mar bheadh dhá phingin is a pá di, agus sean-

Mháirtín ag saghdú an mhada uirthi ag iarraidh a cur amach; ach ba bheag é beann na cránach ar mhada. Nuair a thug an mada iarraidh breith uirthi thug sí áladh air lena soc. Chuir an mada sian as, chuir a ruball idir a dhá chois agus as go brách leis.

'Hurais, hurais, hurais!' arsa sean-Mháirtín, ag ceapadh go dtiocfadh an chráin chuige, ach cluas níor fheac leis.

'Fan agus ruaigfeadsa amach í, a Mháirtín,' arsa Pádhraic, 'ó tharla an choisíocht go maith agam. Ní thiocfaidh sí chugat le "hurais".'

'Maith an buachaill, déan. Tá an diabhal cránach sin chomh críonna le duine. Bheadh sí ag tochailt ansin agus í ag féachaint ort as deireadh a súl i riocht agus go sílfeá go mbeadh a fhios aici céard a mbeifeá ag cuimhneamh air. Ach dá bhfaighinnse an lá amárach caite chuirfinn ó thochailt í go ceann tamaill.'

'Céard a dhéanfas tú léithi amárach, a Mháirtín?'

'Cuirfead fáinne inti.'

'Nach bhfuil a seanualach fáinní ina srón cheana?'

'Tá, ach cén mhaith sin? Ní mór fáinne a chur inti chuile sheachtain. Chomh luath agus a chneasós an tsrón, sin í chomh dona ag tochailt agat í agus a bhí sí oíche nó lá riamh – ach céard é seo leat, nó cá bhfuairis é?' nuair a chonaic sé an mada uisce.

'Mada uisce a mharaigh mé féin agus Rógaire thiar ag an Lochán Mór ar maidin. Thugas amach chugat é nó go bhfeicinn an bhfeannfá dom é.'

Rug sean-Mháirtín ar an mada uisce agus láimhsigh an craiceann.

'Dar an leabhar seo, a ghasúir, is maith a chuir tú an mhaidin. Is mó an mada uisce sin ná an ceann a mharaigh Peait Dubh amuigh ag an bPoll Gorm bliain go Nollaig seo caite, agus dheamhan pingin de pháipéar punta nach bhfuair sé isteach ina ghlaic air. Mo choinsias féin is maith an phá lae atá déanta agat.'

Chuadar beirt isteach chun an tí tar éis an chráin a chur sa gcró, agus bhuail sean-Mháirtín air ag feannadh an mhada. Níor chiotach uaidh a dhéanamh. B'iomaí giorria agus coinín a d'fheann sé riamh, agus bhí eolas a cheirde go maith aige.

B'éigean do Phádhraic gach cor agus cleas dár chuir an dá mhada díobh i rith an achair a rabhadar ag troid a insint dó.

'Dheamhan mada ar an mbaile a mbeadh sé de mhisneach ann mada uisce a ionsaí ach Rógaire, a Phádhraic. Má fhaigheann an mada uisce greim ar an gcnámh ní scaoilfidh sé a ghreim go gcluine sé ag briseadh é. Sin é an fáth nach maith le mada ar bith drannadh leis. Is fiú Rógaire leath-choróin a íoc as.'

Bhí an craiceann bainte den mhada uisce aige fhad is a bheifeá ag dul thart ar an teach. Ansin rug ar an gcraiceann agus scar amach ar an urlár é. Níor dhúirt tada ach chroith a cheann, chaoch ar Phádhraic, agus chaith smugairle isteach sa tine.

'An measann tú cé mhéad is cóir dom a fháil air?' arsa Pádhraic, ag filleadh an chraicinn agus á chur faoina ascaill.

'Ní scarfainn leis go bog dá mba mé thú. Ach ní mór duit a bheith cúramach. Tá siopadóirí Bhéal an Mhuirthead glic má mheasann siad go bhfaighe siad aon bhuille bog ionat.'

Shuigh sean-Mháirtín síos ar stól ag cois na tine, chuir a lámh isteach in íochtar na leapa agus tharraing air amach sop cocháin. Rinne sé rógaire agus las a phíopa.

'Ná raibh an méid sin de thinneas sheacht mbliana nó dheich n-earrach ort, a Mháirtín,' arsa Pádhraic, ag bualadh amach an doras.

'Ó, muise, níl aon ghuí ort,' arsa an seanduine, ag brú a ordóige síos i mbéal an phíopa agus ag tarraingt.

★ ★ ★

Ag dul amach do Phádhraic bhí Micilín Pheait amuigh roimhe. B'aigesean a bhí an nuaíocht. Cúig feara fichead de mhuintir Inis Gualann a bádh an oíche roimhe sin leis an stoirm mhór, agus iad amuigh ag iascaireacht ina gcuid curach. Bhí uamhan agus critheagla ar gach aon duine. A leithéid d'ár níor chualathas cheana le cuimhne an duine ba shine ar na bailte. Bhí brón agus buaireamh agus briseadh croí le feiceáil in éadan gach duine dá gcasfaí ort. I rith na seachtaine ní raibh rud ar bith á dhéanamh thart sna himeachta ach ag cuartú corp, agus á dtabhairt chun na cille de réir mar bhíothas á bhfáil. Bhí cuid acu nach bhfuarthas riamh, agus nach bhfaighfear go brách, agus rinne sin an scéal i bhfad ní ba mheasa. Má bháitear duine féin agus go bhfaighfear an corp lena chur i reilig choisricthe is mór an sásamh intinne é ar na gaolta, ach nuair nach bhfaightear é, agus nuair a bhíos an bhaintreach nó an mháthair nó an deirfiúr ina suí cois na tine ag éisteacht leis an ngaoth ag feadaíl agus leis na tonntracha ag géimnigh, sin é an brón dáiríre, sin é an céasadh intinne, sin é an crá – ag smaoin-eamh ar chnámha an té atá imithe agus iad á gcarnadh agus á réabadh ar thóin na farraige.

Ba oileán Inis Gualann a raibh suas le leathchéad teach air agus iad gan sagart gan dochtúir gan banaltra, ach iad ansin faoi ghrásta Dé, agus go minic b'fhéidir i rith míosa nach mbeadh faill acu an t-oileán a fhágáil leis an stoirm.

Ag dul a luí do Phádhraic an oíche sin, tar éis iad an Paidrín a rá, chuaigh sé féin arís ar a dhá ghlúin os comhair na leapa, agus ghuigh go dílis dúthrachtach ar son na ndaoine a bádh, agus dúirt sé, freisin, ina intinn féin, dá dtigeadh sé ar a chrann go deo caoi ar bith a bheith aige nó cumhacht ar bith le buille a bhualadh in aghaidh na ndlíthe a ligfeadh d'ár mar sin tarlú, go ndéanfadh sé tréaniarracht ar dheireadh a chur leo. Agus b'in cuspóir a choinnigh sé i gcónaí roimhe as sin suas nó go bhfuair sé an fhaill ar deireadh thiar ar bhealach gur bheag súil a bhí aige leis an oíche sin.

V

Bhí ollghairdeas mór ar fud an bhaile Domhnach amháin tuairim mí i ndiaidh an ama seo nuair a d'fhógair an sagart paráiste go mbeadh oibreacha ag toisiú. Bhí an scéal chomh dona sin ar fud an pharáiste lena ghainne is bhí bia ann go ndeachaigh an sagart é féin chuile orlach den bhealach suas go Caisleán Bhaile Átha Cliath agus go ndeachaigh sé chun cainte leis na daoine ab airde ann. Bhí meas mór ag lag is ag láidir ar an Athair Tomás, agus má bhí féin níorbh ionadh ar bith é. Fear ba dhílse nó ba dhúthrachtaí dá phobal níor sheas ar altóir riamh agus ní bhfuair sé an t-eiteach ó mhuintir an Chaisleáin. Tamall roimhe sin chuir an Rialtas suim airgid i leataobh le hoib-reacha a chur ar bun in áit ar bith ar fud na tíre arbh fhéidir a thaispeáint go raibh fíor-riachtanas ann. Bhí cuid de na hoibreacha seo toisithe cheana i gceantair nach raibh blas ní ba mheasa ná ní ba bhoichte ná Log an tSearraigh, i riocht agus nach raibh siar ná aniar ag an Rialtas ach géilleadh d'impí an tsagairt.

Chuir sé áthas ar Mháire Bhán nuair a chuala sí an scéala. Go deimhin ní raibh a fhios aici cén chaoi a gcuirfeadh sí féin agus a scuainín páistí an samhradh tharstu. Bhí siad ag ithe na bhfataí póir mar bhí sé agus mura gcuireadh Dia an chabhair seo chucu ní bheadh scoilteán acu le cur i dtalamh. Thairis sin féin, bhíodar báite i bhfiacha, agus ní bhfaigheadh sí níos mó ar a focal. Go deimhin ba é an chaoi a raibh faitíos a sáith uirthi gach strainséara dá bhfeiceadh sí ag dul an bealach go mba fhear próiseanna a bhí chuici. Leis an scéal a dhéanamh i bhfad ní ba mheasa bhí trí leathchíos dlite ar an talamh, agus an báille ag bagairt uirthi gach lá go gcaithfeadh sí an cíos a sholáthar ar bhealach eicínt nó go gcaithfí í féin agus a muirín amach ar an gcnoc.

Ní raibh aici de chuid an tsaoil ach an t-asal agus an bhó – bó na bpáistí. Chaithfeadh sí féachaint leis an asal a sheasamh nó níorbh fhéidir léi an t-earrach a dhéanamh agus bheadh sé gan cur. Dá ndíoladh sí an bhó chaillfí na páistí ab óige d'uireasa an bhraon bainne ach anois tháinig Dia le cabhair chuici, míle buíochas agus altú Leis féin.

Ní raibh a fhios go fóill cén áit a mbeadh an obair ar bun nó cén phá a bheadh ag imeacht ach bhíothas ag dúil le scéala ó theach an tsagairt an tráthnóna sin.

★ ★ ★

'Do chéad fáilte, a Labhráis,' arsa Máire, ag breith ar stól agus á shocrú ag cois na tine do Labhrás Óg a tháinig isteach. 'Is leigheas ar shúile tinne tusa a fheiceáil isteach an taobh seo, nó cén scéal atá leat?'

'Ní bhead ag suí,' arsa Labhrás, ag breith ar an lata lúbtha a bhí ar leic an teallaigh agus ag toisiú ag séideadh aithinne lena phíopa a dheargadh. 'Thuas i dteach an tsagairt a bhí mé go bhfeicinn an raibh aon scéala aige cén lá a dtoiseodh na bóithre, agus ó bhí an lán mara istigh romham ag Bun na bPortach b'éigean dom timpeall a chur orm féin thart an bealach seo.'

'Agus an raibh aon fháirnéis aige?' arsa Máire.

'Bhí,' arsa Labhrás. 'Deir sé liom go mbeidh siad ag toisiú Dé Luain.'

'Muise go mba shlán an scéalaí, agus go mba shlán an sagart,' arsa Máire, ó fhíoríochtar a croí.

'Níor dhúirt sé cén bóthar a mbeifí ag obair air nó cén phá a bheadh ag imeacht?' arsa Máire, ag éirí agus ag breith ar an túlán agus á chrochadh ar an tine. 'Suigh síos go ndéanfaidh mé lán do bhéil tae duit agus go ndéanfaidh tú do chaint is do chomhrá.'

'Ó, dheamhan deor tae a ghabhfas thar mo bhéal go bhfágfad an teach, go raibh maith agatsa. Níl mé ach in éis siúl anuas as Cnoc an Tornáin ó bhíos ag ól tae. Ná raibh rath ar an tae céanna mura bhfuil na daoine marbh leis,' arsa Labhrás. 'Is trua gur chuala sinn focal riamh air mar tae.'

Rug Máire Bhán ar sciorta casóige air go gcuireadh sí iachall air suí síos, agus chuir sí go bog is go crua air fanacht leis an tae; ach ní raibh aon mhaith di ann, agus chuir Labhrás 'Bail ó Dhia' orthu agus thug an bóthar abhaile air féin.

'Cén fáth go raibh tú ag iarraidh air fanacht le tae, a Mháthair?' arsa Pádhraic, a bhí ag déanamh sníomháin do Mhicheál agus é ina shuí ar chloch an bhaic, agus na páistí eile cruinn thart timpeall air ag féachaint air. 'Nár dhúirt tú tráthnóna nach raibh gráinne tae ná siúcra san teach le haghaidh na maidine?'

Shuigh Máire Bhán síos ar an stól a chuir sí aníos chuig Labhrás agus lig sí osna. Dhearc na páistí uirthi agus cuma mhíshásta orthu. Tháinig Brídín bheag anall agus chuir a dhá láimh thart faoi mhuinéal na máthar.

'Muise, a stór,' arsa an mháthair, tar éis tamaill, 'is bocht an rud duine ar bith a fheiceáil ag dul amach gan greim nó blogam a thairiscint dó. Bíodh i ndán agus gur rud é nach bhfuil sé ach tar éis éirí uaidh. Is bocht an cháil a bheadh orainn ar maidin dá mbeadh sé le rá linn gur chailleamar an chaint nuair a tháinig an strainséara isteach ar ár n-urlár. Leoga, bhí mé lá den tsaol agus ba bheag suim a chuirfinn cupa tae a dhéanamh don té a thiocfadh ar cuairt. Ach má bhíonn na bóithre ag toisiú Dé Luain b'fhéidir go mba ghearr go gcuireadh Dia inár sáith sinn. Is maith Dia go lá agus ní fearr ná go brách.'

'An tusa a ghabhfas chuig an mbóthar, a Mham?' arsa Eibhlín, agus guth an ghola ina béal. 'Ní fhanfaidh mise san teach má imíonn tusa.'

'Ó, ní mé, a stór,' arsa an mháthair, ag slíocadh an pháiste ar an gceann. 'Ní bhíonn mná ag obair ar bhóithre. Pádhraic a rachas ann.'

VI

Bhí an Satharn ann lá arna mhárach agus tháinig fear thart ag ceannach na bhfaochan. D'ardaigh siad ón uair dheireanach a tháinig an ceannaitheoir, agus bhíodar ag dul scilling an chloch an babhta seo. Bhí ocht gcloch go díreach ag Máire Bhán, gan ceann chuige nó uaidh, agus fuair sí ocht scilleacha geala isteach ina glaic. Níorbh é sin amháin é ach chuala an ceannaitheoir go bhfuair an gasúr mada uisce, agus go raibh an craiceann aige. D'iarr sé a fheiceáil. Nuair a taispeánadh dó é thaitnigh sé go mór leis. Thairg sé punta air. Dúirt sé nach bhfaighfí sin air ar an margadh, ach ó theastaigh sé uaidh féin le haghaidh ábhar veiste bhéarfadh sé an méid sin air.

Ba bheag nár thit Máire Bhán as a seasamh le teann áthais. Punta! Moladh mór le Dia na Glóire. Páipéar punta ar chraiceann mada uisce! Ní raibh gar ag caint.

Bhí na páistí ag breathnú ar an margadh agus a súile ag dul amach ar a gceann le hiontas. Léim a gcroí le gliondar nuair a chonaic siad an t-áthas a bhí ar a máthair. Ní raibh Pádhraic sa mbaile. Bhí sé imithe go teach Shéamais Uí Bhrógáin a bhí ag tógáil síos ainmneacha le haghaidh an bhóthair. Bhí deifir abhaile air. Bhí sé socraithe ag an mháthair dul chun an bhaile mhóir. Theastaigh rudaí beaga a thabhairt chun an tí ar luach na bhfaochóg. Bhí Pádhraic le bheith léi isteach go bhfeiceadh sé an bhfaigheadh sé rud ar bith ar chraiceann an mhada uisce.

'A Phádhraic,' arsa Máire Bhán, nuair a bhí sé ag teacht faoin doras, 'ní thomhaisfeá céard atá déanta agam?' Dhearc sé uirthi go himníoch mar gur shíl sé gur míthapa eicínt a tharla. Tháinig áthas air mar tháinig ar an muintir eile nuair a chonaic sé aoibh an gháire ar a haghaidh.

'Céard é?' arsa Pádhraic, go mífhoighdeach.

'Craiceann an mhada uisce! Dhíolas é le fear na bhfaochan.'

Ba bheag nár thit an lug ar an lag ag Pádhraic. Bhí sé lánchinnte gur buaileadh bob uirthi agus go raibh sé díolta saor aici. Bhí sé ag cuimhneamh ar chomhairle shean-Mháirtín.

'Cé mhéad a fuair tú air?' ar seisean go gruama.

Bhí sé cinnte go n-abródh sí leathchoróin nó trí scilleacha!

Níor fhreagair sí ach sheachaid an páipéar punta air.

Tháinig eitreoga ar chroí Phádhraic. 'Dar fia na coille rua,' ar seisean, 'an bhfuair tú an méid sin air?' agus é i gcruth léimneach as a chraiceann le teann gliondair.

Tháinig Rógaire anuas ón áit a raibh sé sínte sa teallach. Rinne sé méanfach agus bhuail air ag croitheadh a rubaill. Chuir sé a smut isteach i láimh Phádhraic amhail agus dá mba é an rud a bheadh faoi a rá: 'Nach maith an mada mise? Mura mbeadh mé ní bheadh an mada uisce agat.'

Chrom Pádhraic anuas air agus thoisigh sé á chuimilt.

* * *

Chuaigh Pádhraic chun an mhargaidh leis an mháthair agus bhí an t-asal leo. Ba é an chéad rud a rinne Máire Bhán sular chuir sí amach pingin rua den airgead dul agus péire bróg a cheannach do Phádhraic. Fuair sí péire maith dó ar ocht scilleacha, péire a sheasfadh an sclábhaíocht, mar go raibh seacht líne tairní i ngach ceann acu agus péire breá crúite orthu.

Bhí an t-ualach sin tógtha dá croí ar chuma ar bith. Ba é an rud ba mhó a bhí ag déanamh buartha di ó thoisigh caint ar na bóithre a bheith ag dul ag toisiú go mbeadh ar Phádhraic dul ar an mbóthar cosnochta; ach, buíochas do Dhia, tháinig leis a éadan a thaispeáint in áit ar bith agus é a bheith ar dhúshlán duine ar bith spalladh a bhaint as.

Nuair a bhí na bróga ceannaithe agus iad fáiscthe ar Phádhraic bhí sé in am cuimhneamh ar ghreim le n-ithe. Casadh Anna Bheag leo ar an margadh agus bhí sise ag dul ag caitheamh a dinnéir chomh maith. Dúradar go mb'fhearr dóibh comhar a dhéanamh agus an dinnéar a bheith acu le chéile. Ní raibh aon doicheall ag ceachtar acu roimh an duine eile mar go raibh dáimh gaoil ag na mná le chéile.

Chuadar síos go Sráid Mheiriceá go teach Ghráinne Óg. Ba é sin an teach ba shaoire sa mbaile mór a bhfaightí béile bia ann. Ní bheadh ar dhuine ach na rudaí a bheadh ag teastáil a cheannach san teach, agus bhí bord agus soithí le fáil in aisce, agus tine leis an rud a chócaireacht.

Ar an mbealach síos dóibh chuadar trí Shráid an Éisc. Bhí ronnaigh breátha úra á ndíol agus iad saor. Gheofá ronnach a mbeadh lán do láimhe ann ar phingin. Bhí dúil ag gach duine de na mná san iasc, agus níor thaise le Pádhraic é. Mholadar an chomhairle go mba mhaith an rud ronnach a cheannach le haghaidh dinnéir ó ba rud é gur casadh ar a chéile iad. 'Ní hé gach lá a mharaíos Máirtín fia,' agus ba mhór an nuaíocht greim éisc úir. Ceannaíodh an ronnach. Chas Pádhraic sop cocháin thart air, agus chuir isteach sa gciseán a bhí lena mháthair é.

Bhí an bheirt bhan ag siúl síos ar a gcoiscéim agus iad ag cur cúrsaí agus cruatan an tsaoil trína chéile. Bhí Pádhraic ag siúl aniar ina ndiaidh ar na leacracha, agus é ag tógáil na gcos chomh hard sin le hainchleachtadh na mbróg go sílfeá go mbuailfeadh sé ar an spéir iad. Bhí torann á bhaint amach aige as na leacracha mar bheadh beithíoch capaill ag siúl orthu agus níl aon choiscéim dá dtugadh sé nach mbreathnaíodh sé síos ar na bróga le teann bróid agus ríméid astu. Ní raibh sé ar dhroim an domhain ón rí go dtí an bacach fear ab éadroime croí ná Pádhraic an lá sin.

Ádhúil go leor ní raibh mórán daoine i dteach Ghráinne Óg nuair a chuadar síos, agus ní raibh i bhfad acu le fanacht nó go raibh an tine fúthu féin. Cheannaíodar builín trí pingine, leathunsa tae agus luach pingine de shiúcra. Cuireadh síos an tae agus an siúcra le chéile ar phota an tae. Má theastaíonn ó dhuine an sú ar fad a bhaint as cnámhóga an tae agus gan tada de a ligean amú níl rud is fearr le déanamh ná an siúcra agus an tae a chur síos ar fud a chéile. Cuireadh síos an ronnach agus rinneadh a róstadh ar an tlú. Ní raibh aon bhainne le cur sa tae ach ba bheag an locht a fuaireadar air mar gheall air sin. D'itheadar an t-arán tur gan im gan eile. Ní bhíonn mórán beadaíochta ag baint le 'dinnéar' i dteach Ghráinne Óg, ach mura mbíonn féin ní mórán a théas amú ann de bharr drochghoile a bheith ag an ithiúnach, agus bhí an triúr subhach sách, buíoch beannachtach nuair a bhí an béile thart.

★ ★ ★

Bhí sé ag tarraingt ar am a bheith ag cuimhneamh ar an mbaile nuair a d'fhágadar teach Ghráinne Óg, agus bhí trealaí beaga le ceannach ag an mbeirt bhan. Bhí plúr ag teastáil ó gach aon duine acu agus ba é an socrú a rinneadar mála sheacht gcloch a cheannach eatarthu agus é a roinnt sa mbaile. Gheobhadh siad na seacht gcloch níos saoire ná an mála a cheannach ina chorrchlocha. Cheannaigh gach bean acu leathdhosaen ronnach agus beagán tae agus siúcra. Bhí céad mine buí le Bríd, mar gur theastaigh uaithi an glaicín fataí a spáráil le haghaidh an phóir. Cuireadh na mangadáin ar fad ar an asal, an céad mine buí i leathphardóg agus an mála plúir agus na trealaí eile á mheáchan sa leathphardóg eile.

'Ó, mo dhearmad!' arsa Máire Bhán, agus iad ag bogadh amach go seolta dóibh féin ceann an bhaile mhóir. 'Bhí a fhios agam go raibh rud eicínt dearmadta agam. Ní thig liom m'aghaidh a thabhairt abhaile gan milseáin, mar go mbíonn na páistí i gcónaí ag dúil leofa nuair a bhím sa mbaile mór. Buail síos, a Phádhraic, go dtí an siopa is túisce a chasfar ort. Seo dhuit pingin agus tabhair luach pingine de mhilseáin leat. Fanfaimid anseo leat go dtige tú ar ais.'

Ba ghearr an mhoill ar Phádhraic a bheith ar ais leis na milseáin. Bhí an clapsholas ann nuair a shroicheadar an baile.

Thoisigh an t-asal ag géimnigh ag teacht ar amharc an tí dó. Nós a bhí aige nach dtáinig sé in aice an tí riamh gan sin a chur in iúl don chomharsanacht.

Nuair a chuala na páistí géim an asail, ritheadar go dtí an doras. An mada féin d'aithnigh sé an ghéim chomh maith agus d'aithneodh duine í, agus bhí sé ina sheasamh taobh amuigh ag croitheadh a rubaill, agus thoisigh ag lútáil thart ar an mbeirt a bhí sa mbaile mór.

Cuireadh síos tae. Bhí builín le Máire, builín a thug sí léi in aon turas le haghaidh na bpáistí. Cuireadh síos trí cinn de na ronnaigh ag róstadh ar an lata lúbtha.

'An bhfuil milseáin leat, a Mham?' arsa Brídín, ag teacht anall agus a méar ina béal aici go dtí an áit a raibh an mháthair. 'Dúirt tú nuair a bhí tú ag imeacht go mbeadh milseáin leat.'

'Tá, a thaisce, lomlán páipéir. Éirigh, a Eibhlín, agus cuir do lámh sa gciseán agus roinn thart na milseáin atá ann fhad is rachas siad.'

Agus bhí Brídín bhocht chomh sonasach sásta nuair a fuair sí cúpla milseán beag agus dá dtugtaí ór na cruinne di.

Ach na bróga! Níor thugadar faoi deara ar dtús iad leis an ollghairdeas a bhí orthu. B'fhéidir nach dtabharfadh siad faoi deara iad go ceann tamaill eile ach gur chuir Pádhraic a chos suas ar an mbac agus gur thoisigh ag ceangal barréille. B'fhada leis go raibh aon duine ag cur aon tsuime iontu agus ní raibh i gceangal na barréille ach cleas lena chur in iúl go raibh a leithéidí ann.

Chruinnigh an mhuintir eile thart air; agus mura mb'éigean dó ceisteanna a fhreagairt, castar leis é. Chomhairíodar gach tairne agus gach líne tairní. Bhreathnaíodar ar na crúite agus chuimleadar iad. Scrúdaíodar na strapaí a bhí thiar ina gcúl. Fuair Eibhlín amach sa gcomhaireamh go raibh tairne amháin sa mbróig dheis thar mar bhí sa mbróig chlé, agus dúirt gur chóir go n-aireodh Pádhraic an bhróg dheas níos troime.

VII

Lá crua i dtús na Márta a bhí ann. Lá coimhthíoch polltach, le gaoth aduaidh agus ráigeanna móra sneachta. An té a bhreathnódh uaidh anonn ar bhóthar na holla d'fheicfeadh sé go raibh sé dubh le daoine. Bhíodar ann as gach ceard de na trí pharáiste, mar go mb'air a bhí an obair le toisiú.

Bhí innealtóir de lucht an Rialtais ann, agus thaispeáin sé don mhaor céard a theastaigh a dhéanamh. Thug sé leabhar dó agus liosta de na daoine a bhí le dul ag obair, agus dúirt leis ar chraiceann a chluaise gan aon duine a ghlacadh nach mbeadh a ainm ar an liosta.

Bhí todóg mhór i mbéal an innealtóra agus é ag cur toite san aer. D'aireofá boladh an tobac achar maith as an áit. Bhí sé gléasta go maith, agus cóta mór go talamh air.

Na fir a bhí ar lorg na hoibre ní raibh cóta mór ar aon duine acu. Ní raibh duine dá raibh i láthair a chaith a leithéid riamh, ná ní raibh aon dúil ag aon duine acu go gcaithfeadh. Ní raibh cótaí móra le fáil ach ar lucht airgid. Na casóga féin a bhí orthu bhí siad scáinte paisteáilte, agus bhí cuid mhaith acu a bhí i muinín an bháinín.

Bhíodar cruinn thart ar fhoscadh a chéile mar bheadh scata de chaoirigh bearrtha ann. Bhí siad ag fanacht go nglaoití an liosta, gach duine ag dúil go gcluinfeadh sé a ainm féin á léamh amach.

Bhí cuid mhaith dá raibh i láthair nach raibh a n-ainm ar an liosta, agus b'éigean dóibh an bóthar abhaile a thabhairt orthu féin go trom tuirseach míshásta. Ba é ar tugadh de mhisneach dóibh gur dhúirt an maor go dtiocfadh liosta eile faoi cheann seachtaine agus go mb'fhéidir go mbeadh a n-ainm air.

Bhí ainm Mháire Bhán ar an liosta. Bhí Pádhraic i láthair le freagairt ar a son, agus ó ba rud é go mba mhac baintrí é glacadh leis. Glacadh le Micilín Pheait chomh maith, mar go raibh a athair ina luí le scoilteach agus gan fágáil na leapa ann.

Ag bancáil an bhóthair a bhí siad go dtí an dó dhéag. Ansin shéid an maor feadóg agus bhí sos uaire an chloig acu le haghaidh 'dinnéir'.

D'imíodar anonn is anall ar foscadh agus thoisíodar ag ithe. Duine a raibh buidéal bainne leis, duine a raibh buidéal tae leis, agus duine a mb'éigean dó a ghreim aráin a ithe tur. Na daoine a raibh arán plúir leo ní raibh scáth ná eagla orthu agus thoisíodar ag ithe os comhair a raibh ann, mar bheidís ag déanamh gaisce. Na daoine a raibh an plúr agus an mhin bhuí féin measctha ina gcuid aráin ní raibh an scéal chomh dona acu agus níor cheileadar é. Ach bhí tuilleadh ann nach raibh acu ach an t-arán buí, agus é sin féin déanta leis an uisce, agus tuilleadh fós a bhí i muinín an 'bhacstaí,' agus chuaigh siadsan i bhfolach fhad is bhíodar ag ithe.

Aráin plúir a bhí le Pádhraic mar go raibh trí chloch go leith plúir san teach ón Satharn roimhe sin; ach Micilín Pheait, bhí sé i muinín an aráin bhuí agus chuaigh sé i bhfolach le hais bruaich nó gur ith sé é. Ansin tháinig sé ar ais go dtí an áit a raibh Pádhraic.

Níor thóg sé ceathrú uaire orthu go raibh an 'dinnéar' caite. Cuid den dream ab óige agus ab urrúnta chuaigh siad ag caitheamh 'trí truslóga' le hiad féin a choinneáil te, agus thoisigh na crannfhir agus na seanfhir ag seanchas.

'An bhfaca tú iontas riamh ar an domhan,' arsa Tomás Mháire Aindriú, as Bun an Mhuilinn, 'ach nárbh fhéidir leofa aon bhóthar a fháil ba ghaire do bhaile ná é seo. Tá sé scór blianta anois ó rinneadh an rud céanna leis an mbóithrín seo cheana agus is beag an úsáid a rinneadh de ó shin. Nach iomaí bóthar ar theastaigh deasú uaidh thar an gceann seo agus bóithre a bhí níos úsáidí agus níos cóngaraí ná é seo?'

'Ní hé sin ar fad é,' arsa Micín Shíle, a bhí ag iarraidh cnámhóga tae a lasadh ar thóin seanphíopa cré, 'ach an bhfeiceann tú an tráth den bhliain a dtoisíonn siad? Níl mac máthar anseo nach fearr a d'fheilfeadh sé dó a bheith ag déanamh rud eicínt dó féin sa mbaile. Nach maith nach sa ngeimhreadh, nuair a bhí gach duine díomhaoin, a cuireadh an obair seo ar bun, ach i gceartlár an earraigh? An duine gan cúnamh, cén chaoi a dtiocfadh leis aon chur a bheith aige? Is fada thú ag éisteacht leis "an té nach gcuirfidh san earrach ní bhainfidh sé sa bhfómhar".'

'B'éigean dom éirí deireadh oíche,' arsa Séamas Antaine, agus é ag greadadh a chuid lámh faoina ascalla. 'Bhí Eibhlín do mo chur ar an tine ag iarraidh orm éirí le huair an chloig roimhe sin ag déanamh amach go raibh sé ina lá. Thug sí isteach an coileach agus chuir faoi bhéal cléibh é sa gcisteanach, ach ná raibh rath airsean, más cumha nó codladh nó fearg a bhí air, má ghlaoigh sé chor ar bith; agus bhí mé anseo leathionradh sula dtáinig duine ar bith eile; tá mé préachta pónáilte.'

Chuir an mhuintir eile a seanscairt gháire astu nuair a chualadar nach nglaofadh an coileach faoin gcliabh, agus Micín Shíle féin thit an seanphíopa cré as a bhéal leis an racht a tháinig air, agus scaipeadh na cnámhóga.

'Deirimse gur maith an *tack* é, abradh gach duine a rogha rud,' arsa Frainc Bhilí, ag éirí de thortóg a raibh sé ina shuí uirthi agus á chroitheadh féin mar bheadh cineál feirge ag teacht air. 'Siad cuid de na daoine a bhfuil an ghláiféisc agus an ghlagaireacht ag baint leofa, más fíor dóibh féin. *Tack* maith é, in aice baile,' ar seisean, 'agus an saol mar atá sé. Is deacair scilling sa lá a fháil.'

'In aice baile!' ar siadsan go léir as béal a chéile, agus tháinig racht eile orthu. 'In aice baile ...'

'Más "in aice baile" é a bheith ar dhuine cúig mhíle a shiúl agus a bheith anseo ar a hocht a chlog, agus cúig mhíle eile a chur de ag dul abhaile ar an cúig is ait an scéal é,' arsa Peadar Riocaird.

Cluineadh go tobann glaoch agus gárthaíl. Céard a bheadh ann ach giorria a raibh a chos briste, agus b'eo Séimín Donn ina dhiaidh sna bonna rua reatha agus gach béic aige. Duine bocht nach raibh sách gearrtha a bhí in Séimín breá agus ghníodh sé greann do na trí pharáiste.

'Beir ar ghreim rubaill air, a Shéimín,' a deireadh duine.

'Faigh gráinne salainn agus leag ar a ruball é agus fanfaidh sé leat,' a deireadh duine eile.

'Glaoigh air, a Shéimín, agus tiocfaidh sé chugat,' a deireadh an tríú duine.

Ba é críoch an scéil é, ar chuma ar bith, go ndeachaigh mo Shéimín bocht i ndiaidh a mhullaigh i scraith bhogáin, agus mura mbeadh go dtáinig cúnamh air a tharraing é bheadh a chaiscín meilte.

Bhí lábán agus clábar air ó bhonn go baithis nuair a tógadh é, agus chomh luath agus fuair sé an chaint leis buaileann air ag moladh an ghiorria, agus na fir eile ag briseadh a gcroí ag gáire faoi. Cuireadh abhaile é ar fhaitíos go n-éagfadh sé leis an bhfuacht, agus ní raibh ach leathlá ag dul dó.

Bhí sé d'ádh ar Phádhraic gur fágadh é féin agus a chomráda, Micilín Pheait, i gcuideachta a chéile. Ag iompar fód a bhíodar ó na fir a bhí ag baint go dtí na fir a bhí ag bancáil an bhóthair. Bhí maide ag gach duine acu agus shádh sé an maide sa bhfód agus d'ardaíodh leis ar a ghualainn ansin é.

Bhí Pádhraic ag éirí cleachtach ar na bróga faoin am seo, agus ní bhíodh sé ag breathnú síos orthu leath chomh minic agus bhíodh sé. Ina dhiaidh sin féin d'airigh sé an-trom iad. Péire seanbhróg lena athair a bhí ar Mhicilín, agus bhíodar chomh mór sin go rachadh dhá chois an ghasúir isteach i ngach ceann acu. Fear anabaí ba ea Peait, agus níor thaise leis na cosa é. Bhí dhá spág air a bhí chomh leathan le comhla dorais. Mura mbeadh ar chuir Micilín de chochán sna bróga sular chuir sé air iad, ní bhainfeadh sé ceart ná cothrom astu.

Ag dul abhaile dóibh beirt tráthnóna dhúisíodar lacha fhiáin. Bhí gor uirthi agus thuig na gasúir as sin go raibh nead aici. Thoisíodar ag cuartú agus ba ghairid go bhfuaireadar an nead. Bhí ocht n-ubh inti. Thug gach duine acu ceithre cinn leis. D'fhéachadar ceann acu i bpoll uisce i bportach a bhí lena n-ais go bhfeicfeadh siad an raibh éanacha iontu. Bhí, mar gur éiríodar ar uachtar an uisce. Bhí cearc ar gor ag Máire Bhán sa mbaile agus dúirt Pádhraic gurbh fhearr dóibh na huibheacha a thabhairt leo agus a gcur faoin gcearc. Bhí Micilín sásta.

Seachtain ón lá sin tháinig seacht gcinn d'éanacha amach,

éanacha chomh breá is ar leag fear nó bean súil riamh orthu. An ceann eile de na huibheacha bhí glugar inti, agus choinnigh Máire Bhán í le haghaidh ubh sheide do na cearca.

VIII

'Go mbeannaí Dia isteach anseo,' arsa Nóra Chrosach, ag scinneadh isteach go neamh-mhothaitheach, agus í ag cniotáil stoca. Chuir Máire Bhán fáilte roimpi, agus d'iarr uirthi tarraingt ar an tine. Ansin fuair sí biorán agus lig spuaic a bhí tógtha ag an mbróig ar ordóg Phádhraic.

'Cén chaoi ar thaitnigh leat a bheith ag obair ar an mbóthar, a Phádhraic?' arsa Nóra, á socrú féin agus a cúl leis an mbac, agus ag dúnadh na súl. Nuair a dhúnadh sí na súile ba chosúlacht é go raibh sí ag cur bun seanchais uirthi féin. Ní bhíodh an rud ba lú a thiteadh amach ar fud an pharáiste nach mbíodh ar a gob aici, agus mura gcuireadh sí rud ar bith leis bí lánchinnte nach mbaineadh sí tada de. Bhí sé de cháil amuigh uirthi chomh maith go raibh drochamharc aici. Lá amháin agus Peait ag dul chun aonaigh le bó bhreá mhothais casadh Nóra leis ar chosán an chladaigh. Céard a déarfá le Nóra nár thaibhsigh an bhó dó? Chuir Peait geis ann ar an bpointe boise, agus murar thit an bhó sula ndeachaigh sí fiche slat. Ach ba mhaith an mhaise do Pheait é. D'fhill sé ar a sháil agus rug ar ghualainn ar Nóra, agus níor stad léi go dtug chomh fada leis an mboin í. Ní ligfeadh sé as ball na háite í gurbh éigean di 'Bail ó Dhia' fliuch a chur ar an mboin. Ní baileach a bhí sin déanta aici nuair a d'éirigh an bhó chomh maith is bhí sí oíche nó lá riamh.

Dá bhrí sin ní bhíodh mórán fáilte roimh Nóra i dtithe na gcomharsan, ach nár mhaith leo a teanga a tharraingt orthu. 'Bladair an droch-mhada is ní baol duit an dea-mhada.'

Bhí Pádhraic ag caitheamh cúpla fata dó féin agus é ina shuí ar cheann an stóil. Bhí pláta faochan aige leis na fataí agus é á n-ithe as na sliogáin. Bhí sé ag tabhairt corrfhreagra ar Nóra ach ní raibh sí sásta. Chonaic sí nach raibh mórán fáirnéise le fáil aici.

Leis sin féin cé a bhuailfeadh isteach ach Séimín Donn. Bhí éadaí tirime air ach níor chosúil dó gur nigh sé cos ná lámh ó tarraingíodh as an scraith bhogáin é. Cér bith áit a bhfuair sé na seanchiomacha a bhí air ba chosúil nár dó féin a rinneadh ar dtús iad. Chuirfeadh an tseanchasóg bhroicín a bhí go sála leis Bodach an Chóta Lachna i gcuimhne duit. Bhí an bríste míle rófhada dó ach go raibh sé craptha suas aige beagnach go dtí na glúine; agus bhí seanchaipín a bhí chomh sean leis an dílinn, bhí sin anuas go dtí na cluasa air.

'Ara, a Phádhraic, a dhiabhail,' arsa Séimín ag teacht faoin doras dó, 'nár chuala mé go bhfuair tú nead lacha fhiáin? Nár fheice m'anam ach Dia nach ar chuid de na daoine a bhíos an t-ádh! Nach orm féin a bhí an mí-ádh mór go ndeachaigh mé sa scraith bhogáin nó thiocfainn abhaile an bealach sin agus b'fhéidir gur agam a bheadh sí.'

'Ara, a Shéamais, a chroí,' arsa Máire Bhán, ag breith ar an lata agus ag múscailt suas na tine i bhfianaise Shéimín, 'nár chuala mé gur bheag nár bádh thú? Nach é Dia féin a tharrtháil thú agus an chontúirt a ndeachaigh tú ann!'

'M'anam do Dhia na Glóire, a Mháire ó,' arsa Séimín, 'go bhfaca mé an dá shaol. Ach chomh beag gur rug Tadhg Mór agus Antaine Dic orm bhí mo chnaipe déanta. Ach an giorria, a Mháire! Nár fhága mé seo go ndeachaigh sé faoi neasacht poll cnaipe dom é a bheith agam. Giorria breá ramhar a bhí chomh mór le capall, agus dhá mhás air mar bheadh ceann de bhulláin Charson. Dhá shlat eile agus bheadh sé agam, nuair a cuireadh i ndiaidh mo shoic i súmaire mé. Dar m'fhocal dá bhfaighinn greim air is go mbeinn ag ól anraith go lá Nollag. Mo choinsias féin chuaigh sé sách gar go leor dó.'

'Nach córa duit a bheith ag cuimhneamh ar bhean a fháil duit féin, ag teacht an earraigh, ná a bheith ag rith i ndiaidh giorraíocha?' arsa Nóra Chrosach, ag foscailt na súl agus ag caochadh ar Mháire Bhán. 'Nach bhfuil sé in am agat toisiú ag dearcadh amach duit féin feasta chomh luath agus a bheas péire bróg saothraithe agat ar an mbóthar.'

Thug Séimín amharc anonn ar an gcúinne as deireadh a shúl. Níor lú air gailseacha ciaróg ná aon duine toisiú ag cumadh ban air, agus bhí an dearg-ghráin aige ar Nóra Chrosach seachas duine ar bith dá bhfaca sé riamh.

Thoisigh na súile ag éirí fiáin ina cheann, agus bhuail air ag gearradh na bhfiacal. Ní dhéanadh sé sin ach nuair a bhíodh an-fhearg amach is amach air. Bhí faitíos ag teacht ar Mháire Bhán nuair a chonaic sí an anchuma a tháinig air.

'Go dtuga an diabhal dearg leis thusa agus do chuid ban, mura mór an call magaidh atá ort! Is fada a bheinn gan bean sula bpósainn thusa, a ghadaí chrosaigh. Níl áit dá gcastar liom thú nach mbíonn tú ag spochadh asam, thú féin agus do chuid ban! Ach socróidh mise Bealtaine leat lá breá eicínt, feicfidh tú féin. Tá mé ádhúil go leor mura ndéana tú drochamharc dom mar rinne tú do bhó Pheait, agus mé a chur ó rath na bliana. Ach níl an t-ádh ar dhuine ar bith a shuífeadh in aon teach leat,' ar seisean, ag éirí agus ag déanamh ar an doras. Thug sé aon amharc amháin uirthi ag dul amach dó, amharc a leagfadh stail.

Níorbh é a gáire a sciorr ar Nóra Chrosach nuair a thug Séimín an íde uirthi a thug. Ba chuma léi i dtaobh rud ar bith ach gan bó Pheait a chasadh léi os comhair daoine.

'Ó, a Dhia go deo,' ar sise, 'nach é ar furasta fearg a chur air?' agus a haghaidh ar dearglasadh go bun na gcluas.

'Ó, muise, ná tabhair aon aird ar aon rud a déarfas sé,' arsa Máire Bhán, agus í féin bruite le náire. 'Duine bocht ar leag Dia lámh air, agus nach bhfuil aon pheaca ar a mháthair! Ar ndóigh, níl splanc céille aige sin ach oiread is tá ag an bpáiste atá sa gcliabhán.'

'Tá an droch-chiall ag an mbithiúnach,' arsa Nóra. B'in ar dhúirt sí. Nuair a mheas sí go raibh Séimín glanta leis as a bealach d'éirigh sí agus choc léi abhaile.

'Nár fhóire mise ort, a bhean amach,' arsa Máire, ag éirí agus ag tógáil an phláta sliogán a bhí ar an stól agus á leagan ar an drisiúr. 'Dá mbeitheá gan bacadh le Séimín bocht is fada an lá go gcuirfeadh sé chugat nó uait. Ach is minic a bhris teanga duine a shrón, mar a deir an seanfhocal, agus tá an t-ádh ortsa nó tarraingeoidh do theanga féin míchháta ort lá is faide anonn ná inniu.'

Bhí Eibhlín ar a dhá glúin i bhfianaise na tine agus a dhá uillinn ar leic an teallaigh aici. Bhí a dhá láimh faoina smig agus í ag iarraidh a bheith ag foghlaim a ceacht le haghaidh na scoile lá arna mhárach. Nuair a thoisigh an chomhlann chuir sí cluas le héisteacht uirthi féin, agus focal amháin ní dheachaigh uaithi.

'A Mham,' a deir sí, nuair a chuaigh Nóra amach, 'cén fáth gur dhúirt tú le Nóra nach raibh aon pheaca ar mháthair Shéimín? An naomh atá inti?

Thoisigh an mháthair ag maolgháire. 'Go bhfóire Dia ar do chéill, a stór, murab aisteach an cheist a chuireas tú ar dhuine. Nach bhfuil a fhios agat go bhfuil sé ráite chuile lá riamh má bhíonn bean ann a dtiocfaidh duine ar a sliocht nach mbeidh sách gearrtha nach mbíonn aon pheaca ar an mbean sin? Ach leag uait an leabhar go fóill, a ghrá, agus éirigh in do sheasamh. Caithfidh tú an laimpín a lasadh go réitítear deoch don bhoin.'

Bhí Brídín ag snagaíl chodlata le hais na tine. D'éirigh Pádhraic agus rug ina bhaclainn uirthi agus leag isteach sa leaba í. Tharraing sé an chuilt anall ar a cosa. Ansin d'iarr sé cead ar a mháthair a ligean siar tamall go teach Bhríd Rua, é féin agus Micilín Pheait.

'Tig leat, a ghrá,' arsa an mháthair, 'ach bí ar ais in am i riocht agus go mbeidh do dhíol codailte agat i gcomhair na maidine.'

Amach le Pádhraic, agus é ag feadaíl, faoi dhéin Mhicilín. Thoisigh Tomás agus Micheál agus Antaine ag déanamh 'lúrabóg lárabóg' thart ar an tine nuair a lasadh an laimpín.

IX

Bhí Micilín Pheait ina shuí ar stóilín cois na tine, muga tae ina dheasóg agus ceapaire bacstaí ina chiotóg. Mura raibh sé ag tabhairt faoi go slachtmhar castar leis é. Bhí Peait ina shuí aniar sa leaba agus muga eile aige féin, ach in áit an bhacstaí arán geal a bhí aige agus dornán mine buí ar a fhud. Mar gheall ar é a bheith tinn ba ea a caitheadh an phribhléid leis, gí nach n-abródh an té a d'fheicfeadh é ag stácadh an aráin mar bhí sé go raibh tada ar a ghoile ar chuma ar bith. Bhí Cití, bean Pheait, agus an chuid eile den chlann ina suí thart faoin teallach, soitheach tae i láimh gach duine acu.

'Déan ar d'aghaidh agus teann leis an tine, a Phádhraic,' arsa Cití nuair a lig Pádhraic é féin isteach ar an leathdhoras agus d'fhiafraigh an raibh Micilín istigh. 'Dá mba rud é nach n-aithneoinn do chuid feadaíle féin bheadh a fhios agam go raibh tú ag teacht, mar gur tú an t-aon duine amháin a gcroitheann an mada a ruball dó cé is moite de mhuintir an tí. Gabh aníos, gabh aníos, a dhuine, go gcaithe tú cuid den bhia linn.'

'Níl mé ach ina dhiaidh,' arsa Pádhraic. 'Isteach a tháinig mé go bhfeicinn an raibh Micilín ag teacht ag cuartaíocht. Tá mé ag dul siar tamall go teach Bhríd Rua.'

'Fan go fóill go n-óla mé an blogam tae seo agus beidh mé leat,' arsa Micilín, ag baint croitheadh as an muga ar fhaitíos go mbeadh aon tsiúcra fágtha ar a thóin gan leá. Ansin chroch ar a cheann é, lig siar go maith é féin, agus níor fhág striog san soitheach.

'Cér bith áit a mbeidh duine agaibh beidh an duine eile ann, rachaidh mise i mbannaí,' a deir fear na leapa, ag seachadadh a mhuga féin ar bhean an tí agus ag cur brúchta as. 'Nár chóra don bheirt agaibh fanacht i mbun bhur gcos agus go gcaithfidh sibh éirí go moch ar maidin.'

'Ó, bíodh ciall agat,' arsa Cití. 'Nach bhfuil gasúir riamh ag dul tamall ar a gcuairt? Bhí tú féin óg roimhe seo.'

'Má bhí féin ní raibh cead mo choise agam mar atá ag gasúir an tsaoil seo,' arsa Peait. Ach ní raibh na gasúir ag éisteacht leis mar go rabhadar glanta leo.

★ ★ ★

B'annamh le Bríd Rua a bheith ar a laghad comhluadar is bhí sí, ach go raibh an oíche óg. Bhí tine mhaith mhóna thíos aici agus í ina suí síos lena hais. Bhí íorna snátha ina hucht aici agus an túirne leagtha siar le balla.

'Is é Dia féin a chuir isteach sibh,' ar sise leis na gasúir, ag teacht isteach dóibh. 'Gabh i leith, a Phádhraic, ós tú is faide lámha, agus coinnigh an snáth seo dom go ndéana mé ceirtlín de. Tá Máire ag an siopa agus tá fear an tí imithe chun an tobair faoi dhéin uisce.'

Bhí lucht na gcuairt ag teacht ina nduine is ina nduine go raibh an teach plúchta. Agus iad cruinn thart faoin tine ag déanamh a gcuid grinn, buaileadh sailm ar an doras druidte. Léim a raibh i láthair leis an troimpléasc, mar gur shíl siad go raibh an teach anuas ina mullach.

'Ligidh isteach mé go beo tapaidh! Cuireadh anuas faoi dhéin na gcártaí mé,' arsa an guth taobh amuigh.

'Séimín Donn!' arsa Bríd Rua. 'Gabh thart, a Shéamais ó, chuig an doras eile; sin é doras na gaoithe.'

Tháinig Séimín isteach agus driopás an domhain air.

'Na cártaí go beo tapaidh!' a deir sé. 'Tá siad ag dul ag imirt thuas i scioból Sheoirse, agus dúirt siad go bhfuil na cártaí anseo ó aréir.'

'Ara, a Shéamais, a chroí, nach ort atá an deifir,' arsa duine leis. 'Nach dtiocfadh leat a leithead den am a leagan air. Suigh síos agus déan do chaint is do chomhrá mar dhéanfadh fear.'

'Ó, tá deifir leofa,' a deir sé. 'Fuair mé pingin ach a dtabhairt chucu; agus caithfidh mé a saothrú. Tá péire bróg ag teastáil uaim go géar. Tiocfaidh mé anuas arís.'

Thoisigh an seanchas anonn agus anall. Bhí geall amuigh idir Micilín agus gasúr eile, gach duine ag rá gurbh fhearr a dhéanfadh sé féin cleas na luchóige ná an fear eile. B'ar láimh Phádhraic a bhí an geall – dhá chnaipe – agus thoisigh an comórtas. Bhí sprionla de mhaide a bhí cosúil le taobhán, bhí sin trasna i lár an tí, agus b'air a bhí an cleas le n-imirt. An té ba thapaí a rachadh trasna agus greim ar an maide aige lena chosa agus lena lámha agus a aghaidh suas ar na fraitheacha ba leis an geall. Micilín a ghnóthaigh.

Isteach le Séimín arís agus shuigh cois na tine.

'Cén fáth go bhfuil tú bacach?' arsa Micilín leis. 'An í an scraith bhogáin a bhacaigh thú?'

'Ó, muise, leá agus lobhadh ar an mbacaíl chéanna, a Mhicilín,' arsa Séimín. 'Dheamhan scraith bhogáin ná scraith bhogáin muise, ach bonnbhualadh atá orm; ní dhearna an scraith bhogáin blas dochair dom.'

'Ar nigh tú na cosa ó shin, a Shéamais?' arsa Tomás Mór, a bhí ina shuí thall faoin bhfuinneog, agus sop locháin ina bhéal aige á changailt.

'Ara, tá mé bodhar agaibh,' arsa Séimín, agus fearg ag teacht air. 'Dheamhan cos ná cos muise. Cén mhaith a bheith á ní agus iad a bheith salach arís ar iompú an tsoip? Nuair a bheas airgead agam ceannóidh mé péire maith bróg.'

'Ní á bhaint sin as do bhéal é,' arsa Bríd, agus í ag tochardadh léi an tsnátha go deas síodúil, 'nár chuala mé ag dul tharam go bhfuil oidhre óg ansin sa doras agaibh ó aréir. An mac nó iníon atá ann?'

'Tomhais,' arsa Séimín, go leathphusach, agus é ag breathnú isteach sa tine.

'Mac,' arsa Bríd.

'Ní hea, tomhais arís.'

'Iníon.'

'Diabhal mo chraiceann,' arsa Séimín, ag bualadh a sheanleadóige boise ar a cheathrúin, 'gurb é sin an tomhas is fearr a chuala mé riamh. Cuirfidh mé cnaipe gur inis duine eicínt duit é.'

Chuir sin a raibh san teach in arraingeacha.

'Dheamhan duine, a Shéamais,' arsa Bríd, 'ach mé féin a dhéanamh amach.'

Bhí Tomás Pháidín Shíle ina shuí ar an mbac agus an tlú ina láimh aige. Bhí sé ag rúscadh na luatha, agus súil na glaiseoige aige ar Eibhlín Chatach, a bhí ag seanchas thíos ag an landaoir le Máire Bhríd Rua. Bhí ciúnas san teach ar feadh tamaill nó gur fhiafraigh Tomás cén duine deireanach a labhair.

'Thú féin,' arsa Séimín.

'Ní mé, ach tusa,' arsa Tomás.

'Ní mé, ach tusa,' arsa Séimín.

Bhí an bheirt ag sárú ar a chéile gur tarraingíodh anuas scéal eile, agus bhí an gleo agus an greann agus an gáire ina neart arís nuair a chuir Séimín béic as a chluinfeá ar Chnoc na Sraithe, agus d'éirigh de léim den stól nó gur bheag nár bhuail sé a cheann thuas ar an maide ceangail.

'Mo chorp ón rídhiabhal go bhfuil mé gan cos,' ar seisean ag fáisceadh na coise lena dhá láimh. 'Ó, mo chos, mo chos! Tá mé gan cos go brách ag an mada diabhail sin.'

Bhí an mada glanta leis ón áit a raibh sé ina luí faoi stól Shéimín, agus é craptha thiar ag an doras druidte agus a ruball idir a dhá chois aige.

'An bhfeiceann tú an áit a bhfuil an bithiúnach anois? Breathnaigh síos air agus an dreach atá air. Déarfá nach ndearna sé rud ar bith as bealach riamh. Féach an dá shúil tiontaithe suas aige chomh diaganta go sílfeá gurb í a mháthair atá in éis bás a fháil. Ó, smaladh ort, a ghadaí, mura mé atá gan cos agat.'

'Tá cos nimhneach ag an mada, agus caithfidh sé gur sheas tú air is gur ghortaigh tú é, a Shéamais,' arsa Bríd. 'Gabh aníos go bhfeice mé an bhfuil fuil ort.'

Chuir Séimín a chos suas ar stól nó go ndearnadh mionscrúdú uirthi.

'Níl blas ar a chois,' arsa Tomás Mór. 'Ar ndóigh, níl mada in Éirinn a bheadh in ann fiacail a chur tríd an méid láibe atá triomaithe ar chos Shéimín.'

'M'anam muise go ndeachaigh sé sách gar go leor dom a bheith gan cos aige,' arsa Séimín ag suí síos arís, 'ach nuair a gheobhas mise na bróga íocfaidh sé as.'

Nuair a bhí deireadh an tsnátha tochairte ag Bríd chuaigh Pádhraic agus Micilín abhaile.

'Níl gasúr sna trí pharáiste chomh humhal oibleagáideach le Pádhraic Mháire Bhán,' arsa Bríd, nuair a d'imigh sé. 'Is breá an t-ábhar fir é, slán a bheas sé.'

'Tá chuile dhuine buíoch dó,' arsa Tomás Pháidín Shíle, 'agus cuirfidh Dia rath air.'

X

Chuaigh an t-earrach agus an samhradh thart agus tháinig an fómhar.

Ba bheag an t-athrú a tháinig ar Log an tSearraigh. Bhí an scéal chomh dona ag na daoine ann is bhí riamh. Thug an bóthar beagán saothraithe dóibh, ach má thug féin bhí sé caillte acu ar bhealach eile. Bhíodh ar fhear dul chun an bhóthair nuair ba cheart dó a bheith ag déanamh an earraigh dó féin sa mbaile. Fágadh an churaíocht ag mná agus ag páistí, ach amháin tamall tar éis am an bhóthair gach lá. Bhíodh leathlá saor ag na fir oibre gach Satharn, ach má bhíodh féin is beag Satharn nach dteastódh ó dhuine dul ar an margadh. Mura mbeadh ag teastáil ach dosaen éisc ní raibh sé le fáil ní ba ghaire duit ná Béal an Mhuirthead, agus ba mhion minic nach mbíodh sé le fáil ansin féin.

Bhí a shliocht ar na daoine, bhíodar beo bocht mar bhíodar riamh; agus nuair a stad airgead an bhóthair – i lár an tsamhraidh, le linn na bhfataí úra – d'airíodar na sé scilleacha féin uathu. Bhí an scéal go hainnis acu.

B'éigean do na mná agus do na páistí toisiú ar an gcarraigín agus ar na faochain arís agus gan aon ghlaoch mór ar cheachtar acu dá mbeadh fairsingeacht acu ann féin, rud nach raibh.

Máire Bhán féin, b'éigean di Eibhlín a thógáil den scoil, gí nárbh é a mian é, bhí an saol ag goilleadh chomh géar sin uirthi. Ach tá oidhreacht amháin ag an nGael nach dtuigeann sé féin féin an tairbhe atá ann, is é sin creideamh láidir agus dóchas daingean. Duine ar bith a bhfuil sin aige is duine saibhir é, bíodh i ndán agus go bhfuil sé ag dul ó theach go teach ag iarraidh na déirce, agus an té atá gan é ... go bhfóire Dia na Glóire air; níl ann ach duine dealbh dá mbeadh sé ag rith ina chóiste.

'Go mbeannaí Dia anseo,' arsa sean-Mháirtín ag bualadh isteach ar maidin agus a bhata mór cromóige ina láimh leis. Bhí Máire agus Eibhlín á réiteach féin le haghaidh na trá mar go raibh rabharta mór ann.

'Go mbeannaí Dia is Muire duit, a Mháirtín; nach suífidh tú?'

'Ní bheidh mé ag suí,' arsa sean-Mháirtín, ag seasamh i lár an urláir agus ag ligean a mheáchain amach ar an maide. 'Isteach a tháinig mé go bhfeicinn an bhfuil an súiste san teach. Tá mo mhuintir ag dul ag bualadh glaic choirce.'

Chuaigh Pádhraic ag cuartú an tsúiste dó.

Tháinig balc ar Mháire. Níor láimhsigh aon duine an súiste céanna ó bhí sé i láimh a fir, agus thoisigh sí ag cuimhneamh ar an saol a bhí caite. Dá mbeadh sé beo ... ach toil Dé go ndéantar!

Tháinig Pádhraic anuas as an seomra agus an súiste leis; thug sé do shean-Mháirtín é.

Leis sin féin, cé a thiocfadh isteach ar an urlár ach fear an phoist. Bhí iontas ar Mháire, mar go mb'annamh litir á fáil aici. Cheap sí go mb'fhéidir gur isteach ar thóir dí a tháinig sé. Ach níorbh ea. Tharraing sé an mála aniar ar a thoiseach, agus bhuail air ag ransú.

'An bhfuil brosna mór litreacha leat inniu?' arsa sean-Mháirtín, a bhí ina sheasamh taobh istigh den tairseach go bhfeiceadh sé céard a tharlódh. 'Is annamh a thigeas tú an taobh seo den bhaile.'

'Chomh minic is bhíos mo ghraithe ann,' arsa fear an phoist, ag tógáil amach litreach agus á seachadadh ar Mháire Bhán, 'agus ní rómhinic sin.'

Thug Máire an litir do Phádhraic agus d'iarr air í a léamh. D'fhan fear an phoist go gcluineadh sé féin céard a bhí inti. Thug Máire stól dó agus shuigh sé síos agus tharraing amach a phíopa agus dhearg é.

'Litir as Meiriceá atá inti,' ar seisean, agus é ag breathnú ar Phádhraic go mífhoighdeach. 'Tá súil le Dia agam go bhfuil dea-scéala inti.'

D'fhoscail Pádhraic an clúdach agus tharraing amach an litir. Nuair a d'fhoscail sé í go dtéadh sé á léamh thit giota beag de pháipéar tanaí liathghorm amach ar an urlár.

Chrom fear an phoist ar an bpáipéar agus thóg é.

'Airgead, dar fia!' ar seisean.

'Airgead!' arsa Máirtín.

'Airgead!' arsa Máire, agus a croí ag preabadh i riocht is gur shíl sí go raibh gach duine san teach ag éisteacht leis. 'Airgead!' ar sise. 'Cá bhfuil sé?'

'Sin seic,' arsa fear an phoist, ag tabhairt an pháipéir liathghoirm isteach ina láimh di. 'Tá deich bpunt inti.'

Dhearc Máire Bhán air le huafás agus le hiontas. 'Deich bpunt!' a deir sí. 'Ní féidir!'

'Fiafraigh de Phádhraic é, mura bhfuil an ceart agam,' arsa an fear eile. 'Léadh sé an litir.'

Léigh Pádhraic an litir amach go hard. Chruinnigh na páistí thart timpeall. Brídín agus greim daingean aici ar sciorta a máthar, agus corrshúil aici ar fhear an phoist, mar bheadh amhras eicínt aici air. Theann sean-Mháirtín aníos ón tairseach agus chuir cluas air féin.

497, Cúlbhealach an Chriostail
Nua-Eabhrac, U.S.A.,
4ú lá de Mhárta, 18—

A Mháire Dhílis,

Creidim go mbeidh iontas ort litir a fháil uaimse, mar nach minic a chuireas aon trioblóid ar mhuintir an phoist ó d'fhág mé an baile an chéad uair, ach is fearr go mall ná go brách. Ní móide go mbacfainn le scríobh anois féin ach gur tharla gur casadh Tomás Bheairtlí liom an lá faoi dheireadh ag an Aifreann anseo, agus go raibh sé ag insint dom faoin gcaoi a raibh sibh sa mbaile. Ní raibh a fhios agam go dtí sin go raibh tú in do bhaintreach. Bhíos amach sa taobh thiar den tír seo le suim mhaith blianta go dtí le tamall anuas agus ní mórán Éireannach a casadh orm amach ansin.

Bhí Tomás ag rá liom go raibh an saol go dona in Éirinn agaibh – cén uair nach raibh? – agus go raibh an drámh ar fad ar mhuintir Log an tSearraigh le drochbhlianta agus le drochbharra. Dúirt sé liom nach raibh mórán le cois na sláinte agat féin agus go raibh sé ag dul rite go maith leat an chleath a sheasamh. Seisear clainne a bhí agat, a dúirt sé, agus gur ar éigean a bhí ceachtar acu inchúnta leat. De réir mar thuigeas uaidh tá tú ag fáil do sháith le déanamh greim le n-ithe a choinneáil leofa, agus dúirt sé, chomh maith, go raibh cíos cúpla bliain ag an tiarna ort. Murar athraigh an sean-Bhlácach ó bhí aithne agamsa air is iomaí tafann atá déanta aige ort má tá an méid sin cíosa amuigh aige.

Ar an ábhar sin tá mé ag cur chugat istigh sa litir seo deich bpunt. Glanfaidh sé an talamh duit agus ceannóidh sé gioblacha éadaigh do na páistí. Is trua liom nach bhfuil mé in ann níos mó a chur chugat ach níl an saol chomh maith sa tír seo agus a shíleas daoine sa mbaile. Níl mórán le fáil anseo gan saothrú, geallaimse duit.

Cén chaoi a bhfuil na gaolta ar fad agus na comharsana? Sean-Mháirtín agus a mhuintir, Peait agus a bhean agus a chlann, gan dearmad a dhéanamh ar Shéimín Donn? Creidim nach bhfuil luach na mbróg cruinn go fóill ag Séimín, agus nach bhfuil dearmad déanta aige ar 'sách gar go leor.' Chualas gur óbair a bhá i scraith bhogáin nuair a bhí an bóthar á dhéanamh.

Chomhair sé suas a lán eile de na comharsana, agus ansin:

Gí nach molfainn do dhuine ar bith teacht amach anseo ach an té a chaithfeas an baile a fhágáil más olc maith leis é, ina dhiaidh sin féin má bhíonn fút aoinne de na páistí a ligean amach nuair a thiocfas iontu cuirfidh mé a oiread chugat is a bhéarfas anall duine acu.

Cuir scéala chugam ar áit bonn a bhfaighidh tú í seo.

Ó do dhearthháir
Antaine Ó Deoráin

'Míle moladh le Dia!' arsa Máire ag ardú a dhá láimh agus na braonacha lena súile.

I.S. – Mo chuimhne! Cén chaoi a bhfuil an Máistir? Is beag bídeach nach ndearna mé dearmad a fhiafraí, agus, ar ndóigh, ní mhaithfinn dom féin go deo é. Cér bith rath beag a bhí orm ó tháinig mé anseo bím buíoch dó-san mar gheall air. Duine ar bith a thiocfas amach anseo gan a bheag nó a mhór léinn, beidh sé in umar na haimiléise go brách.

A. Ó D.

Bhí Nóra Chrosach isteach orthu go díreach le linn an litir a bheith á críochnú. Bhí sí ar a leaba di féin nuair a tháinig malrach isteach le scéala go raibh fear an phoist imithe isteach go teach Mháire Bhán. Bhí sí ag cur i gcéill go raibh slaghdán trom uirthi. Ach nuair a chuala sí an scéala ba ghearr a bhí sí ag cur uirthi. Ba bheag nár leagadh í ar phota a bhí i lár an urláir leis an deifir a bhí uirthi ag dul amach, agus í ag fáisceadh a cuid éadaigh uirthi féin ag dul síos an garraí di.

Ba bheag nár thit sí as a seasamh nuair a chuala sí go raibh deich bpunt sa litir.

B'éigean an litir a léamh arís di. Ní fonn mór a bhí ar Phádhraic a léamh, ach bhí eagla air nach bhfágfadh sí an teach go dtí an oíche mura gcluineadh sí céard a bhí inti. Ní raibh mórán le rá aici nuair a chuala sí chuile dhuine de na comharsana fiafraithe inti ach í féin, agus d'éalaigh sí amach go foríseal nuair a fuair sí faill.

Sceith an scéal ar fud an bhaile go bhfuair Máire Bhán litir agus airgead as Meiriceá. Chuile áit dá ndeachaigh fear an phoist d'inis sé é, agus bhí an t-airgead ag méadú de réir mar bhí an scéal ag leathnú. Ní raibh ann i dtoiseach ach deich bpunt, ach amach i dtaca an mheán lae bhí sé ina chúig phunta déag. Tamall tar éis am dinnéir rinneadh ocht bpunta déag de, agus sula ndeachaigh grian i bhfarraige bhí sé ina scór glan. Nuair a tháinig an clapsholas bhí daoine ag rá go mb'fhéidir go raibh na deich bpunt fhichead féin ann.

An oíche sin bhí an teach mar bhuailfeá le cúl tua é. Ar éigean a bhí duine ar an mbaile nár chruinnigh isteach. Deich n-uaire i rith na hoíche arís b'éigean an litir a léamh. Ba mhór an maslú ar dhuine dul ar cuairt in áit mar sin agus gan an litir a léamh dó. Ní mhaithfí go deo é.

Sean-Mháirtín féin, tháinig sé arís. Léigh Pádhraic an litir go róthapaidh ar maidin, agus ní raibh an seanduine in ann an rud a thabhairt leis i gceart, dúirt sé. Ach bhí sé de ghlanmheabhair aige ar deireadh beagnach.

An té a bhí fiafraithe sa litir bhí ríméad air, agus é go gealgháireach, ach cúpla duine a ndearnadh dearmad orthu d'éalaíodar amach chomh luath agus a fuaireadar faill, agus iad go pusach gruama. Ba do Mháire Bhán a bhí an t-olc ar fad acu. Bhí siad lánchinnte go mba í ise ba chiontach. Ar éigean a labhródh siad léi go ceann i bhfad ina dhiaidh sin, ghoill sé chomh mór sin orthu.

Ba shámh é codladh Mháire Bhán an oíche sin.

XI

Ní raibh aon lá i Log an tSearraigh le cuimhne na ndaoine chomh mór leis an lá a raibh an cluiche peile ann. Comórtas a bhí ann idir muintir na háite agus buachaillí siopa Bhéal an Mhuirthead agus bhíothas ag fáil faoi réir faoina chomhair le dhá mhí roimhe sin.

I ndumhaigh Log an tSearraigh a bhí an comórtas. Áit ní ba

dheise nó ní b'fheiliúnaí ní raibh le fáil thart sna himeachta. Machaire mór gainimh a bhféadfaí cath a bhualadh ann, agus na biollaí móra faoina gcuid mong glas muiríní idir tú agus farraige. Cuan an Fhóid Duibh ag síneadh uait siar, agus olagón na dtonn go gcuirfeadh siad na cuacha a chodladh lena gceol brónach. B'aoibhinn féin an áit é.

Bhí an dea-theagasc faighte ag muintir an bhaile ó thoisigh siad ag cleachtadh. Tadhg Rua a bhí ina chaptaen orthu. Ba é a chuir tús leis an gcumann peile ar an mbaile i dtoiseach. Bhí sé i ndiaidh a trí nó a ceathair de bhlianta a chaitheamh in Albain, ag obair ar oibreacha poiblí, agus b'ann a d'fhoghlaim sé an cluiche.

Bhí na trí pharáiste cruinn ann, ó dhuine liath go leanbh, agus faobhar ar gach duine acu. Cér bith súisín a d'íocfadh é chaithfí gan an chraobh a ligean le muintir Bhéal an Mhuirthead.

Thoisigh an cluiche. Bhí gach fear socraithe ina áit féin ag Tadhg Rua agus ordú ag gach duine acu céard a dhéanfadh sé. Bhí geallta ar fad acu go ndéanfadh siad de réir mar ordaíodh dóibh roimh ré, mar nach raibh Tadhg Rua saor gan scáfaireacht a bheith air go mbeadh ruaille buaille ann nuair a thoiseodh an imirt ag géarú. Ní i bhfad uaidh a chonaic sé an t-ábhar.

Frainc Bhilí an cúl báire a bhí ag muintir Log an tSearraigh, agus bhí air a áit féin a fhaire, ach gan dul isteach san imirt thairis sin. Bhí an dá scór go maith sáraithe ag Frainc. Péire bróg tairní a bhí air – seacht líne tairní i ngach bróig – agus bríste de chorda an rí. Báinín mór a bhí á chaitheamh air, na muinchillí craptha suas, agus téad chnáibe aniar faoina lár. Nuair a caitheadh isteach an liathróid chuimil sé a dhá bhois dá chéile mar bheadh duine ann a bheadh ag snoí tobac, thiontaigh siar píce an bhairéid, agus chuir gach cosúlacht air féin go raibh faoi gníomhartha móra gaisce a dhéanamh sula mbeadh an cluiche thart.

Ní túisce a caitheadh isteach an liathróid ná d'ionsaigh 'tuar ceatha' de bhuachaill siopa as Béal an Mhuirthead í agus thug speach di. Chuir den iarraidh sin chomh fada le duine eile dá dhream féin í. Bhí an liathróid ansin síos go maith in íochtar an mhachaire. Ba bheag eile a chuirfeadh amach thar an ngóraí í. Thoisigh muintir Log an tSearraigh ag éirí imníoch. Bhí faghairt i súile Frainc Bhilí. Chrom sé anuas agus chuir a dhá bhois ar a dhá ghlúin mar bheadh duine ann a bheadh ag dul ag rith rása.

Speach eile agus bhí an liathróid ag dul amach os a chionn. D'éirigh sé de léim agus choisc sé í lena láimh, agus mura raibh gártha áthais agus bualadh bos ann ní lá go maidin é.

Ach nuair a fuair sé greim ar an liathróid níor scar sé léi. Chuir faoina ascaill í, agus as go brách leis síos an machaire, agus gach duine dá raibh sa gcluiche ina dhiaidh. Tháinig an 'tuar ceatha' as Béal an Mhuirthead roimhe le cosc a chur air, ach b'in a raibh ar a shon aige. Chuir Frainc guala leis agus chaith sé seacht slat uaidh é, mar chaithfeá punann choirce. D'ionsaigh duine agus duine eile é. Bhí an dá thaobh measctha ar fud a chéile, ach níorbh í an liathróid a bhí ag cur imní orthu. Bhí gach duine ag speachadh ar theann a dhíchill, agus ba chuma leo céard a thiocfadh ina mbealach, liathróid, nó gaineamh, nó cos duine.

Bhí gárthaíl agus coscairt agus tuargain ar siúl, agus ceo gainimh éirithe thart timpeall ar lucht an chluiche ionas nárbh fhéidir déanamh amach cén taobh a raibh ag éirí leis. An mhuintir a bhí taobh amuigh den teorainn cheap siad nach raibh a sáith den spórt acu féin agus thoisigh siad ag brú isteach. Ba ghearr go raibh siad sa rúscadh agus sa roilleadh a bhí ar siúl – an áit ba tiubh ba tanaí idir an dá thaobh.

B'éigean deireadh a chur leis an imirt. Ní raibh ach triúr de mhuintir an bhaile mhóir a bhí in ann siúl. B'éigean an chuid eile a iompar. Bhí luí seachtaine ar chuid acu. Ach bhí áthas ar mhuintir Log an tSearraigh.

Nuair ba theinne a bhí an treascairt ann bhí Pádhraic Mháire Bhán agus Micilín Pheait i measc an tslua a bhí taobh amuigh, agus a gcroí amuigh ar a mbéal le himní ar fhaitíos go mbuailfí muintir an bhaile s'acu féin – daoine ag liúirigh agus ag béicigh, tuilleadh ag seasamh ar bharr a gcos ag iarraidh radharc maith a fháil.

Súil dá dtug Pádhraic thairis chonaic sé cailín óg ina seasamh in aice leis, cailín nach bhfaca sé a leithéid ar sholas a dhá shúl riamh roimhe. B'ionann dath dá craiceann agus sneachta na haonoíche, agus bhí an rós agus an lil ag coimheascar ina grua. A dúrosc doimhin draíochta níorbh fhéidir samhail ar bith a thabhairt dó ach réalta oighre an mheán oíche. A gruaig chatach choirníneach bhí sí ag titim go triopallach anuas go slinneán léi agus í chomh dubh le sméar. Bhí a béilín meala ar dhath na caoire caorthainn agus a cuid fiacal ar dhath an aoil. Agus mar bharr ar gach bua acu sin bhí an córtas agus an carthanas, an tsuáilce agus an tsoineann le feiceáil i gclár a héadain nár cheil goimh ná gangaid. Agus í ag siúl ar an machaire cheapfá nach mbrúfadh sí an nóinín féin faoina cois, bhí a coiscéim chomh héadrom éasca sin. Ba í 'Áille na Gréine' dáiríre píre í.

Ba bheag nár bhain an radharc an t-amharc as dhá shúil Phádhraic. Aingeal a bhí san ainnir álainn ealaphíbeach seo, aingeal as flaitheas, agus ní raibh gar á cheilt. Agus é ag breathnú uirthi d'airigh sé mar bheadh meadhrán ag teacht ina cheann, agus tháinig scamall ceo idir é agus na daoine. Scanraigh sé go raibh sé ag dul ag titim as a sheasamh.

Bhí sé ag dul ag tiontú thart nó go dtaispeánadh sé an aisling do Mhicilín, a bhí ina sheasamh lena ais ag glaoch agus ag béicigh, nuair a chonaic sé bodach mór liobasta de ghlas-stócach a bhí ag brú a bhealaigh tríd na daoine, ag cur gualann leis an ainnir álainn agus á caitheamh as a bhealach go doicheallach drochmhúinte.

Smid amháin níor labhair an cailín, ach tháinig mar bheadh na deora faoina súile agus dhearc thart mar bheadh sí ag féachaint an raibh duine ar bith in aice léi a sheasfadh ceart di. Ach bhí na daoine chomh gríosaithe sin ag gáirmhaíomh agus ag greadadh bos, agus an oiread sin airde acu ar an 'imirt', nach raibh am acu le rud ar bith mar sin a thabhairt faoi deara.

Ach níorbh é sin do Phádhraic é. Tháinig cuthach feirge air nuair a chonaic sé an cleas tútach bodachúil a rinneadh. Gí go raibh an breallsméara liobasta ag breathnú dhá bhliain níos sine ná é ar a laghad, ina dhiaidh sin féin níor chuir sin aon drochmhisneach air. Anonn leis mar bhainfeá smeach. Tharraing an dorn, thug an iarraidh sin don bhodach ar chorrán an ghéill, agus thug leithead a dhroma den talamh dó. Bhí an dorn tarraingte ag Pádhraic arís nuair a d'éirigh an leoiste, ach ba chosúil go mb'fhearr leis-sean teitheadh maith ná drochsheasamh. D'imigh sé mar bhuailfeá ar an gcluais é. Níor fhan sé le torann a chos.

Na daoine a bhí thart timpeall chonaic siad mar tharla. Nuair a chuala siad céard ba bhun leis, mholadar Pádhraic as ucht an ghníomha a rinne sé.

'Smior i do chnámh, a ghasúir!' arsa Tomás Mór, ag siúl chuige agus ag breith ar láimh air. 'Is tú mac d'athar.'

An cailín óg a tharraing an clampar ar fad níor labhair sí smid, 'cat dubh' ná 'cat bán,' ná níor dhúirt sí 'is maith a rinne tú é.' Ach rinne sí rud nach bhfaca aon duine ach duine amháin, rud a thaitnigh le Pádhraic níos mó i bhfad ná dá dtéadh sí ar a dhá glúin ag glacadh buíochais leis – thug sí aon amharc amháin air leis an dá shúil dubha lonracha úd, agus dúirt caint nach bhféadfadh na briathra is binne a chur i dtuiscint. Agus an t-amharc sin chuir Pádhraic i dtaisce é thíos i bhfíoríochtar a chroí, agus b'iomaí uair i ndiaidh an ama sin a chuimhnigh sé ar an aoibhneas a chuir an t-amharc sin air, agus b'iomaí uair a d'ardaigh sé an croí aige agus é i gcomhlann agus i gcontúirt.

Ní raibh léamh ar an ollghairdeas a bhí ar fud an bhaile an tráthnóna sin agus go ceann seachtaine ina dhiaidh. Ba é Frainc Bhilí ba mhó a raibh a ainm i mbéal gach duine de bharr an lae, agus chrochadar leo ar a nguailleacha é de mhachaire an dúshláin mar bheadh laoch mór nó gaiscíoch cróga ann. Níor tharla aon timpist do thaobh Log an tSearraigh ach Dáithí an tSléibhe a chaill clárfhiacail sa rúscadh.

Ar a mbealach abhaile dóibh bhí Micilín Pheait ag cur síos do Phádhraic ar na gníomhartha gaile a chonaic sé féin, agus a chroí ag cur thar maoil le gliondar. Ar deireadh stad sé go tobann agus bhreathnaigh go géar ar a chompánach, nuair a thug sé faoi deara nach raibh sé ag tabhairt aon airde air.

Bhí Pádhraic an-tostach. Níor chuimhneach le Micilín a thabhairt faoi deara mar sin cheana riamh, agus thoisigh sé á bhreathnú go géar. Ansin chuimhnigh sé go mb'fhéidir gurbh é an chaoi ar ghortaigh Pádhraic é féin leis an bpaltóg a thug sé don bhodach. Nuair a d'fhiafraigh sé a mb'amhlaidh a bhí, dúirt Pádhraic nárbh ea.

Níor chuir Micilín an seanchas ní b'fhaide nuair a chonaic sé nach raibh aon fhonn cainte ar an bhfear eile. Ba é donas an scéil é nárbh fhéidir leis déanamh amach céard a bhí air. Níorbh fhéidir le Pádhraic é féin a dhéanamh amach – an tráth sin ar chuma ar bith.

Scar an bheirt lena chéile ag an gcruach mhóna ag binn theach Pheait gan focal a rá.

Thug Pádhraic faoi deara gur éirigh corrscréachóg ag béal na toinne agus gur chuir scread bhrónach aisti. Chuaigh sé isteach abhaile agus shuigh ar stól ag cois na tine.

Bhí cúpla fata coinnithe ag a mháthair dó agus aithinneacha orthu le hais na tine. Leag sí chuige iad féin agus greim éisc. Ach, rud ab annamh le Pádhraic, ní raibh aon dúil in aon ghreim bia aige.

XII

Tharla faoin am seo go bhfuair Pádhraic *Eachtra Robinson Crusoe* ar iasacht ó sheanfhear ar an mbaile a raibh glaic mhaith leabhar cruinn aige. Ní raibh mórán léite aige go dtí sin cé is moite den méid a léigh sé ar scoil, ach ó fuair sé *Robinson Crusoe* níor lig sé an leabhar as a láimh, tig liom a rá, nó gur léigh sé an focal deiridh de.

Ní raibh amhras ar bith air nach raibh gach focal dá raibh sa leabhar fíor, agus níl áit dár leag Robinson Crusoe cos ó d'fhág sé an baile go dtáinig sé ar ais arís nár thaistil Pádhraic ina aigne féin, agus chuir an oiread suime sna heachtraí, agus bhí an oiread céanna imní air nuair a bhí Robinson Crusoe i ngéibheann nó i ngábh ar bith, agus dá mba dhuine é a mbeadh aithne agus eolas aige air.

Chuir sé suim mhór i léitheoireacht as sin amach, agus b'iomaí oíche a d'fhanadh sé ag léamh dó féin cois na tine sa mbaile nuair a bhíodh gasúir eile glanta leo ar a gcuairt.

Tamall ina dhiaidh sin cuireadh leabharlann bheag ar bun sa scoil a bhí le hais theach an phobail, agus ón lá sin amach bhí an báire leis, b'fhéidir leis leabhar a fháil am ar bith ba mhaith leis, rud nár fhéad sé a dhéanamh roimhe sin.

Ba sa leabharlann seo a fuair sé *The Story of Ireland, Speeches from the Dock, Sally Kavanagh,* agus a lán leabhar eile, agus ghríosaigh na scéalta in aghaidh tíorántachta rialtais agus tiarnaí talún chomh mór sin é agus go mbíodh an fhuil ag coipeadh ina chuisleacha le neart fuatha don dream a bhí ag scrios na tíre agus á coinneáil faoi chois.

Leis an am thoisigh corrdhuine ag teacht isteach ag éisteacht leis ag léamh, go dtí ar deireadh go mbíodh scata maith cruinn. Nuair a bhíodh tamall léite aige b'iomaí uair a bhíodh caint agus díospóireacht ar siúl ag moladh an ghaisce a rinne a leithéid seo, nó ag fáil lochta ar a leithéid siúd faoin bhfeill, nó faoin gcladhaireacht, nó faoin mbeart tútach.

Ba é an deireadh a bhí ar an scéal go raibh an baile ar fad gríosaithe ag Pádhraic nó go raibh critheagla ag teacht ar an tiarna talún féin, agus nuair a cuireadh an *United Irish League* ar bun san Iarthar ní raibh clúid nó ceard den chúige ba láidre a raibh craobh de ann ná i Log an tSearraigh.

Ba é Pádhraic a toghadh ina rúnaí ar chraobh an *U.I.L.* nuair a cuireadh ar bun é, agus ní raibh fuacht ná falsacht air ag déanamh na hoibre a cuireadh mar chúram air.

Na tionóntaí a bhí ar dhúiche an Bhlácaigh bhí cíos an-trom orthu – a dhá oiread nó a thrí oiread agus bhí an talamh in ann a íoc – ach ba bheag an mhaith ag casaoid nó ag clamhsán leis an tiarna, bheadh sé chomh maith do dhuine a bheith ag iarraidh rud a chur i gcéill don bhalla.

Agus níorbh é an tiarna é féin ba mheasa, ach bhí drochchomhairleacha air. Seanduine soligthe amach a bhí ann, cab mór fada liath féasóige air, agus gan aon tabhairt suas air. Ní raibh de léann air ach ar éigean a bheith in ann beagán a léamh agus a ainm a scríobh; agus níor mhór leis fios a bheith aige céard a bhíodh ag gach muirín ar an mbaile ar a mbéile. Dá gcastaí leis duine fiche uair sa lá d'fhiafródh sé gach uair de cén áit a raibh sé ag dul, nó céard a bhí á dhéanamh aige, bhí sé chomh drochmhúinte fáirnéiseach sin.

Dá mbeadh cás dlí air, bheadh sé ag mionnú fíre agus bréige de réir mar d'fheilfeadh sé dó. Ba mhinic a deirtí go mba mhór an t-ionadh nach lasadh an leabhar ina láimh leis an gcaoi a mbíodh sé ag spalpadh thuas ar an mbord, agus a dhá shúil i gcruth léimneach amach as a cheann leis an anbhá a bhíodh air.

Ach bhí sé ráite gurbh é an mac a ghníodh na piléir agus nach mbíodh an t-athair ach ag loscadh na n-urchar.

Bithiúnach buí bradach cromshlinneánach camchosach a bhí sa mac. Ní haon tabhairt suas a bhí air thar mar bhí ar an athair ach go raibh an rógaireacht ag rith leis ó nádúir. Deirtí gur óna athair mór a thug sé an chliúsaíocht, agus bhí sé ina chneamhaire chomh síodúil sin go raibh faitíos ar gach duine roimhe. An rud a bheadh le rá ag an athair déarfadh sé suas ó chlár le duine é. Ach níorbh é sin don mhac é, d'fhanfadh sé go bhfaigheadh sé faill ar bhuille feille a thabhairt uaidh, agus níor spáráil sé aon duine riamh, fiú a dhearthháir féin.

Doiminic Buí a thugtaí ar an bhfear óg ar a chúl agus Máistir Doiminic ar a aghaidh. Bhíodh sé ag iarraidh cur i gcéill gur 'duine uasal' a bhí ann, ach ba í barúil mhuintir an bhaile 'nach raibh braon ann níos uaisle ná an mhuc.'

Agus níorbh é an cíos amháin a bhí ag goilleadh ar na tionóntaí. Bhí feilm mhór thalaimh ag an mBlácach, agus ní raibh fear ar a dhúiche a mbeadh sé de mhisneach ann diúltú a thabhairt dó lá ar bith a gcuirfeadh sé teachtaire faoi dhéin duine ag obair. Dá mbeadh na trí shraith ar an iomaire ag an tionónta é féin, nó dá mbeadh an gráinnín coirce a bheadh curtha aige á scoradh air, ní ghlacfadh 'an máistir' eiteach uaidh. Is fíor nárbh fhéidir leis rud ar bith a dhéanamh de réir dlí le biorán a chur ar dhuine a dhiúltódh é, ach 'is iomaí caoi le cat a mharú thar a thachtadh le him', agus ní raibh caoi ar bith acu nach raibh ar eolas ag an mBlácach agus ag an mac.

Ach tháinig athrú, agus athrú mór!

An lá i ndiaidh craobh den *U.I.L.* a chur ar bun san áit, chuaigh Doiminic Buí é féin síos go teach Mhaidhc Óig. Sheas sé taobh istigh den tairseach agus é ag caitheamh tobac. Bhí Maidhc ag an tine agus feac á chur i sleán aige. D'iarr sé ar 'Mháistir Doiminic' suí agus a scíth a ligean.

'Ní ag suí a tháinig mé,' arsa Doiminic Buí. 'Beidh tú ag teastáil uaim inniu ag cur isteach féir ar an lochta.'

'Ag teastáil uait a bheas mé, agus ní ag dul chugat,' arsa Maidhc, á dhíriú féin suas agus faghairt ina shúile. 'Is cosúil nár chuala tú céard a cuireadh ar bun ar an mbaile seo inné.'

Stán Doiminic. Tháinig dath liathbhán ar a aghaidh. Bhain an píopa as a bhéal agus rinne iarracht ar labhairt. Ach níor tháinig focal amháin féin den chaint leis leis an gcuthach feirge a bhí air. Caint mar sin níor chuala sé ó thiontónta riamh roimhe. Shiúil sé suas giota go mbuaileadh sé Maidhc ach choisc é féin i lár an urláir.

'An bhfuil a fhios agat cé leis a bhfuil tú ag caint?' arsa Doiminic Buí nuair a fuair sé an teanga leis, agus an dá shúil i gcruth léimneach as a cheann le buile agus le báine.

'Tá a fhios agam go rímhaith,' arsa Maidhc, go neamhshuimiúil, 'táim ag caint le Doiminic a Bláca agus níl tada dá sheachrán orm.'

An chéad uair riamh a labhair duine dá chuid tiontóntaí leis gan 'máistir' a thabhairt air! A leithéid de mhaslú! Tuata suarach sodmhall agus freagra gearr á thabhairt aige ar dhuine uasal! Ach chuirfeadh seisean i dtuiscint dó nach nglacfadh sé le drochmhúineadh ó shuarachán.

Léim sé le teann feirge. Tharraing an dorn go mbuaileadh sé Maidhc ar a bhéal, an áit a raibh sé crom anuas os cionn an tsleáin.

Ach ba mhaith an mhaise do Mhaidhc é. Thug sé truslóg siar i dtaobh chúl a chinn agus lig thairis an dorn, agus ba bheag nár thit Doiminic Buí isteach sa tine ar a bhéal is ar a aghaidh leis an neart a bhí leis an dorn agus gan tada lena chosc. Bhí sé ag dul ag tiontú thart arís le háladh eile a thabhairt ar Mhaidhc nuair a fuair sé an phaltóg sin isteach sa smut mar bhuailfí le buille d'ord ceárta é. Rinneadh mionspruán den phíopa ina bhéal, agus ar leagan d'fhabhra bhí sé dearg lena chuid fola.

As sin a tháinig. D'ionsaigh an bheirt a chéile mar bheadh dhá choileach Márta ann. Suas agus anuas ón tine go dtí an doras, ag smíochadh agus ag smutadh a chéile, agus gan focal as aon duine acu.

Bhí Doiminic Buí mór mustarach agus bhí a cheann go maith aige ar Mhaidhc. Ach ní hiad na fir mhóra a bhaineas an fómhar. Má bhí Maidhc gan a bheith mór féin bhí sé miotalach agus ar chaill sé sa méid bhí sé aige sa misneach. Fuil chreabhair ní raibh go fóill air, ná fearg ní tháinig air. B'in é a sheas dó.

Leis an rabharta feirge a bhí ar an mBlácach ba chuma leis cén chaoi a gcaithfeadh sé na lámha, agus bhí a bhail air — níor éirigh leis buille amháin a chur abhaile i gceart. Ach Maidhc! Bhí seisean ag tomhas na ndorn mar bheadh fíorsparraí ann agus buille amháin níor theip air.

Ach ba ghearr go dtáinig cúnamh ar Mhaidhc, cúnamh nach raibh dúil aige leis. Bhí an mada ina luí amuigh i ngarraí na gcruach agus a cheann ina chúb aige. Dhúisigh an torann agus an troimpléasc a bhí taobh istigh é. Níor leis ab fhaillí é. Isteach leis bog te, agus fuair an bheirt istigh roimhe ar dhá cheann na héille lena chéile.

B'in a raibh uaidh. Ba throid a shámhas. Níor loic sé ó mhada riamh agus bheadh lámh sa rúscadh seo aige. Bhí sé ag bocléimnigh thart ar an mbeirt agus ag tafann go bhfuair sé deis a bhuille, nó deis a ghreama, b'fhéidir, ab fhearr a rá. Leis sin léim sé agus rug ar bhríste ar Dhoiminic Buí taobh thiar, agus bhí ar crochadh as suas agus anuas go mb'éigean don Bhlácach géilleadh.

Thug sé an baile air féin agus é ina chuid fola – nó mar deireadh Séimín Donn arís, 'i leaba a bheith buí bhí sé dearg' – agus rud ba mheasa ná sin ar fad bhí sé bruite le náire leis an mbail a bhí ar an mbríste. Agus b'éigean dó bualadh soir abhaile ar fud na bhfud os comhair an phobail agus an bhail air a bhí.

Ón lá sin i leith níor hiarradh aon duine ag obair in aisce i dteach an Bhlácaigh.

Ach ná ceaptar gurbh é sin a dheireadh. Thug Pádhraic rún os comhair an chéad chruinnithe eile go n-iarrfaí ar gach tionónta ar an mbaile a chuid talaimh a chur sna cúirteanna ag féachaint le lascaine a fháil sa gcíos. Glacadh leis an rún. Moladh an chomhairle. An seisiún dár gcionn fuair gach ceann tí ar an mbaile lascaine. Cuid acu a fuair an tríú cuid, agus bhí triúr nó ceathrar acu a fuair leath.

Cheanglófaí fear ab fhearr ciall ná an sean-Bhlácach. Bhí sé ag dul le gaoth na gcnoc, agus gan ainm thoir ná thiar á fháil aige nach raibh sé a thabhairt ar Phádhraic. Mar deireadh sé féin, 'is é mac Mháire Bhán sin údar gach oilc.'

Leis an scéal a dhéanamh ní ba mheasa rinneadh baghcat ar an mBlácach go hathghearr i ndiaidh an ama sin, agus ní rachadh aon duine dá ghaire ná dá ghaobhar ar mhámh ná ar dhrámh. Na seirbhísigh féin a bhí san teach b'éigean dóibh teitheadh lena n-anam agus ar deireadh ní raibh duine acu a thógfadh an t-aithinne dá gcois.

XIII

Bhí sé ag teannadh amach le trátha na Féile Michíl agus bhí na daoine ag toisiú ag airneán cheana féin – na mná ag déanamh abhrais, agus na fir ag cuartaíocht agus ag cearrbhaíocht.

Bhí an *U.I.L.* ina racht seoil, agus ba é an baghcat an chloch ba mhó ar phaidrín Log an tSearraigh. Bhí cúpla duine a théadh go teach an Bhlácaigh ar uair an mheán oíche ag spíodóireacht, ag ceapadh nach bhfaighfí amach orthu é; ach fuarthas, agus cuireadh a dturas ina luach orthu. Go minic is doiligh a rá cé acu is fearr grá nó faitíos, ach as sin suas, ar aon nós, ní raibh fiú duine féin ar an mbaile nach raibh dílis. Dá mba é Páidín Santach féin é, d'iarradh ar an mBlácach 'buail, a mháistir, buail,' agus é féin á bhualadh agus á dhrubáil ag an tiarna talún, cuireadh an oiread sin eagla air nár lig an faitíos dó dul thar chrois na ndaoine; agus, rud a chuir iontas ar gach ar chuala é, chuaigh sé thar Dhoiminic Buí lá amháin ar an mbóthar gan fiú lámh a chur ina hata dó ná beannú féin dó. Na caiple deiridh ag dul chun tosaigh!

Bhí fearúlacht agus misneach agus cnámh droma tagtha sna daoine nach bhfacthas iontu cheana ó aimsir Pharnell, agus ag feabhsú a bhí siad gach lá. Ar nós an bheart slat níorbh fhéidir bua a fháil orthu chomh fada agus bhí an cur le chéile iontu.

Mar seo a bhí an scéal nuair a tháinig cuntas chun an bhaile go raibh scoil oíche do dhaoine fásta le toisiú roimh dheireadh na míosa.

D'fhógair an sagart óg é ón altóir an Domhnach dár gcionn agus mhol sé dóibh ar fad dul chun na scoile. B'fhearr an chaoi é, a dúirt sé, leis an am a chur thart ná bheith ar siúl le go leor den tseafóid a bhíodh ar bun acu. Rinneadh corr-mhionchasachtach ar fud theach an phobail nuair a cluineadh an chaint sin mar go raibh a fhios go maith nár lú ar an sagart óg an súiche ná an *U.I.L.*, mar go raibh sé féin agus tiarnaí agus boicíní na háite ina dhá gcuid déag le chéile.

Cuireadh tús ar an scoil oíche. Ba mhór an nuaíocht rud mar sin san áit – ní raibh scoil oíche acu cheana riamh – agus bhí a bhail orthu níor leo ab fhaillí é. Leathuair roimh an am a bhí leagtha amach i gcomhair toisithe bhí an clós plúchta le daoine.

Agus níorbh iad muintir an bhaile amháin a bhí ann. Bhí siad ann as na Sraitheanna, as Baile na Páirce, as Bun an Mhuilinn, as an Moing Mhór, agus ní raibh fiú mhuintir Loch na hEilí féin nach raibh cuid acu aníos ann. Bhí daoine ann nach raibh ach tar éis an scoil lae a bheith fágtha acu le bliain nó dhó roimhe sin, agus tuilleadh nár chuimhneach leo cá fhad ó bhí siad ar scoil; daoine a raibh léann maith go leor orthu cheana agus ar mhaith leo cur leis agus a chleachtadh; agus tuilleadh nár rug ar pheann ná ar pháipéar riamh. Bhí na haithreacha ann agus bhí a gclann mhac ann, agus déarfá féin go mba mhaith an mhisneach a bheadh ag an múinteoir a d'fhéachfadh le dul ag cur léinn i gceann cuid acu. Go cinnte dearfa ní bheadh a bheatha inmhaíte air.

Fear de mhuintir Shuibhne a bhí ag múineadh scoile san áit agus b'air a bhí cúram na scoile oíche. Ní nárbh ionadh ní raibh sé ag dúil le ceathrú cuid dá dtáinig, agus bhí a dhá shúil ag dul amach ar a cheann le teann iontais nuair a chonaic sé an clós dubh le daoine. Bhí a dheirfiúr, a bhí ag coinneáil tí dó, bhí sí leis le cuidiú leis, agus ba mhaith ann í. Mura mbeadh í bheadh an scéal go hainnis aige.

Ní raibh áit sna suíocháin ag trian dá dtáinig agus b'éigean do chuid acu seasamh thart le balla. Na 'naíonáin' cuireadh thart ar an tine iad. Ar na 'naíonáin' seo bhí cúigear a raibh leathchéad bliain scoite acu, ach má bhí tonn mhaith aoise féin acu bhí siad chomh santach chun an léinn agus dá mbeadh siad gan na cúlfhiacla a bheith curtha go hiomlán acu.

Béarla a bhí ar bun ag rang na 'naíonán.' Bhí Páidín Shéamais Bhig ann agus leabhar leathphingine leis, agus é ag coraíocht leis an aibítir. Bhí ag éirí leis maith go leor ach nárbh fhéidir leis dubh ná dath an litir 'y' a dhéanamh amach. Stopadh sé i gcónaí nuair a thigeadh sé go dtí í, chroitheadh a cheann, agus chuireadh roic ina éadan mar bheadh duine ann a mbeadh ceist mhór thábhachtach á réiteach aige. Dhúnadh sé na súile cúpla uair nó trí agus a aghaidh anonn ar Pheatsaí. Ar deireadh nuair a theipeadh air déanamh amach cén litir a bhí ann bhuaileadh sé méar in Iníon Mhic Shuibhne agus d'fhiafraíodh i gcogar: 'Cén litir a bhfuil an ruball fada uirthi?'

Leis sin thigeadh racht gáire ar an dream eile a bhí sa rang. Scaradh an racht ar fud an tí, gí nach mbíodh a fhios acu cén fáth gáire a bhíodh ann ach amháin go dtuigeadh siad gur duine de na 'naíonáin' a rinne botún eicínt.

Fealsamh ab ea Peatsaí, fealsamh ar mhór an trua gan léann leabhar a bheith air. Fear fadcheannach tuisceanach a raibh stair agus seanchas aige. San Oileán Úr a chaith sé tús a shaoil, agus níl ceard den domhan a shiúil sé riamh nó a chonaic sé nach bhféadfadh sé cur síos air. Bhí faitíos a chraicinn ar an múinteoir roimhe ar eagla go gcuirfeadh sé sna stoic é le cúrsaí staire nó dinnseanchais, agus bhí a shliocht air – b'fhada amach uaidh a choinníodh an Suibhneach ar chruinniú agus ar chóisir. Bhí sé ar dhuine de na daoine sin a chastar ort anois agus arís in áiteacha iargúlta faoin tuath – daoine dá mbeadh léann orthu mar bhíos ar thuilleadh a mbeadh a n-ainm i mbéal gach duine le filíocht chumhachtach, nó le fealsúnacht doimhin, nó le heolaíocht, nó le healaín. Nach mór an trua é nach mbíonn caoi le léann a chur roimh dhaoine den tsórt sin a thuillfeadh clú agus cáil dóibh féin agus dá dtír, i leaba a bheith ag iarraidh scoláirí a dhéanamh de cheoláin agus de chloigne cipín nach mbeidh breithiúnas ná tuiscint go deo na ndeor iontu!

Ach anocht bhí Peatsaí agus ba bheag aird a bhí aige ar eagnaíocht nó ar argóint. An máistir féin, nuair a chonaic sé nach raibh fonn air tarraingt anuas chuige faoi Mhaitiú Saolach nó faoi aimsir Mhaoise, rinne sé misneach agus tháinig aníos chuig an tine go bhfeiceadh sé cén chaoi a raibh na 'naíonáin' ag dul chun cinn.

Bhí Peatsaí agus a chúl le balla aige agus a dhá shúil dúnta. Shíl an máistir b'fhéidir gurbh in é a thug air gan é féin a fheiceáil ach níorbh é. Bhí a cheann ligthe siar aige agus *a, n, an; o, x, ox; i, t, it; i, s, is;* bhí sin ar siúl aige nó go raibh sé de ghlanmheabhair aige mar bheadh rann nó amhrán ann.

An duine bocht! An chéad fhaill riamh a fuair sé ar bheagán léinn a fháil! Agus níor lig sé a leas ar cairde.

Bhí Pádhraic Mháire Bhán ar an scoil oíche chomh maith le duine. Bhí sé féin agus scata dá chomhaoiseacha agus rang ar leith dóibh féin acu. Chaith siad tamall le Gaeilge agus tamall eile le céimseata – bhí beagán céimseatan foghlamtha acu cheana – agus níor airíodar an oíche á caitheamh go raibh sé in am dul abhaile.

An rud ba mhó a chuir gliondar ar chroí Phádhraic ba ea leabhairín Gaeilge a fuair sé ón máistir an oíche sin – an chéad leabhairín de chuid an Athar Ó Gramhnaigh. B'fhada tóir aige ar an teanga a fhoghlaim ach ní raibh caoi aige air go dtí sin. Bhí sé ar a chumas an Ghaeilge a labhairt go maith, ach b'in a raibh; agus mura dtug sé faoin leabhar an chéad oíche castar leis é, é féin agus Micilín Pheait. Gan cuidiú, gan cúnamh ó neach beo, bhí siad in ann leath an leabhair a léamh sula ndeachaigh siad abhaile an oíche sin, agus lean di go raibh siad beirt ina scoláirí maithe Gaeilge.

An dream a bhí sna suíocháin ní raibh an saol chomh socair acu. Bhí siad róbhrúite, agus nuair a bhíodh cuid acu ag iarraidh a bheith ag scríobh bhíodh an chuid eile ag tabhairt uilleann dóibh, agus ba mhinic casaoid agus clampar ann.

Bhí Maidhc ann, agus é ag iarraidh ceannlíne a bhí ar chlár dubh a athscríobh ar chóipleabhar. Dhearc sé ar an gclár ar dtús tamall agus leathshúil dúnta aige. Ansin rinne iarracht ar an bhfocal a chur síos ar an bpáipéar. Thoisigh sé ar dtús ag bobáil thart leis an bpeann os cionn an líne mar bheadh faoileán ag bobáil os cionn cluiche éisc, agus nuair a mheas sé go raibh tomhas na litreach tógtha go maith aige thoisigh air chomh heasonórach le capall a bheadh ag treabhadh píosa bogaigh.

Chuir sé a cheann ar leataobh agus chuir an teanga amach ar leataobh a bhéil, agus bhí sé ansin ag stríocáil leis suas agus anuas, suas agus anuas, go sílfeá le breathnú ar an bpáipéar gur maide pota a tumadh i ndúch a bhíothas a tharraingt anonn agus anall ar an líne. B'fhearr i bhfad an lámh a bhí ag Maidhc ar sparraíocht ná mar bhí aige ar an bpeann.

Ach nuair a stop an obair ba é sin an t-am ar thoisigh an greann i gceart. An fear a bhí críonna chuir sé an bairéad ina phóca ach ba bheag a rinne sin. An dream eile d'fhág siad a gcuid bairéad amuigh ag crochadh ar phionnaí sa halla, agus céard a déarfá le do Shéimín Donn nach dtáinig isteach go neamh-mhothaitheach agus nár chuir go leor de na bairéid i bhfolach faoi charnán mór móna a bhí ann!

B'in é an áit a raibh an brú agus an cleathadh agus an plancadh ag gach duine ag iarraidh a bhairéid féin. Níor mhaith le duine ar bith imeacht abhaile ina mhaoil ar eagla go mbeifí ag deargmhagadh air, agus b'amhlaidh mar bhí an cás go raibh bairéad leis an bhfear láidir agus go raibh an fear lag gan é. Ní raibh ann ach 'an scian is géire feannadh sí' . . .

Agus sin chugat an chaoi ar caitheadh an chéad oíche ar scoil oíche Log an tSearraigh.

XIV

Ba é an chéad rud a rinne Máire Bhán chomh luath agus fuair sí airgead Mheiriceá an cíos a íoc. D'imigh deich scilleacha agus ceithre phunta leis sin, mar go raibh trí leathchíos bainte uirthi. Bhí sé faoi dhíospóireacht lá amháin ag cruinniú den *U.I.L.* ar cheart an cíos a íoc leis an tiarna nó nár cheart ó ba rud é go raibh sé baghcatáilte, ach ba í an chomhairle ar cinneadh uirthi cead a bheith ag duine ar bith a mba mhian leis é, agus a raibh an t-airgead aige, an cíos a íoc, ar fhaitíos go dtoiseofaí ag cur amach daoine. Is cuma leis an bhfear tuaithe de ghnáth dá mbeadh air féin agus ar a mhuirín dul a chodladh ina dtroscadh ach an cíos a bheith íoctha aige – codlóidh sé go sámh ansin; ach dá mbeadh sé ag rith ina chóiste agus an cíos gan a bheith íoctha aige agus é bainte air ní bheadh sé saor gan imní a bheith air. B'in í an tréith chéanna a d'fhág a lán daoine ag tabhairt an fhéir le linn an drochshaoil sa mbliain 1847; ba mhinic a d'íocadh an tionónta a chíos agus gan blas le cur sa bpota aige, agus b'fhéidir é ag dul san uaigh leis an ocras sula mbeadh mórán ama caite.

Bhí deich scilleacha agus cúig phunta fágtha ag Máire agus thug sí trí phunta de sin do Sheán Shéarlais a raibh fiacha aige uirthi ina shiopa. Bhí sí ansin i muinín deich scilleacha is daichead, agus cér bith súisín a d'íocfadh é bhí fúithi gan scaradh leis sin ar bog ná ar crua, go gceannaíodh sí banbh muice a bheadh de thaca aici in aghaidh an chíosa a bhí ag teacht, agus go gcuireadh sí gioblacha beaga éadaigh ar chuid de na páistí.

An Luan dár gcionn bhí aonach i mBéal an Mhuirthead, agus rinne sí féin agus Pádhraic suas a gcomhairle dul ar an aonach agus banbh a cheannach dá bhfaightí ceann i mbun sochair mar go raibh iomrá amuigh go raibh bainbh tite ón aonach roimhe sin.

Bhí siad ina suí ó dheireadh oíche mar go raibh fúthu an trá a fhreastal – ba mhór an aicearra é seachas a bheith orthu dul thart an bóthar – agus bheadh sé ag tiontú ag tuile leis an lá. Bhí an t-asal ceangailte den doras, agus é ag ithe gráinne coirce as bairéad Phádhraic agus gach cuma air nach raibh aon doicheall air roimh an mbéile. An mada bhí sé ag breathnú go géar ar an ngiústal a bhí ar bun, agus é ag dul isteach is amach 'chomh gnóthach le bean bhocht ar aonach', mar gur shíl sé go mbeadh sé féin ag dul leis an asal mar bhíodh i gcónaí. B'air a bhí an t-iontas nuair a bagradh isteach abhaile é.

Dúirt Máire Bhán le Tomás dul amach ar an mbóthar agus

é a bheith réidh le siúl isteach ina haghaidh féin agus in aghaidh Phádhraic nuair a bheadh siad ag imeacht. Dá mba rud é go mbuailfeadh siad bóthar agus go mba bhean an chéad duine a chasfaí leo ní bheadh a fhios cén mí-ádh a bheadh orthu, go mór mór dá mba bhean rua a bheadh inti. Bhí a fhios ag madaí an bhaile an mí-ádh a d'éirigh do shean-Mháirtín blianta roimhe sin agus é ag dul go Sasana. Casadh bean rua air, agus i leaba é filleadh abhaile, agus fanacht go dtí lá arna mhárach, céard a dhéanfadh sé ach déanamh ar a aghaidh, gí gur chuir sé geis ann ar áit na mbonn. B'fhéidir dá mbeadh sé gan smaoineamh ar aon dochar go dtabharfadh sé a cháibín saor leis, mar gurb é an rud a deir an seanfhocal 'ná bain le geis is ní bhainfidh geis leat.' Ar chuma ar bith, idir an leac is an losaid, ní dheachaigh sean-Mháirtín bocht míle bealaigh, tar éis an bhean a chasachtáil air, nuair a sciorr sé agus briseadh a chos, go mba dó féin a hinstear é.

Ag teacht ar amharc an bhaile mhóir don bheirt acu do choisric Máire í féin agus d'iarr sí ar Phádhraic an rud céanna a dhéanamh. Rinne.

'Cén fáth, a Mháthair,' arsa an gasúr, 'a gcroisriceann daoine iad féin nuair a thigeas siad ar amharc an bhaile mhóir?' Bhí sé ina shuí thiar ar chúl na bpardóg agus é ag brostú an asail lena shála.

'Tá, a ghrá,' a deir an mháthair, 'ar fhaitíos na míthapa. Is iomaí contúirt atá ag baint leis an mbaile mór, agus is minic a ghortófaí duine ann, nó b'fhéidir a mharófaí duine, go sábhála Mac Dé sinn. An cuimhneach leat – ach ní cuimhneach, bhí tú ró-óg – nuair a d'éirigh capall i mullach seanmhná as an nGeata Mór, lá aonaigh i mBéal an Mhuirthead, agus b'ar éigean a rug an sagart uirthi, slán gach duine is ceist againn? Nach minic a chuala tú "ní hionann dul chun an bhaile mhóir agus a fhágáil"?'

Nuair a theannadar ní ba ghaire don bhaile mór bhí sianaíl banbh le clos agus bhiorraigh an t-asal na cluasa agus thoisigh ag béicigh. An t-asal céanna níor tháinig sé ar amharc an bhaile mhóir riamh gan an cleas céanna a dhéanamh amhail is dá mba fógra a bheadh sé a thabhairt uaidh go raibh sé ar fáil.

Bhain Máire a cuid bróg as an bpardóg, agus shuigh síos ar chlaí fód a bhí le hais an bhóthair nó gur chuir sí uirthi iad. Bhí áit ar leith ann ní ba ghaire don bhaile a gcuireadh mná orthu a gcuid bróg ann, ach b'iondúil go mbíodh an oiread sin ann agus go mbeifeá bodhar acu ag cur is ag cúiteamh faoi chuile shórt ní faoin ngréin, agus níor bhean Máire Bhán ar thaitnigh cúlchaint ná clabaireacht léi in am ar bith.

Ba é lá aonach na searrach – an cúigiú lá déag de Shamhain – a bhí ann, seach laethanta an domhain, an t-aonach is mó a bhíos ann i rith na bliana is dócha. A leithéid de chruinniú agus a bhí ann! Shílfeá go raibh an domhan mór agus a bhean ann le breathnú uait síos ar an slua agus a leithéid de chomhlann agus de choimhlint agus de choinscleo! Síos ó cheann an bhaile go dtí an Ché ní raibh le feiceáil ach coill adharc agus i gcoirnéal eile den bhaile ní raibh ann ach caiple agus searraigh. Agus mura raibh géimneach bó agus seitreach capall le clos ní lá go maidin é.

Istigh i dtriantán atá i lár an bhaile is ea atá Sráid na mBanbh agus is ann freisin a bhíos lucht díolta seanéadaí agus éisc agus slat, gan caint ar mhangadóirí Bhéal an Átha a thigeas isteach ag díol úll agus milseán agus paidríní agus trealaí beaga den tsórt sin. Bhí gach mac máthar acu agus a phort féin aige, agus go dtabharfadh siad ba bodhra as coillte leis an ngárthaíl agus leis an nglaoch a bhí orthu. Mhaithfeá d'Éire chláir ach gan a bheith ag éisteacht leo.

Síos in aice an chúinne d'fheicfeá fear agus éan aige, agus duine ar bith ar mhaith leis a fhortún a insint dó ní raibh air ach pingin a leagan síos, agus tharraingeodh an t-éan páipéirín amach as bosca, agus gach rud a bhí le tarlú dó go lá a bháis bhí sé thíos ar an bpáipéirín sin le léamh ag feara Fáil. Bean amháin a raibh na trí scór scoite go slachtmhar aici cheannaigh sí páipéirín. Bhí sin air go bpósfadh sí fear saibhir, go mbeadh triúr clainne aici, agus go mairfeadh sí céad bliain. Bhí sí i gcruth léimneach as a craiceann le teann áthais, agus slua cruinn thart uirthi ag deargmhagadh fúithi. Ach, ar ndóigh, 'sé airgead na n-óinseach a chuireas bróga ar bhean an phíobaire,' agus dá mbeadh gach duine ina Sholamh ní bheadh aon tsaol ann ach saol gan greann gan gáire.

Suas i gceann Shráid na Beairice bhí fear a raibh péire croisín faoi ag gabháil fhoinn in ard a chinn agus a ghutha, agus dual na droinge d'aos óg cruinn thart timpeall air. Bhí a bhean leis ag bailiú pingineacha, agus páiste léi ar a baclainn. Gí go raibh siad ag teacht an bealach leis na blianta ní raibh aon chuma ar an bpáiste gur fhás sé blas ón gcéad lá. Bhí go maith gur ionsaigh bullán crosta aníos lár na sráide, ag déanamh orthu, agus é ag búiríl agus ag gáirghéimnigh. As go brách le gach duine. Fear an cheoil chaith sé uaidh na croisíní agus níor chuir sé bonn le bóthar riamh coisí a bhéarfadh barr air ag glanadh leis. An bhean chaith sí uaithi an páiste agus bhí sí sna sála ag an bhfear. B'in é an uair a fuarthas amach gur páiste é a bhíodh ar iasacht léi le go ndéanfaí trua di, agus ní raibh sé de mhisneach i gceachtar den chuingir a n-éadan a thaispeáint i mBéal an Mhuirthead riamh ó shin.

Thíos i lár na Sráide Móire bhí Aindí Beag an Droichid, nach raibh na ceithre troithe ar airde amach is amach, agus a chóta caite de aige ag iarraidh Mhicheál Mór an Ghleanna, a bhuailfeadh a cheann ar an maide ceangail, 'amach ar an bh*fair play*,' Séimín Donn ann ag dreasú an fhir bhig, agus a bhéal agus a aghaidh smeartha salach ón maide milis sin a dtugtar *Peggy's leg* air a bhí sé a ithe ó mhaidin roimhe sin. Ach nár lá dá saol a bhí ann?

Bhí sé d'ádh ar Mháire Bhán agus ar Phádhraic gur casadh Maidhc leo i gceann an bhaile mhóir. D'iarr Máire air an banbh a cheannach di mar nár mhó ná go maith an t-eolas a bhí aici féin ar an gceird sin. Bhí an córtas ag baint le Maidhc chuile lá riamh agus ba mhinic leis gar comharsan a dhéanamh. Thairis sin féin bhí a fhios aige go mbeadh sé ar an mbéiléiste agus go mbeadh deoch le fáil aige, agus thaitnigh an braoinín crua leis – ní ina shúil a chuirfeadh sé an gloine.

Bhí na bainbh chomh fairsing le móin ann agus bhí a bhail orthu, bhí siad saor. Bhuail an triúr thart i measc na gcliabh agus na gcairteacha go dtáinig siad go dtí feairín beag feosaí féasógach as Tobar na gCiaróg agus bhí cúig cinn de bhainbh mhaithe ar chairt asail aige agus cuilt a raibh gach dath faoin ngréin uirthi le paistí scartha aige os cionn bhosca na cairteach. Bhí aithne mhaith shúl ag Maidhc air mar go mba mhinic a chonaic sé ag díol banbh é. Chuadar i mbun margaidh.

Thóg Maidhc an banbh ab fhearr a thaitnigh le Máire, thóg sin anuas den chairt agus chuir ag siúl thart é go bhfeiceadh sé an raibh lúth na gcnámh go maith ann. Choinnigh sé greim rubaill air ar eagla go mbuailfeadh spuaic ar bith é agus go bhfágfadh sé ansin iad. An greim ceannann céanna a bheirtear ar gach banbh ar mhargadh Bhéal an Mhuirthead, greim rubaill. Agus ná síltear gurb é gach duine a bhfuil a fhios aige an chaoi le breith ar an ruball i gceart. Níl caoi ar bith chomh héasca le lámh úr a aithne ar Shráid na mBanbh leis an gcaoi a mbéarfaidh duine ar an ruball. Má bheireann duine ar bharr an rubaill ní bheidh aon mheas air, níl ann ach útamálaí agus ina theannta sin tá mámh maith i gcártaí aige nó imeoidh an banbh. Caithfidh an ordóg a bheith os cionn ruball an bhainbh agus í a bheith ag bun an rubaill chomh maith leis sin, má theastaíonn ó dhuine meas lucht muc a tharraingt air féin ar aonach nó ar mhargadh. Ach bhí eolas a cheirde go maith ag Maidhc.

Shiúil an banbh thart agus go gcluinfeá míle ó bhaile gach sian dá raibh sé a chur as. Nuair a bhí Maidhc sásta nach raibh locht ar bith ann ab fhéidir a thabhairt faoi deara thóg sé ina bhrosna arís é agus leag isteach sa gcairt é.

Dhearc an bheirt fhear ar a chéile ar feadh nóiméid gan smid as ceachtar acu, ach gach duine acu ag déanamh mionscrúdú ar an duine eile mar bheadh siad ag iarraidh miosúr a chéile a thógáil. Ba é Maidhc an chéad duine a labhair.

Seandúidín dubh a bhí ina bhéal aige á chaitheamh, bhain sé as é, agus ghread sé amach smugairle lena theanga trí mhant a bhí ann agus chuir an smugairle den roiseadh sin seacht slat uaidh leis an neart a chuir sé leis.

'Cé mhéad?' ar seisean, ag cur an phíopa ina bhéal arís.

Dhearc an feairín féasógach ar an mbanbh, amhail agus dá mba é an rud ba mhaith leis a rá leis: 'Ná tóg orm go bhfuil fúm scaradh leat chomh saor.'

'Dhá scilling déag,' ar seisean.

'Dhá scilling déag!' arsa Maidhc, i nguth a chuir a oiread

iontais i gcéill agus dá mba míle punt a déarfadh an fear eile.

'Ní imeoidh sé pingin faoi inniu. Díoladh banbh nach raibh leath chomh maith leis le m'ais ar ball ar thrí scilleacha déag.'

'Ocht scilleacha,' arsa Maidhc, ag caitheamh amach smugairle eile, agus ag cuimilt cúl a láimhe dá bhéal, gan aon aird a thabhairt ar an bhfeairín féasógach.

'Níl aon mhaith ann, ní imeoidh sé inniu faoin dá scilling déag,' arsa an feairín féasógach, agus dhearc go ceanúil ar an mbanbh arís.

Aníos le fear a bhí ina sheasamh tamall uathu agus chuir sé féin a ladar sa scéal. Bhí péire seanbhróg air a raibh na sála caite go dtí na huachtair orthu, seanchulaith ghioblach, bairéad glas a bhí stiallta stróicthe nach gcuimleofá do chosa ann, agus an píce tiontaithe siar i dtaobh chúl a chinn.

'Cé mhéad atá eadraibh?' ar seisean, agus do labhair go han-bhladarach. hInseadh dó.

'Seo,' ar seisean, ag breith ar chiotóg ar an bhfeairín féasógach agus á leagan istigh ar chroí a bhoise, agus ag breith ar dheasóg Mhaidhc agus á leagan os a cionn, 'seo,' ar seisean, 'scoiltigí an difear,' ag bualadh a sheanleadóg boise anuas ar an dá láimh.

Tharraing an feairín féasógach a lámh féin leis go feargach. Níor thaise le Maidhc é, rinne sé an cleas céanna.

'Nár thé mé abhaile beo,' arsa an feairín féasógach, 'má imíonn an banbh sin pingin faoin rud a dúirt mé dá mbeadh orm a chaitheamh amach sa gcanáil. Banbh! Ar ndóigh, ní banbh atá ann ach sabhán – muc a bheas i gcruth na scine faoi cheann míosa. Agus breathnaigh ar an deisealán atá ann.'

'Maith go leor,' arsa Maidhc, ag tabhairt a chúil don fheairín féasógach agus ag bogadh leis. 'Coinnigh ansin é go bhfaighidh tú amadán a bhéarfas dhá scilling déag duit air; is fada a bheas tú ansin.'

D'imigh leis síos an tsráid agus é ag dearcadh ina dhiaidh as ruball a shúl ar fhear an bhainbh. Do lean Máire agus Pádhraic é.

'Ó, fan, a dhuine; bíodh foighid agat; gabh i leith agus féachfaimid le margadh a dhéanamh,' arsa fear an tsean-bhairéid ghlais.

'Ó, nár fheice m'anam sliabh má thugaim pingin rua eile air,' arsa Maidhc agus é ag faire ina dhiaidh ar feadh na faide.

Rith fear an tseanbhairéid ghlais ina dhiaidh, rug ar ghreim sciorta casóige air agus tharraing ar ais é, Maidhc ag cur i gcéill go mba in aghaidh a thola a bhí sé ag teacht, agus a dhá chois ag sciorradh uaidh le fonn.

Rug fear an tseanbhairéid ghlais ar an dá láimh arís go díreach glan mar rinne sé cheana, agus shocraigh ar an gcuma chéanna iad.

'Seo,' ar seisean le feairín na feasóige, 'ísleoidh tusa scilling agus ardóidh seisean scilling; ansin beidh sibh níos gaire dá chéile.'

Dhearc an feairín féasógach ar Mhaidhc agus dhearc Maidhc air; níor labhair ceachtar den dís.

Bhuail fear an tseanbhairéid ghlais a sheanleadóg boise ar an dá láimh arís. 'An fear a bhrisfeas m'fhocal beidh air deoch a sheasamh,' ar seisean, agus bhreathnaigh sé go grámhar ar theach ósta a bhí anonn ar a aghaidh.

'Ní bhrisfidh mise d'fhocal,' arsa Maidhc.

'Ná mise,' arsa an feairín féasógach.

'Beirt d'fheara dóighiúla! Beirt d'fheara fiúntacha!' arsa fear an tseanbhairéid ghlais, gan a ghreim a scaoileadh den dá láimh. 'Níl eadraibh anois ach dhá scilling. Tá a fhios agam gur gearr a thiocfadh ceachtar agaibh suas ar scilling. Is gearr a bheadh scilling ag imeacht go dona. Scoiltigí an dá scilling,' ar seisean, ag bualadh na leadóige ar an dá láimh arís.

Dhearc an bheirt fhear ar a chéile, ach gíog níor labhair. Dhearc fear an tseanbhairéid ghlais orthu ó dhuine go duine.

'An bhfuil sibh sásta?' ar seisean.

'Tá mise sásta,' arsa feairín na féasóige tar éis tamaill.

Thug Maidhc Máire Bhán agus Pádhraic i leataobh agus chuir cogar ina gcluais.

Bhí sé ar ais ar an bpointe.

'Tá mise sásta, leis,' ar seisean ag tógáil greim de shalachar na sráide ar bharr slaite agus á leagan ar dhroim an bhainbh. Bhí an margadh déanta. Bhí an banbh 'salaithe.'

Chuir Máire Bhán coróin d'éarlais sa mbanbh. Chuaigh siad isteach go teach an ósta a bhí anonn ar a n-aghaidh agus bhí deoch ag na fir. Bhí fear an tseanbhairéid ghlais isteach leo, chomh maith, agus seasadh deoch dósan mar go mba é a rinne an margadh. Ní ólfadh Máire Bhán tada, gí gur íoc sí leath na béiléiste, agus bhí geall ar Phádhraic ó lá an easpaig. Bhí luach pingine de bhrioscaí acu eatarthu beirt agus sprúille duilisc.

Bhí baill bheaga éadaigh le ceannach ag Máire 'ar an gcairt' le haghaidh na bpáistí, agus nuair a bhí sin déanta aici agus blogam tae caite aici féin agus ag Pádhraic agus ag Maidhc bhí sé in am a bheith ag cuimhneamh ar an mbaile.

Bhí an t-asal ceangailte ag Pádhraic thíos ar chúl siopa Shéamais Mhig Uidhir in áit a raibh rungaí iarainn thart timpeall de chosaint ar an teach. Chuaigh an gasúr síos agus thoisigh ag scaoileadh an asail nuair a d'airigh sé lámh duine á leagan go héadrom ar a ghualainn. Dhearc sé thart. Bhí ansin ina seasamh os a chomhair agus buicéad ina láimh aici, an áit a dtáinig sí go dtí an caidéal ar lorg uisce, an cailín ceannann céanna a casadh leis ag an gcluiche peile. Stán sé! Dhearg sé! Chuir sé roimhe rud eicínt a rá ach bhí a theanga ina staic ina cheann agus níor fhéad sé smid a labhairt. A raibh d'fhuil ina chorp, shílfeá le breathnú air gur suas ina éadan a chuaigh sí.

Bhí sise ina seasamh ansin ar a aghaidh amach agus aoibh an gháire ar a haghaidh, agus an dá shúil mhóra lonracha ag spréacharnaigh ar chaoi go dtiocfadh le duine é féin a fheiceáil iontu mar bheadh scáthán ann. Ar deireadh thiar thall nuair a chonaic sí nach raibh Pádhraic ag rá tada labhair sí:

'Nach n-aithníonn tú mé?' ar sise.

'U . . . e . . . a . . . aithním,' arsa Pádhraic, ar deireadh, mar bheadh duine ann a mbeadh tarraingt bhailbhe ann.

'Agus tuige nár labhair tú?'

Ghabh sé sórt eicínt camleithscéil léi.

Nuair a fuair Pádhraic an ghlas-snaidhm bainte dá theanga aon uair amháin tháinig an chaint ar ais chuige, agus bhí seanchas fada eatarthu. Fuair sé amach go mba iníon do Shéamas Mag Uidhir í agus go mba Gráinne an t-ainm a bhí uirthi. Níor ghá dósan insint dise cérbh é féin mar go bhfuair sí amach a ainm, agus a shloinne, a dúirt sí, sular fhág sí an machaire lá na peile.

Dúirt Pádhraic ag deireadh go raibh deifir air mar go raibh a mháthair ag fanacht leis go mbeadh siad ag dul abhaile. Líon sise an buicéad, agus ansin d'iarr air moill nóiméid a dhéanamh go dtigeadh sí ar ais arís.

Nuair a tháinig sí ar ais bhí páipéar mór milseán léi as siopa a hathar agus chuir sí isteach i láimh Phádhraic iad gan focal a rá.

Nuair a bhí sé ag dul suas ag coirnéal an ghabha dhearc sé ina dhiaidh, agus céard a d'fheicfeadh sé ach Gráinne agus í ag dul isteach thar mhaide na tairsí agus ise ag dearcadh ina dhiaidhsean.

XV

Oíche bhreá spéirghealaí a bhí inti, agus, seach oícheanta an domhain, Oíche Shamhna. B'ar an Satharn a thit sí agus ar an ábhar sin ní raibh aon scoil oíche ann. Bhí Pádhraic ina sheasamh amuigh ag an mbinn agus é ag breathnú soir uaidh in áit a raibh an ghealach go díreach tar éis éirí agus í mar bheadh sí ina suí ar bharr Chnoc an Logha. Bhí an radharc go hálainn, agus bhí sé ag breathnú ar na spoit dorcha a bhí ar an ngealach nuair a chuala sé trup trap ag déanamh air anuas an garraí mar bheadh duine ann a mbeadh na bróga rómhór aige, agus ba ghearr gur scinn Micilín Pheait air anuas.

'Nach álainn í an ghealach anocht, a Mhicilín!'

Dhearc Micilín suas, go neamhshuimiúil, agus cuma air nach dtug sé faoi deara roimhe sin an raibh gealach ann nó nach raibh.

'Ní fhaca mé go dtí sin í,' a deir sé. 'Nach é atá furasta fear na gealaí a fheiceáil anocht!'

'Fear na gealaí! Ach, ar ndóigh, ní chreideann tú go bhfuil fear sa ngealach?'

'Bhuel, deir an máistir linn nach bhfuil, ach deir m'athair nach bhfuil i gcaint an mháistir ach seafóid. Deir sé go raibh gasúr ann fadó a raibh droch-leasmháthair air a bhíodh go síoraí suthain á bhualadh agus a bhatráil. Oíche amháin cosúil leis an oíche anocht, chuir sí amach faoi dhéin uisce é, agus bhí sé chomh tuirseach sin den leasmháthair gur dhearc sé suas, agus ar seisean, "mo léan géar gan mé thuas sa ngealach". Níor thúisce an focal as a bhéal ná siúd suas é féin agus an naigín a bhí leis i gcoinne an uisce, agus tá sé ansin riamh ó shin agus beidh go Lá an Bhreithiúnais. Deir m'athair gur féidir an naigín a fheiceáil ina láimh nuair a bhíos an ghealach lán ... 'Ach fan, a dhiabhail, gabhfaidh mé isteach agus déarfaidh mé le Nóra Chrosach go bhfuil Cnoc an Logha trí thine. Tá deirfiúr léi pósta ann agus bainfidh mé lán na mbonn aisti.'

Chomh luath agus chuala Nóra an scéala léim sí ina suí agus amach léi. 'M'anam féin, féin,' ar sise, 'go raibh sé sa tairngreacht féin gurbh é Cnoc an Logha an chéad áit a d'ionsófaí nuair a thiocfadh an cogadh. Is ann a tháinig na Francaigh agus ... Dar m'fhocal agus mo choinsias, a Mhicilín na mbróg mór, dá mbeirinnse ort go gcuirfinn do chuid magaidh ar do ghoile duit,' ar sise, ag tabhairt a haghaidhe suas ar an gclúid arís, nuair a chonaic sí gur mealladh a baineadh aisti, agus cuthach feirge uirthi.

'Téanam leat siar go teach Bhríd Rua, beifear ag goid cabáiste anocht agus ag déanamh cleasanna; beidh spórt mór ann,' arsa Pádhraic.

'Nach mbeadh faitíos ort a dhul i bhfad ó bhaile Oíche Shamhna?' arsa Micilín. 'Deir siad go mbíonn taibhsí an domhain agus cead a gcos acu anocht.'

'Ó, tá tú chomh dona le sean-Mháirtín ag caint ar thaibhsí, a dhuine. Cé a chonaic aon taibhse riamh? Inis sin dom.'

'Chonaic neart,' arsa Micilín, 'agus má bhreathnaíonn tusa ar na sméara dubha amárach feicfidh tú féin go bhfuil an ceart agam. Nach maith nach bhfuil cead sméara a ithe ó caithfear Oíche Shamhna.' Agus bhain sé croitheadh as a cheann chomh maith agus dá socraíodh sin an scéal.

'Ar chuma ar bith ní bheadh faitíos ar aon duine oíche mar seo.'

'Nach mbeadh? Oíche mar seo a bheadh an faitíos ormsa. Ar ndóigh, dá mbeadh oíche dhorcha ann ní fheicfeadh rud ar bith thú, ach oíche mar seo nach bhfeicfeadh taibhse duine míle uaidh.'

'Téanam leat, téanam leat,' arsa Pádhraic, 'agus ná bí ag cuimhneamh ar rudaí mar sin; ní cóir glaoch ar an ngol go deo go dtige sé.'

Choc an bheirt leo siar. Bhí an lán mara aníos go dtí an bóthar. Bhí na tonntracha beaga ag lí an bhruaich agus ag crónán go caoin cumhúil mar bheadh siad ag déanamh comhbhróin leis na mairbh. Bhí mar bheadh cosán airgid soir uathu idir iad agus an ghealach agus iad ag casadh Ghob na Rinne. Bhí ciúineadas ar gach taobh.

Leis sin féin sheas Micilín go tobann. Rug go daingean docht ar ghreim muinchille ar an bhfear eile, mar bheadh uafás nó anbhá mór eicínt air, agus 'Éist! Éist!' ar seisean i gcogar.

Sheas an fear eile agus chuir sé cluas le héisteacht air féin. Ansin ba ea a chualadar an ceol ag teacht chucu ar uachtar na mara, ceol bog binn brónach, ceol aoibhinn, ceol nár chuala siad a leithéid cheana riamh.

'Dar fia na coille rua, a Mhicilín, bhí an ceart agat!' arsa Pádhraic, agus crith ar a ghlór; 'bhí an ceart agat; go cinnte tá na taibhsí amuigh anocht.'

Níor fhan ceachtar acu le níos mó a chlos, ach as go brách leis an mbeirt chomh tréan agus b'fhéidir leo cos a tharraingt, agus níor stop riamh gur thug siad teach Mhaidhc orthu féin, ó ba é an teach ba ghaire dóibh é.

Isteach leo ar an urlár agus iad i ndeireadh na péice, agus a gcroí ag dul amach ar a mbéal bhí siad chomh líonraithe sin.

'Gairim agus coisricim sibh, a stór, céard atá oraibh?' arsa máthair Mhaidhc, a bhí ina suí sa gclúid agus a paidrín ar a hordóg aici.

D'inis siad di. Thug sí gráinne salainn do gach duine acu le n-ithe agus d'iarr orthu an fuílleach a chaitheamh thar a ngualainn.

Sheas Maidhc sa doras.

'Dar m'fhocal, tá an ceol ann, ceart go leor, ach ní ceol taibhsí é,' ar seisean. 'Daoine eicínt atá ag dul amach ag iascaireacht ó tharla go bhfuil an oíche chomh breá agus tá sí. Mura bhfuil mé meallta go mór aithním an guth. Chuirfinn cnaipe le duine ar bith gurb é Pádhraic Chaitlín as Bun an Mhuilinn atá ann.'

Sheas siad ar fad sa doras. Bhí an guth le clos soiléir go leor anois, agus ba ghearr gur aithníodar focla an amhráin.

Baile Chláir a bhí in aice láimhe
Níor lig an t-ádh dóibh a ghabháil aníos,
Bhí an bás chomh láidir nach dtug sé cairde
D'aon mhac máthar dár rugadh riamh.
Mura scéal a ceapadh dóibh an lá seo a mbáite,
A Rí na nGrás, nár bocht an ní?
Ach a gcailleadh uilig, gan loch ná sáile,
Le seanbhád gránna 's iad lámh le tír!

'Há! is maith mise féin,' arsa Maidhc. 'Is é Pádhraic Chaitlín atá ann. D'aithneoinn a ghuth in áit ar bith.'

'Leoga, más é féin,' arsa an tseanbhean, 'ní náire dó bualadh ar amhrán. Chuirfeadh an guth sin na cuacha a chodladh.'

Bhí a raibh ina gcónaí le cladach amuigh anois agus iad ag siúl siar le bord na farraige de réir mar bhí an bád ag dul siar. Bhí an t-amhrán ag teacht chucu ar chiúineadas na hoíche, agus b'aoibhinn ar fad a bheith ag éisteacht leis an gceol agus an radharc mar bhí sé. Bhí clú ar Phádhraic Chaitlín i gcéin is i gcóngar de bharr a chuid ceoil, agus níorbh é amháin go dtug sé muintir Log an tSearraigh amach ag éisteacht leis an oíche sin ach fuarthas amach lá arna mhárach go raibh muintir na mbailte thall cruinn ar an taobh eile den chuan chomh maith nuair a chuala siad an fonn á ghabháil, agus gíoscán na gcéaslaí sna cnogaí ag comh-fhreagairt do mheadar an amhráin.

Bhí teach Bhríd Rua lán go doras nuair a chuaigh an bheirt isteach, agus nuair d'inis siad faoin scanradh a baineadh astu bhí a raibh sa teach i bhfalrach gáire.

Chuaigh scata de na gasúir amach ag goid cabáiste. Suas go talamh an Bhlácaigh a thug siad a n-aghaidh mar go mba é ba lú de thrua leo. Bhí dhá chrann mhóra le gach duine acu ag teacht ar ais dó, crainn a raibh díol bó i ngach ceann acu.

Agus iad ag dul thart le teach an Ghabhair, ag teacht ar ais dóibh, bhuail duine acu sailm ar an gcomhla. Tháinig an chailleach go dtí an doras agus thoisigh uirthi ag scamhailéireacht ar chroí a díchill agus ag spídiúchán ar na gasúir.

Leis sin féin chuala siad an Gabhar é féin ag corrú istigh agus mheas siad go mb'fhearr teitheadh maith ná drochsheasamh. D'aithneofá coiscéim an Ghabhair in áit ar bith, mar go raibh cos chrainn faoi de bharr cos a chailleadh in arm Shasana.

Ach in áit ruaig a chur orthu ba é an chaoi ar thoisigh an Gabhar ag glaoch orthu teacht ar ais, agus ag bladar leo.

Ní raibh siad cinnte an ag magadh a bhí sé, ag iarraidh greim a fháil orthu, nó dáiríre, agus theann siad aníos in aice leis gan teacht róghar ar fad dó.

'Seo,' ar seisean, i gcogar ar fhaitíos go gcluinfeadh an chailleach é, má b'fhíor dó féin, 'caithigí isteach an cabáiste sa gcisteanach uirthi agus cuirfidh sibh le báiní í.'

Bhí siad chomh sónta sin go dtug siad aird air agus ní raibh mac an pheata acu nár chaith isteach a dhá chrann cabáiste.

Nuair a fuair an Gabhar an méid sin istigh dhruid sé an doras orthu. Bhí a sháith cabáiste aige go ceann míosa.

Bhí damhsa ar bun i dteach Bhríd Rua ag teacht ar ais do na gasúir. Bhí Maidhc ina shuí ar chloch an bhaic agus seanmhileoidean aige á strócadh, agus ceathrar ar an urlár ag cur a gcraicinn díobh ag damhsa. Leis sin féin cé a bhuailfeadh isteach ar fud na bhfud ach Séimín Donn agus an Gabhar. Cuireadh Séimín amach ag damhsa ar áit na mbonn, agus ba le Dia an damhsa a bhí ag Séimín breá. Bhí sé ag bocléimnigh agus ag gearmansaíocht ar fud an urláir, agus shílfeá go mbainfeadh sé na creataí den teach. Bhí an seanchóta fada go sála leis, agus é cosnochta mar ba ghnás leis, agus níl aon truslóg dá dtugadh sé nach mbuaileadh sé an dá sháil dubha thuas ar chaol a dhroma.

'Mo chuach thú, a Shéamais! Faoi do chois é! Smior i do chnámh! Ná lig leofa é!' a deireadh an mhuintir eile, agus iad ag spochadh as agus ag séideadh faoi. Ba ghearr gur thoisigh an teacht thart.

'Sin é, a Shéamais, *swing*áil í, a bhuachaill!' arsa Tadhg Rua, agus chuir Séamas cuach as le teann gaisce.

Leis sin féin an cailín a bhí ag damhsa le Séimín lig sí amach é go tobann. Níl a fhios an in aon turas a rinne sí é nó nach ea, ach cér bith scéal é bhí meadhrán i gceann Shéimín bhoicht leis an méid teacht thart a bhí déanta aige. Tógadh é agus caitheadh ina chualbhrosna thíos ag an doras druidte é mar bheadh éan gé a bhuailfí ar an gceann.

Nuair a coisceadh an gáire tógadh Séimín agus tugadh aníos go dtí an tine é. Bhí sé féin ag rachtaíl chomh maith le duine, agus é ag déanamh gaisce as an méid uaireanta a tháinig sé thart.

'Tá tú marbh ag na bithiúnaigh sin, a Shéamais ó,' arsa Bríd Rua, a bhí ina suí istigh sa leaba ag cardáil. 'Dá mba mise thú d'fhágfainn an damhsa fúthu féin, ó tharla gan a athrú de chéill acu.'

'Dheamhan marú ná brú orm,' arsa Séimín, ag cuimilt a ghorúin, 'ach mh'anam go ndeachaigh mé sách gar go leor dó.'

Bhí an Gabhar agus scata de na gasúir ina suí thart ar bhord a bhí thall faoin bhfuinneog agus iad ag imirt chártaí. Bhí leathphingin ar an gclár ag gach duine acu agus iad chomh díbhirceach chuig an imirt agus dá mbeadh céad punt amuigh. Chuaigh Séimín anonn agus sheas ar chúl Mhicilín go raibh an cluiche réidh. Ba é Micilín a ghnóthaigh é.

'Ligidh isteach mé,' arsa Séimín, 'teastaíonn uaim dul ag imirt.'

'An bhfuil airgead agat?' arsa an Gabhar. 'Mura bhfuil fan mar tá tú.'

'Tá airgead agam,' arsa Séimín, 'níos mó ná mar tá agatsa. Tá pingin agam atá mé a choinneáil le haghaidh luach péire bróg. Nach airgead é sin?'

'Fan mar tá tú, ar mo chúlsa,' arsa Micilín, 'agus cuirfidh tú an t-ádh orm. Chuir tú orm an uair dheireanach é.'

'Ní fhanfaidh mé, ligidh isteach mé go beo tapaidh,' arsa Séimín, ag caitheamh amach na pingine ar an gclár agus an dá shúil ag toisiú ag léimnigh ina cheann.

'Ligidh isteach é, de ghrá an réitigh,' arsa an Gabhar. 'B'fhéidir go mbeadh luach na mbróg aige sula raibh an cluiche thart.'

'Is fearr liom a bheith cosnochta féin ná a bheith i muinín

leathchoise mar tá daoine eile,' arsa Séimín, ag éirí de léim agus ag suí isteach.

'Nach diabhalta bearrtha an mhaise do Shéimín é?' arsa Tadhg Rua i gcogar le Síle Pháidín a bhí go díreach tar éis teacht isteach. 'Nach sílfeá duine dá shórt ar leag Dia lámh air nach mbeadh sé chomh gearblach sin?'

'Tá Séimín mar tá sé; ach má tá féin, tá a chiall féin aige mar bhíos ag gach amadán,' arsa Maidhc a chuala an cogar, ag caitheamh smugairle isteach i lár na tine as an mant agus ag breathnú air ag fiuchadh. 'Amadán iarainn Séimín ar a lán bealach,' ar seisean, ag labhairt os íseal, 'ach amháin nach dtuigeann sé cúrsaí airgid, agus níl a fhios aige an difear atá idir pingin agus punta. Ar chuala tú ag géaraíocht ar an nGabhar é? Is fada tú ag éisteacht leis: "Focal amadáin nó dealg fóthannáin nó fiacail choileáin – na trí ní is géire ar bith".'

Bhí an chuid eile den chomhluadar ag caint ar thaibhsí agus ag insint scéalta ina dtaobh mar gheall ar an oíche a bhí ann, agus cuid de na cailíní a bhí ní b'fhaití ná an chuid eile bhí siad ag teannadh aníos ón doras agus corr-chúlamharc á thabhairt síos acu, 'ar fhaitíos go n-íosfaí iad,' mar a dúirt duine acu.

Bhí Bríd Rua agus scéal aici a chuala sí óna hathair féin, 'fear nár inis bréag ó rugadh é,' i dtaobh oíche shneachta a cuireadh amú é ar Chnoc na Sraithe, agus céard a chasfaí leis ach 'fear mór millteach a bhí chomh hard leis an teach agus gan ceann ar bith air, agus bhí sé ...'

Leis sin buaileadh an tsailm ar an doras, agus b'in é an áit a raibh an ruaille buaille. Léim gach duine leis an ngeit a baineadh as, agus ba bheag nach ndeachaigh Síle Pháidín isteach sa tine. Bhí coileach mór ar an lochta a bhí thíos in éadan an tí, agus anuas leis le neart scanraidh. Cá léimfeadh sé ach ar an mbord. An choinneal a bhí sáite i mbuidéal ag na cearrbhaigh leag sé í, agus cuireadh as í, agus sa tromach tramach a bhí ann thit an stól agus leagadh an mhuintir a bhí ina suí air. An mada féin a bhí ina luí thíos ag an doras druidte d'éirigh sé de phlimp, agus aníos leis ar leic an teallaigh agus a ruball idir a dhá chois aige, agus é ag tafann go faiteach.

'Bíodh ciall agaibh,' arsa Tadhg Rua, 'dheamhan taibhse ná taibhse atá ann. Nach bhfuil a fhios agaibh go maith gur duine eicínt a bhí ag dul thart a rinne é sin le crostacht mar gheall ar an oíche atá ann? Lasaigí an solas.'

Nuair a lasadh an solas fuair siad an Gabhar sínte ar an urlár. Sa tromfháscadh a bhí ann d'imigh an chos chrainn de agus níorbh fhéidir leis éirí. Bhí an t-airgead scaipthe ar fud an tí, agus b'in é an áit a raibh an choimhlint ag na gasúir á chruinniú, agus Séimín Donn ag béicigh in ard a chinn is a ghutha: 'Mo phingin! Mo phingin! Mo phingin bhreá phlucach! Tá mé creachta go deo, agus mé á coinneáil le haghaidh péire bróg.' Thitfeadh an t-anam as mura mbeadh gur éirigh leis an phingin a fháil.

'Chuaigh sé gar go maith duit a bheith gan í,' arsa Maidhc leis.

'M'anam féin, a mhic ó, go ndeachaigh sé sách gar go leor dom,' arsa Seimín, agus é ag triomú na súl le sciorta na seanchasóige, go sílfeá le breathnú air go raibh sé ó theach is ó thine.

* * *

Ag teacht abhaile don bheirt ghasúr an oíche sin, go díreach nuair a scoitheadar Gob na Rinne thug Pádhraic faoi deara le solas na gealaí go raibh a mháthair taobh amuigh den doras mar bheadh sí ag fanacht leis. Leis an gcaoi a raibh sí ag siúl suas agus anuas agus ag breathnú siar an bealach a raibh na gasúir ag teacht b'fhurasta a aithne uirthi go raibh imní eicínt uirthi. Bheoigh an bheirt ar a gcoiscéim go maith, agus ba ghearr go raibh Pádhraic ag binn a thí féin.

'Tá tinneas eicínt ar an mboin ó thráthnóna, a Phádhraic,' arsa Máire Bhán. 'Tá sí á caitheamh féin faoin talamh agus ní leagfadh sí béal ar bhlas ar bith. Is fearr duit bualadh soir go teach Chití faoi dhéin na saigheadanna go bhfaighe sí deoch díofa.'

'Ach b'fhéidir nach caitheamh saighead atá uirthi,' arsa Pádhraic; 'nach iomaí tinneas eile a bhíos ar bha?'

'Bhuel, ní dhéanfaidh sé aon dochar di deoch de na

saigheadanna a fháil, ar chuma ar bith. Deifrigh leat nó beidh siad ina gcodladh.'

Tugadh deoch de na saigheadanna don bhoin agus le farasbarr dúthrachta cuireadh 'trí leathphingin an bhualadh saighead' san soitheach, ach ar maidin bhí sí chomh dona agus bhí sí riamh.

Tháinig sean-Mháirtín isteach ar maidin nuair a chuala sé tinneas a bheith ar an mboin. D'fhéach sé a hadharc agus a smut. Bhí siad fuar go maith. Rug sé ar ghreim rubaill uirthi agus bhain feacadh as. Bhí sé chomh solúbtha le slat mhara.

'Níl bréag ar bith nach buailte atá sí,' ar seisean. 'Níor airigh mé an adharc chomh fuar sin ná an ruball chomh marbhánta ag aon bhó riamh ach bó a mbuailfí spang uirthi. Dá mba mise thú,' ar seisean ag croitheadh a chinn go brónach, 'chuirfinn fios ar Shéamas Thaidhg nó go dtomhaiseadh sé í.'

Chuaigh Pádhraic faoi dhéin Shéamais Thaidhg, agus Máire Bhán í féin, bhuail sí seál faoina mullach, agus níor bhain méar dá srón go ndeachaigh go teach an tsagairt agus go bhfuair oifig don bhoin.

Bhí Séamas Thaidhg ag tomhas na bó ar theacht ar ais di. Thoisigh sé thiar ag barr an rubaill agus thomhais sé lena láimh í (ón uillinn go barr na méire fada) go ndeachaigh sé amach go dtí an smut. Ansin rinne sé an cleas céanna an dara huair. Aníos leis ansin go dtí an tine, rug ar an lata, agus thóg lán bhéal an lata de dhearg leis síos go dtí an áit a raibh an bhó ina luí in éadan an tí. Chuir sé ina suí í, agus chuaigh sé thart uirthi arís ó bharr a rubaill go dtí an smut leis an aithinne, agus ansin chuir anonn é faoina bolg agus rinne comhartha do Phádhraic a bhí ar an taobh eile an dearg a sheachadadh ar ais dó thar a droim. Rinne sé sin trí huaire. Ansin tháinig aníos go dtí an tine, shuigh ar stól, agus b'in é an chéad uair a labhair sé.

'Bhí sí buailte go trom,' a deir sé. 'Caithfidh sé gur bean a bhuail í. Is measa go mór buille ó bhean ná buille ó fhear. Ach feicfidh tú féin gur gearr go raibh biseach uirthi,' ar seisean ag éirí agus ag dul amach.

'Muise, nár bhaine Dia do shláinte díot,' arsa Máire, 'agus go mba seacht bhfearr a bheas tú bliain ó gach lá dá dtiocfaidh.'

'Go mba hé dhuit, agus go bhfaighe mé níos fearr sibh.'

Nuair a bhí sé imithe thug Máire an t-uisce coisricthe a bhí i mbuidéal na hoifige do Phádhraic agus d'iarr air dul síos agus a chroitheadh ar an mboin.

Idir chuile shórt ní dheachaigh uair an chloig thart go raibh an bhó ag athchangailt. Bhí biseach uirthi as sin amach, agus faoi cheann dhá lá bhí sí ina seanléim.

XVI

Chuaigh an geimhreadh thart agus ba bheag athrú a tháinig ar Log an tSearraigh ach mar bhí sé riamh. Fuair sean-Mhéabh bás, ach má fuair féin níorbh é aicíd na leanbh a chuir den tsaol í, mar go raibh sí ag déanamh an bháis di féin le blianta roimhe sin, agus bhí a bhróga caite ag an Athair Tomás ag teacht anuas agus ag cur ola uirthi gach ré gealaí. Ní raibh ach pósadh amháin ar an mbaile i rith na hInide – fear a bhí tar éis teacht as Meiriceá agus phós sé Bríd Nápla, a raibh gabháltas talaimh aici, nó mar a deireadh daoine ar an mbaile a mbíodh fad na teanga orthu, phós sé an talamh agus fuair sé Bríd isteach leis. 'An cliamhain isteach' a thugadh na seandaoine air, agus 'an *Yank*' a bhíodh ag an aos óg air, agus ghnítí a lán magaidh faoi ar fud na háite mar gheall ar an gcanúint a bhí air agus an méid gaisce a bhíodh á dhéanamh aige.

Ghannaigh an bia le linn an earraigh, mar go mba bheag duine a raibh a dhíol fataí aige, agus toisíodh ar an min. Bhí an saol crua go leor ar Mháire Bhán mar go raibh an chlann ag méadú, agus gí nach raibh cuid acu in ann mórán cúnta a thabhairt di bhí ithe a gcodach go maith iontu. Go deimhin na tithe a raibh cúnamh fásta suas féin iontu ní mórán a bhí le cur faoi imirt acu, mar gur 'maith é an cúnamh go dtige sé go dtí an bascaod.'

Bhí cuid dá gaolta ag iarraidh ar Mháire Bhán le cúpla bliain roimhe sin duine de na páistí a ligean go hAlbain ag piocadh na bhfataí. Ba mhinic a thógtaí na páistí den scoil in aois a ndeich nó dó dhéag de bhlianta agus a chuirtí go hAlbain iad, agus chuireadh siad abhaile a seacht nó a hocht de phuntaí ó Fhéile Eoin go Samhain dá mbeadh séasúr maith acu. Bhí a clannsa chomh hurrúnta láidir le páistí a raibh dhá shéasúr caite ag cuid acu in Albain, agus nárbh í a bhí gan chéill nach scaoilfeadh chun bealaigh iad, nó duine acu ar aon nós.

Níor lú ar Mháire an sioc ná caint a chlos ar Albain, agus ní ligfeadh sí aon duine de na páistí chun bealaigh go sáraíodh an saol í. Ach níl aon dlí ag an riachtanas, agus ar deireadh thiar tháinig sé chomh crua uirthi go mb'éigean di géilleadh.

Ach ní ligfeadh sí Pádhraic uaithi cér bith gaoth a shéidfeadh. Níorbh é amháin go mbeadh sí féin ina baileabhair sa mbaile gan é, ach ina theannta sin bhí faitíos uirthi nach bhfeicfeadh sí arís go deo é dá n-imíodh sé chomh fada sin ó bhaile. Bíonn gasúir óga alluaiceach agus ní bheadh a fhios ag duine céard a chuirfeadh a leithéid ina cheann agus é imithe leis in áit a gcasfaí droch-chomhluadar air, b'fhéidir. Féach an bhail a chuir Albain ar mhac Fhéilim Aindí. Céard a dhéanfadh sé ach liostáil oíche a bhí sé istigh i nGlaschú agus é óltach, agus níor airíodar riamh sa mbaile nó go dtáinig scéala chucu go raibh sé á shacadh anonn go dtí an India, áit a bhí chomh te sin agus nach seasfadh fear geal ar bith é.

Ach le bladar mór cuireadh uirthi ar deireadh ligean d'Eibhlín imeacht. Bheadh Antaine Mór agus a bheirt iníon féin, Anna agus Úna, bheadh siad ag imeacht, agus dúirt siad go dtabharfadh siad Eibhlín leo.

Bhí glac mhaith fhaochóg agus brosna carraigín ag Máire Bhán, agus ba cheart go bhfaigheadh sí a oiread orthu agus bhéarfadh Eibhlín chun bealaigh. Bheadh uirthi balcaisí beaga éadaigh a thógáil ar cairde agus rachadh Maidhc i mbannaí uirthi faoina luach. Cheannaigh sí cúpla punt olla agus shníomh sí féin ábhar dhá phéire stocaí don pháiste. Chaithfeadh sí féachaint le hiad a bheith cniotáilte aici.

★ ★ ★

Bhí an suipéar caite acu agus iad ina suí thart ar an tine. Ní raibh mórán fonn cainte ar aon duine. Bhí Bríd ag titim ina codladh in ucht a máthar, agus thóg Máire Bhán ina baclainn í agus leag isteach sa leaba í.

Ó ba rud é go mbeadh ar Eibhlín a bheith ag éirí go moch ar maidin, chuaigh na páistí ar fad a luí agus bhí Máire ina suí léi féin go brónach ag cois na tine agus í ag déanamh sparáin a raibh sreang fhada ann, i riocht agus go dtiocfadh le hEibhlín cér bith pinginí airgid a bheadh aici a chur faoina muinéal ar eagla go gcaillfeadh sí é nó go ngoidfí uaithi é.

Bhí an sparán réidh aici agus na héadaí beaga a bheadh leis an bpáiste leagtha ar stól lena hais agus í ag dul á gcur i máilín i gcomhair an bhóthair nuair a ghlaoigh an coileach.

Gheit Máire nuair a chuala sí an glao. Níl comhartha ar bith is measa ná coileach ag glaoch i dteach ó rachas sé ar an bhfara nó go raibh gairm na gcoileach ann dáiríre. Agus b'eo gan a bheith in am codlata i gceart go fóill é. Níor tharla a leithéid cheana riamh sa teach nach dtáinig an mí-ádh lena shála. Eibhlín bhocht! Páiste bog óg gan féachaint ag tabhairt a haghaidhe ar an strainséara ar maidin go moch agus go mb'fhéidir nach bhfeicfeadh sí arís í go brách na breithe. Ba chrua an chinniúint í, ach 'tá Dia láidir agus Máthair mhaith Aige.'

Ag dul a luí do Mháire Bhán í féin, chrom sí anuas os cionn na leapa go bhfeiceadh sí an raibh Eibhlín ina codladh. Bhí. Ansin chrom sí anuas agus phóg sí leiceann an pháiste agus í ag silt na ndeor go céasta cráite.

An bád a raibh lucht na bhfataí le bheith uirthi bhí sí le himeacht as Béal an Mhuirthead go Sligeach ar an seacht ar maidin; agus dá bhrí sin, níor mhór d'Eibhlín an teach a fhágáil ar an cúig, mar go raibh seacht míle le siúl acu. Ní raibh aon bhealach ag Máire le fáil amach cén t-am a bhí sé mura mbaineadh sí breithiúnas as an lán mara.

Chomh luath agus bhí an chéad chodladh déanta aici d'éirigh sí, gí nach raibh ann ach deireadh oíche. D'aithnigh sí sin ar an gcoigilt mar nach raibh sí ach lasta. Bhí eagla uirthi dul a luí arís ar fhaitíos go dtitfeadh a codladh uirthi, agus shuigh sí sa teallach. Faoi cheann tamaill chuaigh sí go dtí an doras go bhfeiceadh sí an raibh aon tsolas ar fhuinneog Antaine Mhóir, ach ní raibh. Shíl sí go raibh an t-am chomh fada le bliain, agus bhí sí síos agus aníos ón tine go dtí an doras, nó go bhfaca sí, ar deireadh, solas i dteach Antaine.

Dhúisigh sí Eibhlín agus fuair sí a bricfeasta di. Chuir sí cúpla ceapaire aráin le chéile, chuir páipéar thart orthu, agus chuir isteach i máilín Eibhlín iad i gcuideachta lena cuid éadaigh. Leabhar Eoin a fuair sí ón sagart an Domhnach roimhe sin d'fhuaigh sí i mbrollach ghúna an pháiste é freisin, agus í á comhairleachan gan dearmad a dhéanamh ar a paidreacha maidin ná tráthnóna, agus í féin a sheachaint ar bháid agus ar thraenacha agus a bheith go hanchúramach nuair a bheadh sí ag dul trasna sráide ar fhaitíos go n-éireodh rud ar bith ina mullach, agus thar gach rud scríobh abhaile ar an bpointe a sroichfeadh sí talamh.

Chuir sí na páistí eile ina suí go bhfeiceadh siad Eibhlín sula n-imíodh sí, ach amháin Brídín a bhí ina codladh go socair sámh di féin sa leaba.

Ba ghearr gur bhuail Antaine Mór ar an gcomhla ag fiafraí an raibh an gearrchaile réidh. Nuair a bhí Eibhlín ag dul amach an doras bhris an gol ar Mháire, agus na páistí thoisíodar féin ag caoineadh cé is moite de Phádhraic, agus eisean féin tháinig crapadh iontach san éadan aige agus thart timpeall an bhéil, ach ina dhiaidh sin féin d'éirigh leis na deora a chosc.

Sheas Máire Bhán amuigh ar an mbóthar ag breathnú i ndiaidh an pháiste nó gur shlog an dorchadas í. Isteach léi ansin agus na deora ag teacht ina srutháin óna súile.

'Mo sheacht grá thú,' ar sise léi féin, ag teacht isteach an doras di, 'tá rud eicínt á rá liom nach bhfeicfead radharc ort go brách arís,' agus bhí a croí á réabadh ina lár.

B'fhíor di. Bhí an radharc deireanach feicthe aici ar Eibhlín arís go brách.

XVII

Chuaigh an baghcat ar aghaidh chomh maith sin gur fágadh na barra gan bhaint ag an tiarna an fómhar roimhe sin agus lobh féar agus coirce agus fataí air. An mhóin féin, gí go raibh sí bainte sábháilte sular theann an trom trom ar fad air, ní bhfaigheadh sé aon duine a chuirfeadh abhaile dó í. Thug sé Fir Oráiste as Béal Feirste leis an obair a dhéanamh dó ach níor fhan siad ach seachtain gur imigh siad leo arís. Bhí faitíos a n-anama orthu go marófaí iad, agus dá mba rud é nár imigh siad féin, ní raibh pioc maitheasa iontu ag obair ar an talamh ná ag crapadh an fhómhair, mar nach raibh aon déanamh acu ar obair den tsórt sin. Fear eile a tháinig ar aimsir chuig an mBlácach fuair sé scata ban amuigh roimhe an chéad mhaidin a chuaigh sé amach agus é ag dul ag tabhairt dí do chapall. Rug na mná air agus thumadar sa linn uisce é, agus bhí siad leis nó go ndeachaigh sé ar a dhá ghlúin agus gur gheall sé go n-imeodh sé ar maidin lá arna mhárach ach iad a anam a ligean saor leis. Lig. Bhí a bhail air, níor leis ab fhaillí é. Ba mhaith an mochóireach é ar maidin an lae dár gcionn, agus níorbh fhearr ná an coisí é ag imeacht. Níor chuir sé bonn le bóthar riamh duine eile a bhéarfadh barr air nó gur ghlan sé leis amach thar gearradh, agus radharc ní fhacthas air ní ba mhó. B'fhearr dó péire bonn aige ag imeacht ná dhá phéire uachtar.

Níor fhág an sean-Bhlácach an teach amach ón lá a thoisigh an baghcat. Caitheadh urchar cheana leis aimsir an *Land League* agus ba bheag nár maraíodh é. An té a bhuailtear sa gceann bíonn faitíos air, agus ba é sin a fhearacht aigesean é.

Doiminic Buí féin ní raibh sé saor gan a sháith imní a bheith air ach go raibh sé in ann a choinneáil ceilte ní b'fhearr ná an t-athair. Dá dtéadh sé chun an bhaile mhóir bheadh sé cinnte a bheith sa mbaile ar ais de ghlansholas lae, agus bhíodh na doirse dúnta daingnithe aige san oíche. Bhí beirt shíothmhaor ag tabhairt aire don teach, ach má bhí féin ní raibh mórán muiníne aige astu. Mheas sé go mba chuma leo a bheo nó a mharbh; agus b'fhéidir, má mheas féin, go raibh a lán den cheart aige.

Ba ghearr ina dhiaidh sin gur ghlac an sean-Bhlácach an leaba agus chuaigh scéala amach go raibh an bás air. Faoi cheann seachtaine bhí sé ina chorp.

Tugadh cruinniú de chraobh an *U.I.L.* le chéile agus socraíodh deireadh a chur leis an mbaghcat nó go mbeadh an tsochraid thart. Duine ar bith ar mhian leis é tugadh cead dó dul chuig an tórramh agus chuig an tsochraid, agus fuair mná an bhaile cead dul agus an corp a ní agus a chur os cionn cláir, mar gur tuigeadh go mba roinn d'oibreacha na trócaire rud mar sin a dhéanamh, bíodh i ndán agus go mba é do dheargnamha féin a bhí i gceist, rud arbh é.

Ar chuma ar bith leagadh amach an corp agus tugadh abhaile gléas tórraimh, 'tobac is píopaí is coinnle geala.' I gceann an mhéid sin chuaigh scéala amach go raibh scairdeanna móra uisce bheatha ag teacht chomh maith, agus b'fhéidir go mba mhó a rinne an scéala sin le daoine a tharraingt go teach an choirp ná a dhéanfadh rud ar bith atá molta dúinn sa Teagasc Críostaí.

Ní raibh áit ach le haghaidh strainséirí agus daoine áirithe sa gcisteanach, nó sa seomra a raibh an corp os cionn cláir ann, ach bhí scioból mór ar chúl an tí, scioból a dtoillfeadh cúpla céad duine ann, agus socraíodh é i gcomhair mhuintir na háite.

Ní gá a rá nach raibh mórán ag caoineadh i ndiaidh an tiarna talún. Ba bheag an taise ná an trua a bhí ag baint leis féin riamh agus bhíothas amhlaidh leis anois; agus má tháinig slua mór chuig an tórramh ní brón ná briseadh croí a thug ann iad ach a mhalairt. Tháinig siad le hoíche mhaith ghrinn a bheith acu agus dá bhfaigheadh siad aon bhraoinín é a ól.

Amach i dtaca am codlata réitíodh tae dóibh, agus nuair a bhí an tae ólta acu tháinig beirt fhear thart le huisce beatha, agus fuair gach duine dá raibh ann agus ar mhian leis a ól lomlán gloine. Bhí neart tobac agus píopaí leagtha ar bhord i lár an urláir agus beirt fhear ina mbun, agus gach duine dá dtáinig isteach fuair sé píopa agus tobac.

An Gabhar nuair a tháinig sé bhuail sé isteach go dtí an áit a raibh an corp agus chuir i gcéill go raibh brón mór air. Chaith sé a sheanhata i leataobh agus bhuail air ag caoineadh in ard a chinn, agus é ag greadadh na mbos mar bheadh duine ann a mbeadh a chroí á réabadh. Ní raibh amhras ar bith ag Doiminic Buí nach dáiríre bhí an Gabhar, mar go raibh sé féin beagáinín súgach agus anall leis go dtí an leaba agus bhuail air ag caoineadh é féin. Ní raibh an Gabhar ach ag deargmhagadh ar chuma ar bith, agus an té a bhéarfadh cluas i gceart leis bhéarfadh sé sin faoi deara sna focla a bhí sé a chur leis an gcaoineadh: 'Íde na codach sin ar an gcuid eile agaibh' – agus é ag gárthaíl agus ag béicigh agus ag bolsaireacht.

Ach an Gabhar má bhí sé i muinín leathchoise féin ní raibh aon dá chiotóg air – bhí a fhios aige go rímhaith céard a bhí sé a dhéanamh. Nuair a stop sé den ghol ar deireadh ní ligfeadh Doiminic Buí as ball na háite é go mb'éigean dó trí ghloine uisce bheatha a ól uaidh as cosa i dtaca. Bhí an Gabhar ar a dhícheall ag iarraidh an t-uisce beatha a dhiúltú, mar dhea, ach ní raibh maith dó ann.

'Ó, dheamhan deoir eile a ólaim go bhfága mé an teach, go raibh míle maith agatsa,' a deir sé, le Doiminic Buí, nuair a bhí an dara gloine ligthe siar aige, agus a shúil ag rince ina cheann sa tráth céanna le teann dúile ann. 'Táim ar meisce mar tá mé.'

'Ó, seo caith siar é seo, níl ann ach lán faochóige,' arsa Doiminic, ag seachadadh an tríú gloine air. 'Bhí meas mór ag m'athair ort riamh, agus ní bheadh sé i ndiaidh gloine uisce bheatha ort lá ar bith sa sneachta. Nuair a bhí daoine ag teastáil le seasamh sa mbearna baoil ní faoin leaba a bhí tusa.'

Chaoch an Gabhar ar Úna Mháire Aindí, a bhí ag freastal ar fud an tí. Bhí a fhios aige gur thuig Úna go maith mura mbeadh gur caitheadh athair agus máthair an Ghabhair amach as a ngabháltaisín nach mbeadh air féin imeacht le fán an tsaoil, ná dul san arm agus a chos a chailleadh ann.

Gí gur cuireadh go bog is go crua air fanacht istigh leis na strainséirí dúirt an Gabhar go mb'fhearr leis dul amach agus an oíche a chaitheamh amuigh sa scioból i measc na gcomharsan agus amach leis. Sular imigh sé thug Doiminic

Buí ribín dubh dó le cur ar a hata mar chomhartha bróin.

Nuair a fuair muintir an sciobóil an áit fúthu féin agus a mheasadar nach dtiocfadh Doiminic amach thoisigh an greann agus na cleasanna.

'An Chearc' an chéad chleas a thoisigh. Tugadh amach fear taobh amach den teach agus cuireadh dallóg air. Ansin tugadh cleath mhór fhada dó a raibh biorán ina barr, agus threoraigh fear eile thart ar fud an tí é. Bhí fear na dallóige ag dul thart ó dhuine go duine agus ag comhaireamh, 'aon, dó trí,' agus araile. Nuair a thigeadh sé go dtí 'an deich' thugadh sé priocadh éadrom den bhiorán don té a chasfaí ina bhealach.

Is mion minic a tharraing an cleas céanna clampar agus comhlann i dteach tórraimh. Deireadh daoine nach mbíodh 'an chearc' dall amach is amach, go minic, agus nuair a chastaí duine léi a mbeadh olc nó éad nó seanfhaltanas ar bith aici dó théadh an biorán beagáinín beag ródhoimhin agus bhíodh ina bhruíon ansin. Ar aon nós ba mhinic rud beag suarach mar sin gur fhág sé achrann agus easaontas idir dreamanna áirithe ar feadh a saoil.

Ach níor tharla rud ar bith a mhillfeadh an greann ag tórramh an tsean-Bhlácaigh, agus nuair a bhí siad tuirseach de sin thoisíodar ag 'Roinn na Riabhaí.' Bó a bhí sa 'Riabhach' agus bhítí ag roinnt a cuid feola. Dá mbeadh buachaill ann a mbeadh tóir aige ar chailín chuirfeadh an fear a bheadh ag roinnt go dtí teach an chailín é le giota den Riabhach, mar dhea.

An cleas sin féin ba mhinic daoine pusach dá bharr. Dá mba fear maith measúil a chuirfí go teach an chailín bhí go maith, ach dá mba shuarachán nó smearachán é bhí an bhruith ina suí. Agus mar an gcéanna leis an taobh eile dá gcuirtí an fear in áit a mbeadh cailín dathúil bhíodh ina áthas ach dá n-iarrtaí air dul san áit a mbeadh ball ar shliocht nó ball séire bhíodh stuaic agus stodam air.

Chuaigh an cleas sin ar aghaidh go breá freisin, agus b'iomaí glam gáire a baineadh amach. Ach nuair a bhí an Riabhach ar thob a bheith roinnte cuireadh Séimín Donn le giota go teach Nóra Chrosach, agus b'in é an uair a thoisigh an raic.

Léim sé ina shuí ar an bpointe boise agus thoisigh ag strachailt de an tseanchóta.

'M'anam dílis ón diabhal,' ar seisean, agus chuile bhéic aige i lár an urláir, 'má fhaighim greim scornaí air go dtachtfaidh mé é. Súil ná béal ní fhágfaidh mé ann má ligeann sibh mé go dtí é. Gadaí na gcos cam, nach maith a gheobhadh sé ann féin maslú a thabhairt do mo leithéidse. Gabh síos chuig Nóra Chrosach thú féin, agus go gcrocha an diabhal dearg leis an bheirt agaibh amach as m'amharc.'

Bhí Séimín ag cur a chraicinn de ar an urlár ar feadh an ama seo, agus beirt fhear i ngreim ann agus iad ag iarraidh an seanchóta a chur air arís an áit a raibh leathlámh leis tarraingte as amach.

'Ná tabhair do chiall ar a chéill, a Shéamais,' arsa an Gabhar leis, go sollúnta ag caochadh ar fhear a bhí anonn ar a aghaidh. 'Is measa tú féin ná eisean. Gabh aníos anseo agus suigh le m'ais-se go raibh paiste seanchais againn le chéile.'

Chuaigh Séimín suas agus shuigh le hais an Ghabhair agus é ag fáisceadh air aniar an tseanchóta arís. Faoi cheann tamaill bhig bhí dearmad glan déanta aige ar an scéal, agus é ag déanamh a chuid grinn arís chomh maith le duine.

Poor Widow an chéad chleas eile a thoisigh, agus ba é Pádhraic Chaitlín a thoisigh é. Níor mhór duine a mbeadh guth maith aige ina chomhair seo, agus bhí sin ag Pádhraic Chaitlín mar tá a fhios againn cheana, guth 'chomh binn leis an gcuach.'

Nuair a sheas sé suas chluinfeá biorán ag titim ar an urlár leis an gciúineas a thit ar a raibh sa teach. Chuir sé cúpla mionchasachtach as, dhún a dhá shúil agus bhuail air go bog binn:

'I am a poor widda thit came frum At'lone,
Thit came frum At'lone,
Thit came frum At'lone,
I am a poor widda thit came frum At'lone,
Thit has ne'er a son to marry but one.
O, my son, choose yer own, choose yer own,
choose yer own,

O, my son, choose yer own, choose a good one
or else choose none.'

Nuair a bhí sin ráite aige ghlaoigh sé ar bhuachaill breá slachtmhar dóighiúil a bhí ina shuí thíos in éadan an tí agus gan mórán le rá aige. Las an buachaill mar bhuailfeá paol fola anuas faoin mhullach, agus amach leis i lár an urláir.

Dhearc sé thart air ar feadh tamaill, agus ansin, síos leis go haimhleasc agus rug ar láimh ar chailín spéiriúil a bhí ina suí faoin bhfuinneog; thug amach í, agus chuir ina seasamh lena thaobh í. Mura raibh bualadh bos ann castar leis an gcuingir é.

Thoisigh Pádhraic Chaitlín ar an rann céanna arís, ach amháin gur chuir sé isteach '*daughter*' in áit '*son*', agus nuair a bhí a dheireadh ráite aige sméid ar bhruinneall bhreá bhricíneach, a raibh gruaig bhuírua uirthi, a bhí thíos in aice an dorais. Tháinig sí i láthair go cúthail, agus thug cúpla féachaint thart ar fud an tí, agus cuma uirthi nach raibh a fhios aici i gceart cén duine a bhéarfadh sí amach.

'Gabh anall anseo agus tabhair amach an Gabhar leat, tá sé ag titim ina chodladh,' arsa Séimín Donn.

Tháinig racht gáire ar a raibh sa teach, agus síos leis an gcailín óg go hóghmánta agus thug amach Pádhraic Mháire Bhán.

Bhíothas mar sin go raibh gach buachaill agus cailín dá raibh sa teach ina bhfáinne thart ar an urlár. Ansin cuireadh Antaine Mór ina sheasamh gur 'phós' sé gach lánú dá raibh i láthair.

Nuair a bhí an greann agus an gáire thart tar éis an phósta, cluineadh srannadh as an gcúinne. Céard a bheadh ann ach an Gabhar agus é ina shac codlata. Bhí a cheann tite anuas ar a ucht agus an meigeall fada féasóige a bhí air bhí sé beagnach ag scuabadh an talaimh. Céard a dhéanfadh do Shéimín breá Donn ach an rufa dubh a bhí ag an nGabhar thart ar a hata a bhaint de agus a cheangal thart ar an bhféasóg. Bhí sé ansin go raibh a sháith codailte aige agus gan duine sa teach a bhí in ann corrú le gáire nó gur thuirsigh siad iad féin.

Nuair a dhúisigh an Gabhar bhris an gáire amach arís, agus

ní raibh a fhios aige beirthe beo ná baiste cén t-ábhar grinn a bhí ag an gcomhluadar. D'fhiafraigh sé de Shéimín Donn céard a bhí ar bun ach ní dhearna Séimín ach racht teacht air féin go sílfeá go dtachtfaí é. Agus ní bhfuair an Gabhar amach go raibh an fhéasóg ceangailte go ndeachaigh sé abhaile chuig an mbean ar maidin. Ba bheag nár thit sise as a seasamh nuair a scinn sé uirthi isteach.

'Ara, a Thomáis, a chroí,' ar sise, nuair a tháinig sí chuici féin, 'céard tá ort?'

'Céard tá orm?' arsa Tomás, go searbh, ag breathnú síos air féin. 'Ní fheicimse tada ar aon duine ach ort féin. Cé na rámhaillí atá mar sin ort?'

'Ach breathnaigh ar do chuid féasóige, tá sí ...'

'Mo chuid féasóige?'

'Sea, do chuid féasóige! Cé chuir an ribín uirthi?'

'D'ardaigh sé suas an tortóg fhéasóige lena láimh agus bhreathnaigh go géar í.

'Leá agus lobhadh ortsa, a Shéimín Donn,' arsa an Gabhar, 'is tú a rinne seo. Is fada mé ag éisteacht leis "airí an mhagaidh ag déanamh an mhagaidh," ach ní rachaidh sé seo leat; bainfidh mise deatach go fóill asat.'

★ ★ ★

Cuireadh an Blácach lá anóirthear. Bhí sochraid mhór leis, ach má bhí ní le cumha ina dhiaidh é ach go mba mhór an nuaíocht sochraid tiarna a fheiceáil. Bhí fear amháin ar an mbaile nach ndeachaigh chun an tórraimh ná chun na sochraide. Ba é sin Tadhg Rua. Bó amháin a bhí ag uncail Thaidhg thóg athair an Bhlácaigh í in éiric an chíosa i mbliain an drochshaoil. Fuair an t-uncail agus a bhean agus cúigear páiste bás den ocras. Dúirt gach duine gurbh é an tiarna ba chiontach agus bhí an dearg-ghráin ag Tadhg ar a phórchineál riamh ó shin. Tharla dó a chasachtáil leis an tsochraid agus é ag teacht ón mbaile mór, agus rud nár chuala aon duine riamh roimhe nó ina dhiaidh, ní fhillfeadh sé trí choiscéim na trócaire féin léi.

Is fíor go bhfulaingeann fuil fuil i ngorta ach ní fhulaingeann fuil fuil a ghortú.

XVIII

An rud is annamh is iontach, agus níorbh iontaí le muintir Log an tSearraigh an sneachta dearg ná fómhar maith a bheith acu ar deireadh thiar thall. Tháinig an bhliain go díreach mar bhíodh na seanfhondúirí ag dúil léi, is é sin 'Márta garbh gaothach, Aibreán bog braonach, Bealtaine béalfhliuch, agus fómhar breá grianmhar.' Bhí an saol go maith thairis sin féin ar a lán bealach eile. An té a raibh banbh muice, nó gamhain, nó colpach, nó uan caorach le díol aige, bhí a luach le fáil go maith aige. An t-iasc féin bhí fairsingeacht de ar an margadh thar mar bhíodh, agus é saor dá réir; agus mura raibh rabairne ann bhí réasúntacht ann.

Bhí curaíocht mhaith déanta ag Máire Bhán agus Pádhraic. Bheadh a oiread fataí le spáráil aici agus go dtiocfadh léi cúpla banbh a thógáil, agus bhí ceithre phunta curtha abhaile cheana féin ag Eibhlín as Albain, agus dúil aici, a dúirt sí, trí phunta eile ar a laghad a shábháil idir sin agus Samhain. Bhí píosa breá coirce aici chomh maith agus ar leag fear nó bean súil riamh air, agus é go hard in am a bhainte.

D'iarr sí ar Mhaidhc teacht chuici cúpla lá leis an speal leis an gcoirce a bhaint mar nach raibh a chuid féin inbhainte fós.

Chuirfeadh sí Pádhraic chuige arís ag tógáil ina dhiaidh nuair a bheadh sé ag baint a chodach féin. Duine so-ranna a bhí i Maidhc chuile lá riamh ó rinne slat cóta dó, agus dúirt go mbeadh sé chuici lá arna mhárach.

Bhí an chloch fhaobhair a bhí ag Maidhc briste agus chuir sé Tomás suas go teach Nóra Chrosach ag lorg cloiche. Bhí Nóra agus pota dúilicíní ar an tine aici á mbruith le maorach a dhéanamh díobh nuair a tháinig an gasúr isteach.

'Chuir Maidhc aníos mé faoi dhéin cloch fhaobhair,' arsa an gasúr, 'tá sé ag dul ag spealadh an choirce.'

Chrom Nóra faoin drisiúr ag cuartú na cloiche.

'An bhfuil an bricfeasta caite agaibh chomh luath seo?' ar sise. 'Nach moch a bhí sibh in bhur suí!'

'Tá sinn in éis an bhricfeasta,' arsa an malrach.

'Céard a bhí agaibh ar an mbricfeasta?' ar sise i gcogar, ag teannadh anall leis agus ag meangadh gáire.

'Arán agus tae,' arsa an gasúr.

'An raibh aon ghreim ime agaibh?'

'Ní raibh ach bhí feoil ag Maidhc agus ag Pádhraic.'

'Feoil! Cén sórt feola?'

'Níl a fhios agam.'

Thoisigh Nóra ag machnamh. Feoil ag Máire Bhán agus dúilicíní thíos aicise! Na caiple deiridh ag dul chun tosaigh! 'Agus céard a bhíos agaibh leis an suipéar, a ghrá?'

'Fód móna agus cos Mhama.'

Dhearc sí ar an malrach idir an dá shúil, ach ní raibh aon chuma air go raibh sé ag fonóid ná ag magadh.

Agus ní raibh ach an oiread. Nuair a dúirt Nóra leis an suipéar séard a thuig an gasúr a bhí i gceist an taca a bhíodh leis an mbascaod san oíche nuair nach mbíodh an laimpín lasta. Bhíodh siad ina suí ar an urlár, agus chuireadh an mháthair a cos le ceann den bhascaod agus fód móna leis an gceann eile ionas go mbeadh aghaidh an bhascaoid isteach ar an tine.

B'fhada le Maidhc a bhí an gasúr amuigh, agus ag dul amach chun an ghoirt dó bhuail sé isteach go bhfeiceadh sé céard a bhí ag cur moille air.

Nuair a chuala Nóra traisteal na mbróg ag teacht faoin doras d'aithnigh sí gur strainséara eicínt a bhí ann. Ní thabharfadh sí le rá do na comharsana go mbeadh dúilicíní thíos aici. Thóg sí an pota agus leag sa gclúid é, agus ansin shuigh ar a bhéal.

Tháinig Maidhc isteach. Ar an bpointe ar thug sé súil ar Nóra thuig sé go maith an rud a tharla agus dúirt sé ina intinn féin go mbeadh paiste grinn aige.

Chuir Nóra fuarfháilte roimhe ach níor iarr air suí. Gí nach raibh sé ach tar éis a phíopa a bheith caite aige tharraing sé amach arís é, agus rug ar aithinne leis an tlú. Ní raibh uaidh ach leithscéal eicínt le moill a dhéanamh.

Bhuail air ag séideadh an aithinne, agus cuma air nach raibh aon deifir mhór air. Le gach séid dá gcuireadh sé as dhearcadh sé ar an bpota as deireadh a shúl. Thug sé faoi deara go raibh an ghal bhruite ag éalú as, agus d'aithnigh sé ar Nóra nach mbeadh sí in ann a sheasamh i bhfad ní b'fhaide. Bhí sí an-dearg faoina haghaidh agus í á bogadh féin anonn agus anall agus ag corrú gach dara cos mar bheadh duine ann a bheadh ina shuí go míshuaimhneach. Bhí Maidhc ag séideadh agus ag séideadh agus gan focal as.

Bhí Nóra in anchaoi. Nach uirthi a bhí an mí-ádh mór agus an rud a rinne sí. Ach níorbh fhéidir géilleadh anois nó bheadh sí náirithe, agus ní bheadh a ceann le tógáil aici ar fud na háite arís go deo. A Dhia! an mbeadh an píopa dearg aige go deo?

'Puth! puth! puth!' ó Mhaidhc, agus é ag séideadh ar a dheargdhícheall, go sílfeá go bpléascfadh na súile amach as a cheann. Nóra ag bogadaigh mar bheadh cearc a bheadh ina luí ar ál agus a bheadh ag iarraidh na huibheacha a shocrú fúithi! An ghal ag éirí as an bpota!

A Thiarna, nárbh fhada amach óna bhéal a bhí an t-aithinne ag Maidhc. Ní bheadh an píopa dearg go deo aige ar an gcuma sin.

'Puth! Puth-th-th! Puth-th-th-th.'

Faoi dheireadh is faoi dheoidh leis an mbogadaigh anonn is anall a bhí ar Nóra céard a dhéanfadh sí ach titim siar ina mullach grógáin ar chúl a cinn.

Léim Maidhc go dtógadh sé í.

'Fan amach uaim, a bhithiúnaigh, éireoidh mé féin,' arsa Nóra, agus í ag dul le gaoth na gcnoc le rabharta feirge.

'Bia rí ruacan, bia bodach bairneach.

Bia caillí faochóg is í á piocadh lena snáthaid,' arsa Maidhc, go scigiúil, ag breathnú síos sa bpota.

'Thug tú d'éitheach, a shampla shalaigh,' arsa Nóra, á fhreastal, 'ní faochóga atá ann ach dúilicíní – bhí mé síos sa gcladach ar lorg lachan a bhíos ag breith amuigh agus thug mé aníos glaic i mo naprún liom mar nuaíocht. Dá mba faochóga féin a bheadh ann b'fhearr é ná a bheith ag ithe an bhia tur mar ghníos tuilleadh de mhuintir an bhaile.'

Bhí sé dona go leor na dúilicíní a fheiceáil aici ach dá mba faochóga a bheadh ann ní thabharfaí aon leasainm uirthi lena ló arís ach 'cailleach na bhfaochan.'

'Seo, seo, ná caillimis sa gcarthanas é, ar chuma ar bith,'

arsa Maidhc, ag gáire. 'Cá bhfuil an chloch fhaobhair sin atá agat?'

'Tá sí ansin in áit eicínt faoin drisiúr, agus croch leat í.'

Ag dul amach an doras dó ghlaoigh sí air: 'B'fhéidir go n-íosfá cuid acu seo tráthnóna, beidh maorach déanta agam díofa agus iad bruite ar bhraon bainne agam.'

Agus d'ith.

★ ★ ★

Faoi cheann seachtaine bhí coirce Mhaidhc inbhainte. Chuaigh Pádhraic chuige ag tógáil ina dhiaidh agus ó ba rud é nach mbeadh duine amháin in ann coinneáil leis chuaigh sé siar go bhfeiceadh sé an dtiocfadh Micilín Pheait chuige ar lá malairte. Tháinig.

Lá aoibhinn a bhí ann agus ba bhinn leat ceol na speile a chlos agus í ag gearradh a bealaigh tríd an arbhar. Bhí Maidhc agus gan air ach a bhríste agus a léine. Bhí muinéal na léine féin foscailte agus na muinchillí craptha suas le farasbarr fonn oibre. Bhí na gealasaí caite de na guailleacha aige agus crios den arbhar, go díreach mar bheadh crios ann a bheadh ar phunann, bhí sin ceangailte thart faoina lár aige, agus an chuid den chrios a raibh an coirce air ag sileadh anuas thiar. Bríste corda a bhí air agus dhá chnaipe práis thiar ina chúl, agus iad ag spréacharnaigh faoi sholas na gréine le gach casadh dá dtugadh sé dá cholainn, ionas go sílfeá gur dhá shúil a bhí thiar i gcaol a dhroma. Bhí strapa ar leith aige thiar sa mbríste le haghaidh na cloiche faobhair, mar gur thuig Maidhc go maith go raibh a lán den fhírinne i gcaint na Caillí Béara nuair a dúirt sí 'faobhar a bhaineas féar.'

Bhí an triúr ina gcuid allais go maith, bhí an lá chomh te sin; agus ní raibh mórán cainte ann ach amháin gur fhiafraigh Maidhc de Phádhraic uair amháin, agus é ag cur faobhair, an bhfaca sé an cailín úd ar bhuail sé an stócach mar gheall uirthi, riamh ó shin. Dhearg Pádhraic go dtí bun na gcluas, agus dúirt go bhfaca. Chuir Micilín straois gháire air féin, ach smid níor labhair.

Bhí tart mór orthu agus bhí canna sú cátha i gcúinne an

ghoirt, canna a bhí amach le Maidhc ar maidin, agus bhaineadh siad tarraingt as anois is arís. An áit a raibh siad ag obair bhí sé giota maith ón teach, agus nuair a chuaigh an ghrian siar os cionn Acla thoisigh Maidhc ag tabhairt corrshúil siar. Ba ghearr go bhfaca sé toit ag éirí, agus ba chomhartha é sin go raibh an dinnéar ar a ghluaiseacht. Tamall ina dhiaidh sin chonaic sé brat dubh caite suas ar an díon, os cionn an dorais, agus bhí a fhios aige ansin go raibh sé in am acu a bheith ag triall, mar go mb'in é an comhartha go raibh an dinnéar réidh.

Chuir sé an speal i bhfolach ar fhaitíos go mbeadh aon pháiste ag dul an bealach a ghortódh é féin léi, agus thug an triúr aghaidh ar an teach.

Nuair a tháinig Maidhc in aice leis an teach ní raibh cearc ná coileach, lacha ná bardal, gé ná gandal ar an mbaile nach raibh aniar ina dhiaidh. Shílfeá gur mórshiúl d'éanlaith na háite a bhí ar bun. An crios a bhí ar sileadh anuas thiar leis a raibh an tóir acu air. Bhí coileach mór círíneach, a raibh dhá liopa anuas faoina gheolbhach mar bheadh ar choileach francach, bhí sin ina tharbh tána ar na héanlaith. Anois agus arís d'éiríodh sé de léim agus thugadh áladh ar an gcoirce. Corruair d'éiríodh leis gráinne a sciobadh, agus nuair a d'éiríodh thoisíodh air ag gogalaigh agus thugadh an gráinne do chearc mhór phlucach, a raibh céim bhacaíle inti, a bhí ag fanacht ina bhun. Bhain an mórshiúl a lán gáire as na gasúir, ach bhí Maidhc déanta ar rud den tsórt sin agus níor chuir sé aon tsuim ann.

Bhí asal Mhaidhc amuigh i ngarraí bán a bhí ar chúl an tí, agus é ag spaisteoireacht suas agus anuas mar bheadh saighdiúir a bheadh ar garda. Bhí cáil an asail chéanna go fada agus go gearr lena chuid oilbhéis agus ealaíon. Is maith an claí a bheadh ar a iothlainn ag duine nó tharraingeodh an t-asal an chruach. Ba mhinic a bhaineadh sé an bolta de dhoras an sciobóil lena fhiacla; agus dá gcuirtí stáca air ghearrfadh sé an rópa. Ní raibh léamh sna leabhra air lena ghliceas. Tógadh ina pheata é, mar go bhfuair a mháthair bás, agus nuair a bhí sé ina phúicín féin bhí sé chomh domlasta sin go ndeachaigh sé ag troid le hasal eile, nó gur chaill sé leathchluas. Níor tugadh air as sin amach ach 'Cluaisín.'

Nuair a chonaic Cluaisín an mórshiúl i ndiaidh Mhaidhc thuig sé go raibh rud eicínt ar bun. Ní fhaca sé na cearca i ndiaidh aon duine riamh ach duine eicínt a mbeadh rud aige.

Bhí Maidhc crom anuas os cionn an tsrutháin a bhí ar aghaidh an tí, agus é ag ní a lámh nuair a tháinig an t-asal chomh fada leis. Rinne na cearca agus na géabha agus na lachain bealach dó isteach go dtí an coirce, mar go raibh faitíos orthu go seasfadh sé orthu. Ba mhinic cheana a d'fhág sé ala na héagaoine ag cearc, nó ag gé, nó ag lacha, agus ní raibh aon mhuinín acu as.

Chrom sé anuas os cionn Mhaidhc, agus bhuail air ag smúrthacht ar an gcoirce a bhí sa gcrios. Is cosúil gur thaitnigh sé leis, mar nach ndearna sé ceo na fríde ach breith ar an gcrios lena fhiacla agus iarracht a dhéanamh ar an bplaic sin a thabhairt leis. Ach ní thug. Bhí an crios láidir, agus i leaba é a bhriseadh ba é an chaoi ar ardaigh sé Maidhc leis. Nuair a chonaic an t-asal nach dtáinig leis an phlaic a thabhairt leis lig sé amach a ghreim, tar éis cúpla croitheadh a bhaint as, agus cén áit a dtitfeadh Maidhc ach amach sa sruthán ar a bhéal is ar a fhiacla, agus bhí sé bog báite nuair a d'éirigh sé. Ní dhearna an t-asal ach a ruball a chur san aer agus cuach a chur as, agus as go brách leis suas ar fud na bhfálta chomh maith géar in Éirinn is a bhí ann cos a tharraingt.

Tráthnóna nuair a bhí an lá istigh acu agus iad ina suí ag an mbord ag caitheamh braon tae dóibh féin cé a bhuailfeadh isteach ach Séimín Donn. Níor airigh siad ag teacht faoin doras é nó gur mhothaigh siad torann a chos ar an urlár, mar go raibh sé cosnochta mar ba ghnás leis.

'Murab agaibh atá an só súilíneach,' ar seisean, ag teacht aníos an t-urlár dó, 'ag ól tae an tráth seo de lá, agus daoine eile nach mblaiseann aon striog de ach lán béil ar maidin ...'

'Suigh isteach, a Shéamais, agus ól cupa linn, ó chas Dia isteach thú. Tá faitíos orm gur ar dheireadh an bhia a rugadh thú, ach mar sin féin beidh do sháith sa taephota.'

'Ara, nár chuala mé go ndearna an t-asal "sac salainn" inniu leat, a Mhaidhc,' arsa Séimín agus é ag meascadh an tae dó féin. 'Chuala mé gur bheag nár bháigh sé sa tsruthán thú agus ...'

'Labhair ar an diabhal agus tiocfaidh sé,' arsa Maidhc, nuair a chonaic sé an t-asal ag dul thart leis an bhfuinneog.

Isteach leis an asal ar fud na bhfud i lár an urláir agus thoisigh air ar na harrúintí agus ar an asarlaíocht ab aistí dá bhfaca súil duine riamh. Ar dtús d'éirigh sé suas ar a dhá chois deiridh mar dhéanfadh mada. Ansin tháinig thart trí nó ceathair de chuarta ar an urlár, mar a dúirt Séimín Donn: 'go sílfeá gur ag gabháil ag damhsa *half-set* a bhí sé.' Ansin tháinig aníos go dtí an tine agus thoisigh ag caochadh na súl mar bheadh duine ann, nó gur shíl Séimín gur air féin a bhí sé ag caochadh agus gur thug léim le heagla as an áit a raibh sé, agus go ndeachaigh isteach sa gclúid taobh thuas de shean-Neansóg, a bhí ina suí in aice an bhaic.

'Caithfidh sé go bhfuil rud eicínt ar an asal,' arsa an tseanbhean, ag éirí agus ag dul síos ar an urlár. Ach ba é luas na gcos a thug ar ais arís chun na tine í, mar gur éirigh an t-asal arís ar a dhá chois deiridh, agus thug a aghaidh aníos ar an tseanbhean, go sílfeá gurbh é an rud a bhí faoi barróg a chur uirthi thart faoina muinéal, mar dhéanfadh duine, agus a pógadh.

'Fíor na croiche céasta orainn,' arsa sean-Neansóg, ag déanamh comhartha na croiche ar a baithis go deabhóideach lena hordóg, 'tá an t-asal sin as a chéill. Caithfidh sé gurbh é sin an rud a bhí air inniu nuair a rinne sé an cleas a rinne sé.'

'Caithfidh sé gur daigh atá air,' arsa Maidhc ag éirí agus ag dul síos chuige, agus leis sin féin chaith an t-asal é féin faoin urlár, agus bhí sínte ansin ó chluais go ruball gan cor ná car as ach amháin go raibh ga seá ann agus é ag caochadh na súl.

'Cuirfidh mé geall gur spang a buaileadh air,' arsa Séimín Donn. 'Ba mhaith an ceart deoch de na saigheadanna a thabhairt dó.'

'Ba cheart deoch díofa a thabhairt duitse,' arsa Micilín. 'Cé a chuala riamh caitheamh saighead a bheith ar asal?'

'B'fhéidir gur péistí atá air,' arsa Pádhraic. 'Dá mbeadh sean-Mháirtín istigh tá a fhios aige an dóigh le snaidhm na bpéistí a dhéanamh.'

'Daigh fhiacail atá air, b'fhéidir,' arsa Séimín Donn, ag magadh.

'Is mó is cosúla le daigh imleacáin é,' arsa sean-Neansóg, go searbh.

Tháinig sean-Mháirtín isteach nuair a cuireadh fios air, ach dá mbeadh sé ag déanamh snaidhm na bpéistí go dtigeadh an lá inné ar ais ba bheag an mhaith é; ag dul chun donachta a bhí an t-asal i leaba a bheith ag fáil bhisigh. Bhí sé sínte ansin maol marbh, agus go sílfeadh duine nach mairfeadh sé uair an chloig dá mbeadh an domhan ag dul taobh leis mar asal.

Chruinnigh na comharsana isteach. Is beag an rud a chruinneos isteach slua in áit a bhfuil a fhios ag gach duine céard a bhíos ag gach duine eile ar a bhéile. Tar éis tamaill d'éirigh siad as a bheith ag caint ar an asal agus thoisigh orthu ag caint anonn is anall ar rudaí eile.

'An ndearna tú aon bhraon poitín le tamall?' arsa Tadhg Rua le Maidhc.

'Dheamhan striog le fada an lá, ach tá glaic bhraiche agam amuigh i ngarraí na gcruach agus ba cheart di a bheith réidh lá ar bith feasta; chugainn leat amach go bhfeicimid cén bhail atá uirthi.'

Ar dhul amach dóibh fuair siad an bairille a raibh an bhraich ann agus an clár bainte de, gí go mbíodh carraig mhór chloiche leagtha air. Nuair a dhearc Maidhc síos ann thug sé faoi deara go raibh rud eicínt aige ó chuir sé ann é.

'Dar fia! Bhí rud eicínt á ithe seo ó chuir mé anseo é,' ar seisean; 'tá go leor de imithe.'

'Fainic an é seo a d'ól an t-asal,' arsa Tadhg Rua. 'Más ea is ar meisce atá sé.'

Stán Maidhc agus thoisigh ag machnamh. 'Dar a bhfuil de ghabhair ar Néifinn,' ar seisean, 'b'fhéidir go bhfuil an ceart agat. Isteach linn go bhfeicimid an bhfaighimid lorg na braiche ar a smut.'

Bhreathnaíodar ar smut an asail. Bhí an ceart ag Tadhg Rua. Níor bhréag an fhírinne. Bhí na comharthaí ar bhéal an asail. Ní daigh ná piasta a bhí ag cur as dó ach é a bheith ar deargmheisce!

Ar maidin lá arna mhárach bhí an t-asal ina sheanléim arís ach amháin go raibh rian na ragairne ar a dhá shúil. Shílfeá gur ag caoineadh a sheanaithreacha a chaith sé an oíche leis an dá shruth uisce a bhí anuas ar a dhá leiceann.

Ní túisce a foscladh an doras ar maidin ná ba mhaith an coisí é ag tarraingt ar an sruthán agus bhí ag ól nó go raibh sé i gcruth pléascadh.

'Leigheas an phótaire – ól arís,' arsa Maidhc, agus é ina sheasamh sa doras agus a dhá láimh i bpócaí a bhríste aige.

Ba é a raibh ann go raibh Maidhc ina bhruíon chaorthainn ag Séimín Donn as sin suas, gach áit dá bhfeiceadh sé é ar aonach nó ar mhargadh ag fiafraí de os comhair a mbíodh ag éisteacht: 'ar thóg an t-asal an *pledge* go fóill?'

XIX

'Chugainn leat amach údaí go dtí an dumhaigh; chuala mé go raibh sí líonta le piseán,' arsa Pádhraic le Micilín Pheait, Domhnach amháin tar éis an dinnéir. 'Deir siad liom go bhfuil an dumhaigh beo beathach le coiníní chomh maith, agus b'fhéidir go bhfaighimis cúpla ceann.'

'Dheamhan a miste liom,' arsa Micilín, 'ach caithfidh tú fanacht go dtuga mé isteach glaic mhóna i gcomhair na hoíche,' ag breith ar chliabh agus á chrochadh air agus ag bualadh air ag feadaíl. D'ardaigh Pádhraic an cliabh air nuair a bhí sé lán.

'Tuige nach bhfuil tú ag tabhairt an mhada leat, a Phádhraic?' arsa Micilín. 'Ar ndóigh ní cheapfaidh tú aon choinín má théann tú amach agus do dhá láimh chomh fada le chéile.'

'Mada!' arsa Pádhraic, ag cromadh ar chloch agus á caitheamh uaidh chomh fada agus b'fhéidir leis. 'Abraimse mada leat. Nach bhfuil a fhios agat nach bhfuil troigh den dumhaigh sin nach bhfuil nimh leagtha inti. An mada a ghabhfas amach fanfaidh sé amuigh.'

'Agus cén chaoi a gceapfaidh tú na coiníní?'

'Foighid ort go fóill, a dhuine. Fan go bhfeice tú é seo, go bhfeice mé céard a déarfas tú leis.'

Chuir sé lámh i bpóca a chasóige agus thóg amach boiscín.

Nuair a fosCladh an boiscín céard a d'fheicfeadh Micilín ann istigh ach stróiméad de phortán mór glas agus é beo beathach.

'Dar fia na coille rua, cá bhfuair tú é sin? Bhí Micilín agus a dhá shúil ag dul amach ar a cheann le hiontas.

'Cá bhfaighinn é ach sa gcladach. Ní shíleann tú go bhfaigheann a leithéid i ndíoga fataí.'

'Agus, ar ndóigh, ní cheapfaidh sé sin coiníní duit!'

Ní dhearna Pádhraic ach gáire a dhéanamh.

'Fan go bhfeice tú leat tuilleadh,' ar seisean, ag cur a láimhe sa bpóca arís agus ag baint amach boiscín a raibh glaic chipíní agus píosa beag de choinneal ann. Bhí Micilín ag breathnú ar na giuirléidí agus iontas na n-iontas air.

'Taispeánfaidh mé anois duit an chaoi le coiníní a mharú,' arsa Pádhraic, ag dul isteach i gcolbh na dumhaí dóibh, nuair a casadh poll coinín orthu.

Chrom Pádhraic anuas ag béal an phoill agus tharraing snáithe fada aníos as póca a bhríste. Cheangail ceann amháin den tsnáithe thart ar an bportán agus choinnigh greim daingean ar an gceann eile é féin. Ansin las sé an giota de choinneal le cipín agus ghreamaigh í de dhroim an phortáin le céir leáite.

Bhí Micilín crom anuas ag breathnú air ar feadh an ama, agus a bhéal ar leathadh le teann iontais.

'Diabhal a leithéid sin a chonaic mé riamh roimhe,' ar seisean, ag croitheadh a chinn go sollúnta.

'Fan ort go fóill anois,' arsa Pádhraic, ag baint de a chóta agus á leagan lena thaobh. 'Beidh greann ar ball ann má tá an coinín ag baile nó is mór atá mise meallta.'

Leis sin leag sé an portán ag béal an phoill agus thug poiteadh dá mhéar dó lena chur ag siúl. Ní túisce a fuair an portán a cháibín saor leis ná siúd isteach sa bpoll é chomh tapaidh agus b'fhéidir leis, agus an choinneal lasta ar a dhroim. Chuir Pádhraic a chóta anuas ar bhéal an phoill ansin agus d'iarr ar Mhicilín greim a choinneáil ar thaobh de.

Bhí an coinín 'ag baile' ceart go leor mar gur chuala Pádhraic an phreabadach istigh. Bhí a sháith iontais air, ní nárbh ionadh, mar choinín, nuair a chonaic sé an solas ag déanamh air isteach, mar nach raibh aon dúil aige le lucht cuarta an tráth sin den lá. Níor thráth dá fhaillí dó é. D'éirigh sé ina sheasamh agus chuaigh siar chomh fada agus b'fhéidir leis sa bpoll. Ní raibh aon mhaith ann. Bhí an rud aisteach úd ag teannadh leis, ag teannadh leis nó go raibh sé beagnach buailte air. Ní raibh aige ach snámh nó bá. D'éirigh sé de chothrom talún agus léim thar an solas. Amach leis ansin chomh teann agus b'fhéidir leis cos a tharraingt. Cén áit a sáfadh sé é féin ach isteach i gcasóg Phádhraic. Bhí a phort seinnte!

Nuair a fuair Pádhraic an coinín gafa tharraing sé amach an portán ar ghreim snáithe agus chuaigh chuig poll eile. Bhí sé mar sin go raibh ceithre cinn de phatairí breátha coinín marbh aige.

Thug sé dhá cheann do Mhicilín agus dhá cheann a choinnigh sé féin. Chuir sé i bhfolach faoi bhiolla gainimh iad go mbeadh siad ag teacht ar ais, agus síos leo ansin go dtí an Biolla Mór mar go mb'ann ab fhairsinge a bhí an piseán le fáil.

'Ach cé a mhúin duit, a Phádhraic, coiníní a mharú ar an gcuma sin? Dar a bhfaca mé de leabhra riamh gurb iontach maith an plean é,' arsa Micilín, agus é go smaointeach.

'Gasúr as Baile Chruaich atá thall ar an Moing Mhór ar cuairt i dteach a uncail a d'inis dom faoi. Deir sé go maraítear na scórtha coinín gach bliain i ndumhaigh Bhaile Chruaich ar an mbealach sin.'

'M'anam féin gur sochrach an chaoi é le béile bia a fháil,' arsa Micilín. 'Tiocfaimid amach arís an Domhnach seo chugainn agus déanfaimid ár.'

Bhí cuid de ghasúir an Bhaile Úir ar an mBiolla Mór ag dul síos dóibh agus nuair a bhí a sáith den phiseán ite acu uilig chaith siad tamall ag caitheamh truslóg sa ngaineamh. Cnaipí a chuir siad amach de gheall agus ba é Pádhraic ab fhaide a chuaigh. Sciorr gasúr amháin de bharr an bhiolla agus níor stop den mhullach grógáin sin go ndeachaigh síos go híochtar an phoill. Shíl siad go raibh sé gortaithe, ach ní raibh pioc air, mar go raibh an gaineamh breá bog.

Rabharta mór a bhí ann agus bhí an lán mara ard go maith agus é díreach ar thob tiontú ag trá.

'Cuirfidh mé geall gur faide a chuirfeas mé sciotar uisce ná thú,' arsa Pádhraic ag breith ar leacóg chloiche agus á cur ag rince ar uachtar an uisce.

'Bíodh ina gheall,' arsa Micilín, agus chaith siad tamall ansin ag déanamh sciotar uisce nó go raibh an méid leacóg a bhí thart orthu ar an trá caite. Níorbh fhéidir le ceachtar acu a rá cén fear is faide a chuir an sciotar uisce mar go ndeachaigh na leacóga amach as a n-amharc bun barr.

D'éalaigh siad siar le béal na toinne mar sin ag cur thart an ama go dtáinig siad go dtí an Lochán Mór, agus cé a chasfaí orthu ansin ach beirt ghasúr eile agus seanchurach a fuair siad ar a béal fúithi ar an mbruach amuigh ar an lochán acu.

Bhí duine de na gasúir istigh sa gcurach, agus an duine eile á tharraingt suas agus anuas in aice le bord an locháin san áit a raibh sé éadoimhin.

Bhí na gasúir ar thob dul abhaile mar go rabhadar ag éirí tuirseach den spórt, agus d'iarr Pádhraic agus Micilín orthu an curach a fhágáil acu féin agus go gcuirfeadh siad ar bruach í nuair a bheadh siad réidh léi. Níorbh fhearr leis na gasúir eile cleas de ná gan é a bheith de thrioblóid orthu féin an curach a chur ar bruach, agus d'fhág siad ansin í fonnmhar go maith.

Isteach le Pádhraic agus le Micilín sa gcurach agus bhuail orthu ag longadánacht anonn is anall inti ag iarraidh siúl a bhaint aisti mar nach raibh céasla ná cnoga inti. Bhí siad ansin ag gáire agus ag déanamh a gcuid grinn dóibh féin, agus níor chuimhnigh riamh ná níor thug faoi deara go raibh an curach ag éalú amach go réidh leis an ionradh tuile sa gcaol uisce a bhí idir an lochán agus an fharraige. Ba ghearr go raibh an curach i mbéal an chaoil, agus ansin amach léi de sciotán, mar go raibh neart mór leis an sruth. Sula raibh a fhios i gceart ag na gasúir céard a tharla bhí sí amuigh ar dhoimhin na farraige.

Thoisigh siad mar bheadh siad ag iomramh lena gcuid lámh san uisce, ag síleachtáil go dtabharfadh siad an t-árthach chun trá arís, ach bhí sé fánach acu. Cheap siad mar go raibh na tonntracha ag déanamh isteach ar an trá go gcuideodh siad leo an curach a thabhairt isteach, ach bhí neart mór leis an ionradh tuile, mar go mba rabharta mór a bhí ann le lán gealaí, agus scuabadh amach chun na farraige móire iad go han-sciobtha.

Dhearc an bheirt ghasúr ar a chéile. Bhí uamhan agus uafás agus eagla i súile gach duine acu. Bhí Micilín ag dul go léimeadh sé amach leis an scanradh a bhí air, ach rug Pádhraic air agus ní ligfeadh sé dó, mar go raibh a fhios aige nach mbeadh seans ar bith aige an talamh a dhéanamh agus tonntracha ann chomh hard agus bhí.

Bhí an t-achar idir iad agus cladach ag méadú gach nóiméad. Bhí an oíche ag teacht orthu go tapaidh. Agus leis an scéal a dhéanamh ní ba mheasa thoisigh an seanchurach ag déanamh uisce go tréan. Ní raibh duine ná daoine dá ngaire ná dá ngaobhar a bhéarfadh lámh chúnta ná chabhrach dóibh. A Dhia láidir, nár mhór an trua iad ansin faoi thrócaire na dtonn tréan an oíche uaigneach fhómhair sin!

Bhí an t-uisce ag madhmadh isteach go tréan agus gan soitheach ar bith sa gcurach lena taomadh. Bhain Pádhraic de a chuid bróg. Thug sé leathbhróg do Mhicilín agus choinnigh an ceann eile é féin. Bhuail an bheirt acu orthu ag taomadh go raibh siad ina gcuid allais, ach bhí an t-uisce ag teacht isteach chomh tapaidh is bhí siad á chaitheamh amach.

Bhí beochan maith gaoithe ag éirí le linn iad teannadh amach ar dhoimhin na farraige agus thoisigh sé ag éirí an-fhuar. Faoi cheann tamaill bhí sé chomh fuar sin go dtáinig ionglach ar Mhicilín. Bhí a dhá láimh as a mothú, agus céard a dhéanfadh sé, de mhíthapa, leis an anbhá a bhí air, ach an bhróg a raibh sé ag taomadh an churaigh léi a chaitheamh amach sa bhfarraige. Thoisigh sé ag caoineadh le míshásamh nuair a bhí an bhróg caillte aige. Dúirt Pádhraic leis gan a bheith ag caoineadh, mar nach raibh aon leigheas ar an scéal agus d'iarr ar Mhicilín ceann dá chuid bróg féin a bhaint de, agus an bharriall a cheangal thart ar riosta a láimhe ar fhaitíos go gcaithfeadh sé amach í, mar rinne sé leis an mbróig eile. Rinne Pádhraic é féin an cleas céanna leis an mbróig a raibh sé féin ag taomadh léi.

Thit an oíche ar na seachránaithe bochta agus iad á gcarnadh agus á gciapadh ag farraige cháite agus ag fuacht.

D'éirigh an ghealach go glórmhar os cionn na mara ach bhí an iomarca ar a n-airesean le háilleacht na gealaí a thabhairt faoi deara, nó an cosán geal gléigeal ar dhath an airgid a bhí idir iad agus bun na spéire. Chonaic siad soilse idir iad agus léas, mar bheadh siad ar an trá a d'fhág siad, agus thuig siad gurbh iad muintir an bhaile a fuair amach céard a tharla agus a bhí ag faire ag dúil go dtiocfadh siad faoi thír.

Shílfeadh duine ar bith nach ndéanfadh an seanchurach a bealach agus ba é míorúilt Dé féin nár scar sí fúthu leis na tonntracha troma tréana a bhí á treascairt. Tháinig tonn mhór amháin, agus nuair a chonaic Pádhraic ag teacht air í bhí sé cinnte go raibh a chosa nite. Cheapfá le breathnú uirthi ag teacht ort go mba chnoc mór millteach í a mbeadh caipín geal sneachta ar a bharr.

An torann a bhí sí a dhéanamh agus í ag teacht ba chosúil é le torann toirní a bheadh i bhfad uait agus a bheadh ag teannadh in aice leat.

Bhí Pádhraic lánchinnte go slogfadh sí an seanchurach agus iad féin mar shlogfadh ollphéist luchóg, agus dhún sé a dhá shúil agus rinne gníomh croíbhrúite. D'iarr sé ar Mhicilín an rud céanna a dhéanamh, agus d'fhág slán aige. Stop an bheirt den taomadh. Chuir gach duine acu a dhá láimh le chéile agus d'ísligh ar a ghlúine mar bheadh an smaoineamh céanna i gcroí gach duine acu. Is iomaí paidir a chuaigh suas chun Dé le gábh agus le géibheann ó cruthaíodh farraige ar dtús, agus is iomaí ceann a rachas go deireadh an tsaoil; ach ní dheachaigh riamh, ná ní rachaidh go Lá an Bhrátha, aon ghníomh croíbhrúite ba dhúthrachtaí ná ba dhiaganta ná an phaidir a chuaigh suas ón mbeirt ghasúr ar an muir bháite faoi sholas ghlinn na gealaí an oíche uafásach chéanna sin.

Bhuail an tonn an curach. D'airigh na gasúir iad féin ag ardú, ag ardú, ag ardú nó gur shíl siad nárbh fhéidir dul suas ní b'fhaide. Bhí eagla orthu araon súil a fhoscailt, agus bhí siad ag sú isteach a n-anála mar bheadh duine ann a shiúlfadh amach rófhada i loch nó i bhfarraige agus a bheifí a bhaint dá bhoinn. A Thiarna na Trócaire, nárbh fhada an t-achar a sheas an tonn! Ansin d'airigh siad iad féin ag ísliú, ag ísliú arís nó gur shíl siad go raibh siad imithe síos go grinneall. Bhí siad lánchinnte go raibh siad réidh, agus b'iontach leo nach raibh siad ag snámh agus iad san uisce. Ar deireadh rinne Pádhraic misneach. Dhearc sé ina thimpeall. Leath a shúile air. I leaba é a bheith ar ghrinneall na farraige bhí sé ina shuí ar sheas an churaigh agus é go dtína ghorúin in uisce. Bhí an tonn imithe. Ba é Dia féin a tharrthaigh iad.

Labhair sé le Micilín. Ní bhfuair aon fhreagra. Dhearc sé thart. Céard a d'fheicfeadh sé ach é caite ar thóin an churaigh, agus is ar éigean a bhí a bhéal agus a shrón aníos as an uisce. Bhí sé ansin ina chnap i laige agus gan meabhair gan mothú ann.

Dá dhonacht dá raibh an scéal ag Pádhraic roimhe sin bhí sé seacht n-uaire ní ba mheasa ansin aige. Bhí an curach ag líonadh isteach agus í beagnach ag imeacht idir dhá uisce. An mbeadh sé féin in ann a coinneáil taomtha? Chaithfeadh sé iarracht a dhéanamh air ar chuma ar bith. Bhí dóchas láidir as Dia anois aige go dtabharfadh Sé slán iad, nuair nár scuab an tonn mhór úd léi iad. Bhí sé préachta pónáilte, agus é ag greadadh na bhfiacal le teann fuaicht, ach má bhí féin bhí misneach na gcéadta aige.

Bhuail air arís ag taomadh. Níorbh fhéidir leis aon lámh a thabhairt le Micilín. Cér bith seans a bhí acu ba leis an gcurach a choinneáil taomtha é. Dá dtéadh siad go tóin poill bhí sé chomh maith do Mhicilín bás a fháil mar bhí sé le fios a bheith aige go raibh sé á bhá.

Ba ghearr go bhfaca Pádhraic soilse ag déanamh air. Shíl sé i dtosach gur speabhraídí a bhí ag teacht air nó gur dhearc sé ní ba ghéire. Léim a chroí le háthas agus ba bheag nár bhéic sé os ard. Long a bhí ann, agus b'fhéidir go bhfeicfí iad agus go dtógfaí ar bord iad. Nach air a bhí an mí-ádh nach raibh rud ar bith aige a dhéanfadh solas. Bhí cúpla cipín ina phóca, agus an choinneal a bhí aige le haghaidh na gcoiníní bhí sí aige, ach cén mhaith sin, bhí siad fliuch báite!

Bhí an solas ag tarraingt air go tréan. Ba ghearr gur chuala sé torann na n-inneall agus an siúrsán a bhí leis an long agus í ag gearradh na gaoithe agus í ag scoilteadh na dtonn mar bheadh céacht ag scoilteadh tortóg. Bhí sí in aice láimhe an taca sin agus í ag déanamh air caol díreach. Gheit sé. Rud nár chuimhnigh sé cheana air! Cén chaoi a mbeadh an scéal aige dá mbuailtí an long in aghaidh an churaigh? B'iúd í an long mhór mhillteach ag déanamh air agus gan í céad slat uaidh. Bhí éad air le Micilín. Ní aireodh seisean an bás ar chuma ar bith ...

Tógadh an curach ar bharr na toinne a rinne an long amach roimpi. Tháinig sí thart cúpla uair mar thiocfadh corc a chaithfeá amach ar an uisce. Ansin thit sí isteach sa marbhshruth agus thoisigh ag gluaiseacht ar feadh tamaill i ndiaidh na loinge.

Leis an anbhá a bhí air níor fhógair sé ar an long nuair a bhí sí ag dul thart leis. Bhí a sháith ag déanamh imní dó thairis. Ach anois! Sheas sé suas agus bhuail air ag glaoch agus ag béicigh. Bhí sé ag oibriú a chuid lámh timpeall a chinn san aer mar bheadh fear buile ann. Ghlaoigh sé agus bhéic sé nó go ndearna Dia duine dona de. Bhí a scornach i gcruth pléascadh leis an screadaíl a bhí air. Ba bheag an mhaith é. Má chuala aon duine ar an long é, ní thug siad aon aird air. Ní tháinig aon fhreagra ar ais chuige ach an macalla a rinne a ghlór féin a tháinig chuige go huaigneach ar an ngaoth mar bheadh sé ag magadh air, agus scinn an long léi, ar a haistear mar bheadh sinneán den ghaoth Mhárta ann.

Chuimhnigh sé ansin gur mhinic a chuala sé na seandaoine ag cur síos ar na longa sí, agus bhí sé lánchinnte gur ceann acu a bhí ann. Tháinig scanradh air. Thit an lug ar an lag aige, agus dúirt leis féin go raibh sé chomh maith dó tabhairt suas.

Ach is luachmhar é an t-anam ina dhiaidh sin, agus ní luaithe a tháinig an smaoineamh isteach ina cheann ná ruaig sé as arís é, agus tháinig smaoineamh eile lena shála. Ba mhinic a chuala sé sean-Mháirtín – Dia go deo leat, a shean-Mháirtín, nach fada as láthair anois thú – ba mhinic a chuala sé é á rá nár chaill fear an mhisnigh riamh é. Caithfidh sé go raibh sé i dtaca an lae, agus dá n-éiríodh leis righniú go dtigeadh an lá b'fhéidir go dtiocfadh bád trasna air a thógfadh é. Is maith Dia go lá agus ní fearr ná go brách.

Bhuail air ag taomadh arís gí go mb'ar éigean a bhí ann breith ar an mbróig le hionglach. Leis an scéal a dhéanamh ní ba mheasa ná sin bhí sé spalptha leis an tart. A Dhia dá mba fíoruisce an sáile nárbh aoibhinn dó. Ní dhéanfadh sé ach cromadh síos ann agus a bheith ag ól, ag ól go deo nó go ... Ach ní raibh an smaoineamh sin ach ag cur farasbarr tairt air, agus thoisigh sé ag cuimhneamh ar rud eicínt eile.

Chuaigh cailleach dhubh thart os a chionn. Chuala sé an torann uaigneach a rinne sí lena cuid sciathán. Chuir rón aníos a cheann le hais an churaigh beagnach, dhearc go hiontach ar an árthach dubh a bhí ar an uisce, agus síos leis arís ar mhullach a chinn mar chuirfí piléar ann. Shílfeá nach baileach a bhí sé thíos nuair a d'éirigh sé arís fiche slat as an áit a ndeachaigh sé síos agus thug a aghaidh ar an gcurach athuair mar bheadh faoi déanamh amach go cinnte an babhta seo céard a bhí ag cur isteach ar uaigneas na hoíche. Ní hionadh ar bith go n-abrann lucht farraige gurb iad 'an rón, an roc, agus an ronnach na trí rud is luaithe ar na tonna', agus an luas a rinne an rón sin faoin uisce.

Nach éidreorach an feithide an duine! B'iúd é an t-éan gan beann aige ar thuile ná ar thrá; b'iúd é an rón agus go mba é an rud céanna leis cuan agus cladach. Ach an duine! Bhí sé ansin agus gan de chumhacht aige rud ar bith a dhéanamh ach é faoi ghrásta Dé.

Agus na smaointe a rith trí cheann Phádhraic! Chuimhnigh sé ar a mháthair a bhí ina baintreach agus muirín lag uirthi. Chuimhnigh sé ar gach duine de na páistí, agus go mór mór ar Bhrídín. Sea, agus chuimhnigh sé ar Ghráinne, agus ní uair amháin ná dhá uair, ach go mion minic. Chuimhnigh sé ar na comharsana, go mór mór ar Mhaidhc agus ar shean-Mháirtín a raibh gach duine acu ina cheann maith dó, agus a chuir comhairle a leasa air go minic. An bhfeicfeadh sé iad arís go brách?

Súil dá dtug sé thairis chonaic sé go raibh an spéir ag gealadh thoir. Léim a chroí ina lár le neart áthais. Ba ghearr go mbeadh solas an lae aige agus bhí dóchas láidir anois aige go sábhálfaí é.

Chuaigh tamall beag eile thart agus chonaic sé an cosán órbhuí ar an bhfarraige. Bhí an ghrian go díreach ina suí agus níor éirigh riamh ar neach ba mhó a raibh fáilte aige roimpi. Thug sé súil anonn ar Mhicilín. Bhí sé caite ansin gan cor ná cleas ann, agus dath na gcorp air.

Bhí an curach faoin am sin ag imeacht idir dhá uisce, agus ní raibh aon chabhair a bheith á taomadh ní ba mhó. Dhírigh sé a dhroim agus sheas sé suas. Dá mbeadh deoch aige anois bhéarfadh sé ...

'Hóigh!'

A Dhia na bhfeart, glór duine!

Dhearc sé thart. Bhí sin os a chomhair bád iascaireachta a bhí ag tógáil eangach a bhí curtha ó oíche. Bhí ceathrar fear inti agus iontas mór orthu an curach a fheiceáil gan céasla gan maide rámha agus duine aonraic inti an tráth sin de mhaidin.

'Míle moladh leat, a Rí na Glóire,' ar seisean, agus ansin thit i ndiaidh a chúil ar thóin an churaigh agus ní raibh a fhios aige céard a tharla as sin suas.

XX

'Muise b'annamh le Pádhraic a bheith an fad seo amuigh,' arsa Máire Bhán, agus í ag briseadh cúpla fata ar an urlár le haghaidh na gcearc sula dtéadh siad ar an bhfara. 'Seas amuigh ag cois an tí, a Thomáis, go bhfeice tú an bhfuil sé ag teacht.'

Amach le Tomás chomh humhal le taibhse. Suas leis go barr an gharraí agus sheas ar charracán cloch a bhí ann. Dhearc soir agus siar, síos agus suas, gach taobh dá mb'fhéidir le Pádhraic teacht ach b'in a raibh ar a shon aige – ní raibh Pádhraic le feiceáil in áit ar bith. Rith sé isteach agus d'inis sin dá mháthair.

Chuaigh uair an chloig nó mar sin thart. Bhí an clapsholas ag titim. Ní raibh Pádhraic ar fáil.

'Mo choinsias is dar m'anam níl mé saor gan imní a bheith orm i dtaobh Phádhraic,' arsa Máire, ag éirí agus ag bualadh brait anuas faoina bhráid. 'Coinnigh an páiste ón tine, a Thomáis ó, nó go dté mé suas go teach Pheait go bhfeice mé an bhfuil Micilín sa mbaile.'

Ní raibh Micilín sa mbaile ná fios fáirnéise air.

'Bhog an bheirt acu leofa as seo ardtráthnóna,' arsa Peait,

a bhí ina shuí sa gclúid ag caitheamh a phíopa. 'Chonaic mé ag imeacht iad, agus suas díreach a chuaigh siad trasna na bhfálta mar bheadh siad ag déanamh ar choirnéal an bhóithrín. Caithfidh sé gur amach go dtí na dumhacha a thug siad a n-aghaidh, ag baint piseáin nó ag reathaí ar choiníní.'

'Níor dhúirt siad cén t-am a mbeadh siad ar ais?'

'Níor dhúirt, ach thug Micilín isteach móin le haghaidh na hoíche agus b'in cosúlacht nach raibh fúthu a bheith ar ais go luath, cér bith fuadar a bhí fúthu.'

'Dar m'fhocal níl mé saor gan imní a bheith orm,' arsa Máire. 'Ní raibh Pádhraic s'againne chomh mall seo riamh. Chaith mé an oíche aréir ag brionglóidigh ar bháid agus ar bhá agus ar thonntracha móra millteacha. Go sábhála Dia chuile dhuine is ceist orainn.'

'Ó, muise, dheamhan baol ná guais ar cheachtar den chuingir rud ar bith éirí dófa,' arsa Peait, ag brú a ordóige síos i mbéal an phíopa agus ag tarraingt mar bheadh dhá phingin is a phá dó.

Ar theacht ar ais do Mháire shuigh sí síos ag cois na tine. Chuir bos faoina leiceann, agus b'ansin a thoisigh sí ag cuimhneamh i gceart ar an mbrionglóidigh a bhí uirthi an oíche roimhe sin. Bhí sí ag féachaint isteach i lár na gríosaí, agus í ag samhailt pictiúirí bád agus long agus tonntracha di féin inti.

Bhí na páistí ina suí thart ar an teallach. Stop siad den ghleo nuair a chonaic siad an chuma bhuartha mhíshásta a bhí ar an mháthair. Faoi cheann scaithimh tháinig Brídín anall agus shuigh ina hucht. Chuir sí suas a láimhín tar éis tamaill agus thóg anuas lámh na máthar.

'A Mham,' ar sise, 'an dtiocfaidh Pádhraic feasta?' agus chuir puisín uirthi féin ag dul ag caoineadh.

'Ó tiocfaidh sé, a ghrá,' arsa an mháthair, á tarraingt chuici agus á pógadh. 'Tá sé féin agus Micilín Pheait le chéile, agus b'fhéidir gur bhain moill dófa.'

Chuaigh na cearca ar an bhfara. Thit an oíche. Chuaigh uair an chloig thart. Chuaigh dhá uair an chloig thart. Tháinig am suipéir. Tháinig am codlata. Ach ní tháinig Pádhraic.

Bhí Máire Bhán scanraithe go maith faoi seo. Chuir sí brat

ar a bráid arís agus suas léi go teach Pheait athuair. Ní raibh tásc ná tuairisc na ngasúr ann, agus bhí Peait é féin ag éirí leathimníoch.

'Dá mbeadh úsáid na gcos agam féin go maith,' a deir Peait, 'rachainn amach go teach Sheáin Duibh go bhfeicinn an bhfacthas iad ag dul síos go dtí na dumhacha. Tá bean an tí seo ar a cuairt in Áit an Bhaile, i dteach a deirféar, agus ní bheidh sí ar ais go ceann cúpla lá.'

Amach le Máire agus soir léi go teach Mhaidhc faoi dheifir mhór. Bhí Maidhc tar éis teacht dá chuairt, agus cúpla fata agus greim de scadán leagtha ar an mbord roimhe agus é ag dul ag bualadh ar a shuipéar.

Bhí cuma ar Mhaidhc féin go raibh imní air nuair a chuala sé mar bhí an scéal. Ní dhearna ach blaiseadh den bhia nuair a d'éirigh agus chuir air a bhairéad.

'Rachaidh mé amach,' ar seisean, 'go dtí an taobh amuigh den bhaile go bhfeice mé an bhfuil aon tuairisc orthu ann. Beidh mé ar ais le scéala chugat faoi cheann leathuaire.'

'Ó rachaidh mise amach leat,' ar sise. 'Ní bheinn beo le himní dá bhfanainn sa teach.'

D'iarr sí ar Pheait, ag dul thart di, dul síos agus fanacht ag na páistí go dtigeadh sí ar ais, agus níor fhás mórán féir faoina cosa féin ná faoi chosa Mhaidhc nó gur bhain siad an Baile Úr amach.

Chuir siad fáirnéis. Dúirt Taimín Pheadair leo go bhfaca sé Pádhraic agus Micilín agus iad istigh sa gcurach ar an Lochán Mór nuair a d'fhág sé féin iad. Bhí an coineascar ann nuair a d'fhág sé iad. B'in a raibh d'eolas aige, ach ba leor sin.

Nuair a chuala Máire Bhán trácht ar an gcurach thoisigh an olann ag téamh uirthi dáiríre. Báid agus longa agus tonntracha móra! Nár ghéar an bhrionglóideach a bhí uirthi aréir roimhe sin!

Soir leo go dtí an Lochán Mór. Chuaigh cuid de stócaigh na háite leo. Bhí an oíche chomh geal sin go bpiocfá bioráin bheaga ar an trá. Tháinig siad go dtí an áit a mbíodh an seanchurach ar a béal fúithi ar an mbruach. Bhí an curach ar iarraidh!

'Muise, Dia dílis go ndearca air sin,' arsa Máire Bhán, ag fáisceadh a dhá lámh anuas ar a ceann agus ag cur glao chaointe aisti. 'Níor bheag dom m'fhágáil in mo bhaintreach agus gan m'fhágáil gan mo mhac.'

Dhearc an fear abhus ar an bhfear thall. Níor labhair aon duine. Ní raibh rud ar bith ab fhéidir leo a rá. Thuig gach duine céard a thit amach. Ba chrua an croí nach scrúdfadh le Máire Bhán an oíche sin ar thrá uaigneach Log an tSearraigh.

Chuaigh cuid de na stócaigh suas go dtí na tithe agus thug siad anuas aithinneacha. Bhí siad ag dul siar agus aniar, suas agus anuas, ansin ar an trá, agus na haithinneacha crochta acu. Shíl siad go mb'fhéidir go raibh céaslaí agus cnogaí sa gcurach agus go mbeadh na gasúir in ann a mbealach a dhéanamh ar ais chun na trá dá mbeadh an solas acu lena dtreorú. Ní raibh smaoineamh ar bith acu nach amach lena gcuid ábhaillí a chuaigh siad, agus go mb'fhéidir gur rug an sruth orthu agus gur tugadh anonn taobh Dhumha Dhearca iad. Ar deireadh shíl Maidhc go bhfaca sé rud dorcha ag déanamh air ar uachtar an uisce. Chruinnigh siad ar fad thart leis na haithinneacha. Chrom siad. Dhearc siad go géar. Is ea, bhí an rud ann go cinnte. Tháinig sé ní ba ghaire dóibh. Thoisigh sé ag méadú. Ba ghearr go bhfaca siad ar bharr toinne é. Bhí sé chomh mór le curach. B'fhéidir le Rí na Glóire gurbh í an curach a bhí ann. Chrom duine arís. Chrom duine eile. Ba churach a bhí ann! Níorbh ea! Ba ea! Ó, a Dhia, níorbh ea! B'in isteach é agus céard a bheadh ann ach cnap mór cáithleáin ...

Chaith siad formhór na hoíche ag dul siar agus aniar mar sin. Nuair a bhíodh na haithinneacha caite thugtaí aithinneacha eile. Bhí sé an-fhuar ach má bhí níor airigh Máire Bhán an fuacht. Thoisigh sé ag tuile. D'fhan siad ansin go raibh sé tuilte, ag dúil go dtiocfadh an curach isteach leis an ionradh. B'in a raibh ar a shon acu. Ní raibh rud ar bith le feiceáil ag teacht ach na tonntracha geala ag cúrsáil a chéile, ag teacht ina gcosa in airde, agus á spré féin ar an trá uaigneach ag a gcosa.

'Is fearr ag dúil le muir ná ag dúil le cill,' arsa Maidhc, ar deireadh. 'Níl aon chabhair dúinn a bheith ag fanacht anseo níos faide. Caithfidh sé gur anonn ar an taobh thall a cuireadh iad, mar go raibh an chóir leofa, agus beidh siad chugainn anall ar maidin.'

Bhí a fhios ag Máire Bhán go rímhaith nach raibh Maidhc ach ag iarraidh a bheith ag tabhairt misní di féin, agus bhí a fhios ag Maidhc go maith go raibh a fhios aici é, agus ba é an bharúil a bhí aige féin nach bhfeicfí na gasúir beo arís go brách. Ach nár chuma sin – nár bheag an mhaith an t-éadóchas.

Agus thug gach duine den chomhluadar a bhealach abhaile air féin gan smid a labhairt.

XXI

D'fhoscail Pádhraic a shúile go mall. Dhearc sé ina thimpeall. Nárbh é a bhí tuirseach tnáite! Céard a bhí air nárbh fhéidir leis an seomra a fheiceáil i gceart? An codladh a bhí ina shúile? Chuir sé roimhe a lámh a ardú go gcuimleadh sé iad. Ach níorbh fhéidir leis cor nó cleas a chur di, bhí sí mar bheadh luaidhe ann. Cén lá a bhí ann nó cén tráth den lá? Níorbh fhéidir leis déanamh amach dubh bán ná riabhach. An raibh sé tinn nó céard a tharla?

Tar éis tamaill bhí an áit ag éirí ní ba shoiléire. Dhearc sé ní ba ghéire. Níorbh é seo a sheomra féin sa mbaile. Cén áit a raibh sé ar chor ar bith? Teach strainséartha a raibh sé ann, ach cén fáth ar tugadh ann é agus cén chaoi?

Mhothaigh sé torann ar an urlár taobh amuigh de mar chorródh duine. Thug sé iarraidh ar a cheann a thabhairt thart go ndearcadh sé amach. Theip air glan. Bhí an ceann mar bheadh bloc maide ann. Chuala sé an choiscéim éadrom ag teacht go dtí taobh na leapa, ach bhí na fabhraí chomh trom sin go mb'éigean dó a ligean anuas dá cheartainneoin. Chrom an duine anuas os a chionn agus labhair go mín mánla.

'Tá biseach ort, a Phádhraic.'

Cár chuala sé an glór sin cheana? Níorbh é glór a mháthar é agus cén duine eile a bheadh ann? D'fhoscail sé na súile go lag arís agus bhreathnaigh ar an té a labhair. A Dhia, céard a bhí air? Ag brionglóidigh a bhí sé.

Níorbh fhéidir leis a bheith amhlaidh. Chuala sé an glór arís.

'Nach n-aithníonn tú mé, a Phádhraic?'

Gráinne! Gráinne Nig Uidhir!!

'Aith – aithním,' ar seisean go fannlag, 'ach céard a chas anseo thú nó cén áit é seo?'

'Is é seo teach m'uncail,' ar sise. 'Tá mé anseo ar mo chuairt le seachtain. Tugadh thú féin agus buachaill eile isteach as curach a raibh sibh inti ar an bhfarraige ar maidin inniu go moch. Is ar éigean a chreid mé gur tusa a bhí ann nuair a chonaic mé thú.'

Is ea, thoisigh a mheabhair ag teacht ar ais chuige arís. Ba chuimhin leis anois an curach agus an oíche ar an bhfarraige agus an tonn mhór mhillteach agus an long. Ansin tháinig éirí na gréine ina cheann, agus an bád, agus b'in a raibh a fhios aige.

'Cá bhfuil an gasúr eile?' ar seisean, 'nó an maireann sé?'

'Maireann ar éigean. Tá sé amuigh ansin, amuigh i dteach eile, agus tá an dochtúir amuigh aige mar seo. Bhí an dochtúir istigh agatsa ar ball beag. Is measa a bhí an fear eile i bhfad Éireann ná mar bhí tusa, agus bhí faitíos ar an dochtúir nach dtiocfadh sé i dtír, ach deir sé anois go bhfuil sé as contúirt.'

Chuala sí anál trom tomhaiste an ghasúir agus dhearc sí air. Bhí Pádhraic tite ina chodladh, agus mar bheadh aoibh an gháire ar a aghaidh.

Nuair a dhúisigh sé ardtráthnóna ní shílfeá gurbh é an fear céanna é ar chor ar bith, leis an bhfeabhas a tháinig air leis an gcodladh. Nuair a fuair sé amach gur ar an bhFód Dubh a bhí sé bhí sé lánsásta leis féin. Bhí a fhios aige go raibh deirfiúr dá mháthair pósta san áit, agus go dtiocfadh leis dul chun a tíse, é féin agus Micilín, go mbeadh siad in ann an baile a thabhairt orthu féin arís. Chuir sé scéala chuig an aint ar áit bonn.

Ba bheag an mhoill a rinne sí gur tharraing sí air, agus b'uirthi a bhí an t-ionadh agus an t-áthas nuair a chonaic sí é. Chuala muintir an bhaile, ní nárbh ionadh, go bhfuair Micheál Mhéibhe agus a fhoireann beirt ghasúr amuigh i gcurach ar maidin, agus an curach ag imeacht le sruth, ach ní raibh a fhios ag duine ar bith cérbh iad nó cá mb'as iad, mar nach raibh focal den chaint ag ceachtar acu, ná meabhair ná arann iontu thairis sin féin.

'Agus a thaisce go deo,' arsa an aint, 'cén chaoi ar tharla daoibh a bheith amuigh i gcurach mar sin an tráth sin de mhaidin?' ag cromadh anuas air agus ag slíocadh siar a chuid gruaige as a shúile. D'inis sé di.

'Agus cén chaoi a bhfuil an gasúr eile, nó cé hé féin?'

'Deir siad liom go bhfuil sé as contúirt agus in ann suí aniar sa leaba. Tá aithne mhaith agat ar a athair, Peait, tá sé ina chónaí sa doras againn.'

'Mh'ainín go bhfuil, muise,' ar sise, 'agus má tá féin ní hí an drochaithne í. Ach beidh bhur muintir sa mbaile marbh le himní – ní bheidh do mháthair beo chor ar bith – gabhfaidh mé síos abhaile agus cuirfidh mé amach Micheál leis an gcapall le scéala chucu. Amárach má bhíonn tú féin agus an gasúr eile chun mustair is fearr daoibh bualadh síos agus fanacht sa teach s'againne go lige sibh bhur scíth go maith.'

'An gcluin tú?' arsa Pádhraic, ón leaba, ag dul amach an doras di. D'fhill sí ar a sáil.

'Céard é, a ghrá?'

'Gabh i leith,' ar seisean, 'go fóill.'

'Má tá aon phéire bróg thíos ag aon duine de na gasúir,' ar seisean léi, i gcogar, 'cuirim i bpéin Dé ort agus cuir aníos chugam iad. Bheinn bruite le náire dá n-éirínn anseo agus gan agam ach leathbhróg le cur orm,' agus mhínigh sé di an chaoi ar chaill Micilín an bhróg.

'Ó, muise, buíochas do Dhia,' ar sise, ag ardú suas a lámh, 'nach raibh rud ar bith dár gcaill leis ach an bhróg. Beidh péire aníos chugat faoi cheann leathuaire a chuirfeas tú ort nuair a éireos tú.'

★ ★ ★

An tráthnóna céanna sin le titim oíche chonacthas marcach ag teacht aníos ard an bhóthair. Bhí an capall ag baint lasracha as clocha an bhóthair leis an siúl a bhí leis agus é folaithe le cúr agus le hallas. Bhí Máire Bhán ina seasamh sa doras. Níor shuigh sí síos ó aréir roimhe sin, ná níor bhlais greim ná deoch, ná níor shín sí a taobh ar leaba, ach ón tine go dtí an doras, ag breathnú amuigh gach nóiméad ag féachaint an bhfeicfeadh sí duine ag teacht anoir nó aniar le scéala. Ba í an chéad duine í a chonaic an marcach.

'Muise, feicim fear beithígh ag teacht aníos an bóthar,' ar sise, 'agus é ag teacht faoi dheifir mhór. B'fhéidir go mbeadh scéala éigin leis.'

'Dea-scéal ó Dhia chugainn,' arsa sean-Mháirtín, a bhí ina shuí ag cois na tine ag coinneáil comhluadair le Máire Bhán, ag éirí agus ag dul go dtí an doras. Tuilleadh de na comharsana a bhí istigh tamall roimhe sin bhí siad imithe abhaile. Bhí triúr nó ceathrar fear ag cuartú suas ar fud chladach Dhumha Dhearca go bhfeiceadh siad an bhfaigheadh siad aon fháirnéis; agus leis an anbhá a bhí ar gach duine níor chuimhnigh duine ar bith nó go raibh sé ina thráthnóna, teachtaire a chur go dtí stáisiún na ngardaí cuain ar an gCloigeann ag féachaint an bhfaca siad aon árthach ar farraige leis an teileascóp, agus ní raibh an teachtaire a d'imigh ar ais go fóill lena scéala féin nó scéala aon duine eile.

Chuir sean-Mháirtín leathláimh os cionn na súl ag breathnú go géar, agus lig é féin amach ar an maide mór cromóige leis an láimh eile. Ach níorbh fhéidir leis déanamh amach cén taobh a thug an marcach a aghaidh nuair a shroich sé an crosbhóthar.

Bhí na páistí cruinn thart ar an mháthair, agus rian an ghola ar éadan gach duine acu. Brídín bhocht féin, dá óige dá raibh sí, thuig sí an chaoi a raibh an scéal. Bhí greim daingean aici ar sciorta a máthar, a méar ina béal aici, agus meacan inti lena raibh caointe aici ó mhaidin roimhe sin.

'Ó, a Mham, a Mham, tá an capall ag teacht anoir an crosbhóthar,' arsa Antaine, ag léimnigh le corp áthais. 'Nach bhfeiceann tú anois é?'

'Dea-scéal ó Dhia chugainn, a ghrá,' arsa an mháthair, 'más chugainn atá sé ag teacht. Is gaire cabhair Dé ná an doras.'

Bhí an capall ag teacht sna seala babhtaí, agus an marcach ag tiomáint, ag tiomáint, amhail agus dá mba ag dul ag sábháil duine ón gcroch a bheadh sé. Rith mada amach as teach Úna Chatach nuair a chuala sé an torann ag teacht, agus ba bheag nár maraíodh é faoi chosa an chapaill.

Ba ghearr go raibh sé in aice an tí. D'aithnigh Máire Bhán an capall. Bhí a fhios aici agus a dhéine is a bhí an marcach ag tiomáint go dtáinig sé le scéala eicínt, ach an mba dhea-scéala nó drochscéala a bhí leis? B'in í an fhadhb.

Faoi cheann dhá nóiméad bheadh fear an bheithígh buailte leo. Níor ghá di fiafraí. D'aithneodh sí ar a aghaidh céard a bhí le rá aige. A Dhia na Glóire! An dá nóiméad sin ...

Stad an capall. Chaith an marcach é féin anuas. Bhí a aghaidh le feiceáil go soiléir anois. Mac a deirféar a bhí ann. Bhreathnaigh sí go géar air. Bhí aoibh an gháire air ...

Níor ghá a thuilleadh.

XXII

Faoi cheann dhá lá bhí Pádhraic agus Micilín chucu féin mórán chomh maith is bhíodar oíche nó lá riamh. An tríú lá chuaigh siad síos go teach Nóra, an aint, gí gur cuireadh go bog is go crua ar gach duine acu fanacht i mbonn a chos mar bhí siad go ceann seachtaine. Ach bhí sórt feallnáire ar na gasúir a bheith ag fanacht i dtithe strainséartha, agus tithe muinteartha chomh gar sin dóibh.

Bhí sé ag clagarnaigh fearthainne ar feadh na hoíche agus go raibh scaradh oíche is lae ann. Lá arna mhárach ní aithneodh aon duine gur chuir sé striog riamh. Bhí an ghrian ag soilsiú agus gan fiú friota gaoithe ann.

'Chugainn leat amach, a Mhicilín, go mbreathnaí sinn ar an áit thart timpeall,' arsa Pádhraic, ag breith ar scuab agus ag glanadh a chuid bróg. Bhí siad beagáinín beag bídeach róbheag aige, ach ar chuma éigin b'fhearr leis sin, cheap sé, ná iad a bheith rómhór, gí go mba chuma leis seachtain ó shin beag nó mór iad.

'Cén call glanadh atá agat ar na bróga?' arsa Micilín, 'ar ndóigh, ní hé an Domhnach atá agat ann?'

'Ó, murab é féin níl a fhios ag duine cé a chasfaí leis, agus ní hionann a bheith in áit mar seo agus a bheith sa mbaile.'

Amach leo. Nuair a chuaigh siad suas go barr an chnoic a bhí ar chúl an tí sheas siad nó go mbreathnaíodh siad ar an tír thart timpeall. Nárbh álainn an radharc é! Bhí an Fód Dubh agus an t-aigéan ar gach taobh de chomh ciúin le poll móna. Nár mhór an t-athrú a tháinig ar an bhfarraige ón oíche a bhí siadsan ar an seachrán, nuair a shíl siad go slogfadh na tonntracha móra millteacha iad. Ní raibh an leithinis thar mhíle ar leithead, agus í os cionn deich míle ó bhun go barr. Taobh thiar díobh díreach bhí dhá oileán le hais a chéile agus shílfeá gur ollphéist a mbeadh a ceann aníos as an bhfarraige aici agus go mba iad sin a dhá súil. Anonn ar a n-aghaidh bhí Sliabh Mór. É go státúil maorga ina sheasamh ansin faoina chaipín ceomhar mar bheadh fathach mór ann a bheadh ag cosaint Bhéal an Chuain. Giota beag siar aduaidh uathu bhí oileáinín eile nach raibh aon chónaí air. Ba é sin an t-oileán beannaithe, Inis Gluaire, ar ar chaith Naomh Breandán tamall dá shaol.

Leis sin, ar dhearcadh thart dóibh, chonaic siad cailín óg ag déanamh orthu aníos leiceann an chnoic, agus canna ina láimh léi mar bheadh sí ag dul chuig tobar.

D'aithnigh Pádhraic ar an dá luas cé a bhí ann, agus d'airigh sé an fhuil ag rith ní ba thapaí ina chuisleacha, gí nárbh fhéidir leis déanamh amach cén fáth. Níor dhúirt sé tada. Bhí Micilín ag faire. Cheap sé go bhfaca sé an cailín cheana, ach cén áit? Ó, sea, bhí sé aige.

'Dar a bhfuil d'asail ar Mhoing Thalach,' ar seisean, ag cur anonn a láimhe agus ag breith ar ghualainn ar Phádhraic, 'an bhfuil a fhios agat cé hí seo aníos? An cailín ar leag tú an breilleach mór sa dumhaigh an Domhnach úd i ngeall uirthi. Cé hí féin nó cérb as í?'

'Ó, is é teach a huncail a raibh mise ann,' arsa Pádhraic, ag deargadh go bun na gcluas. 'Tá sí ansin ar a cuairt le seachtain.'

Dhún Micilín leathshúil agus chuir sé spleic air féin. Ansin chuimhnigh air féin go tobann agus dhearc síos ar dhá bhróig Phádhraic, a bhí ag soilsiú faoi sholas na gréine. Chuir sé amach an dá phuisín go mall agus chuir fuarfhead as.

'Feicim,' ar seisean, go seanchríonna, ag baint croitheadh as a cheann.

Ba ghearr go raibh Gráinne buailte leo. Síos chuig an tobar a bhí sí ag dul, a dúirt sí, faoi dhéin canna uisce a d'fhágfadh sí istigh i dteach a huncail sula dtéadh sí abhaile … sea, bhí sí ag dul abhaile an tráthnóna céanna – bheadh sí isteach ar charr an phoist. Ní raibh fúithi fanacht ach cúpla lá nuair a tháinig sí i dtoiseach agus b'eo anseo anois lán na seachtaine í. Bhí scéala amach chuici ar maidin le fear an phoist óna máthair, ag iarraidh uirthi dul abhaile. Mharófaí í faoin gcuairt fhada a bhí déanta aici.

Bhí an triúr ag siúl cois ar chois mar seo, agus iad ag déanamh síos ar an tobar. Níorbh é a gháire a sciorr ar Phádhraic nuair a chuala sé í ag rá go raibh sí ag dul abhaile, agus má líomh sé na bróga féin ar maidin níor dhochar é mar go raibh a chroí faoi seo i mbonn a chos.

D'imigh Micilín leis dó féin, ag rá go rachadh sé síos go dtí an cladach ar lorg duilisc. Ní raibh ansin ach leithscéal agus bhí straois gháire air agus é ag imeacht.

Shuigh Gráinne síos ar chnocáinín le hais an tobair. Sheas Pádhraic agus a dhá láimh ina phócaí aige. Níor labhair ceachtar acu. Ba ghearr gur thoisigh Pádhraic ag speachadh an ghainimh le barr a bhróige nuair nach raibh tada le rá aige.

'Ó stop, nó cuirfidh tú salachar san uisce,' arsa Gráinne, 'agus caithfidh mé fanacht nó go dtite sé ar thóin an tobair. Cén lá a bheas tú ag dul abhaile?' ar sise, ag breith ar mhéaróg agus á caitheamh uaithi.

'Níl a fhios agam go fóill. Bhí sé socraithe againn seachtain a chaitheamh anseo ar a laghad.'

'Dá mbeifeá ag dul abhaile inniu thiocfadh leat a bheith ar charr an phoist go dtí Béal an Mhuirthead agus fanacht sa teach s'againne anocht.'

Thoisigh Pádhraic ag machnamh. Nár mhór an mí-ádh a bhí air geallúint go bhfanfadh sé go ceann na seachtaine i dteach an aint … Agus anois dá dtéadh sé abhaile inniu céard a déarfaí? … Agus ansin Micilín … Sea, b'fhearr fanacht.

'Caithfidh sinn fanacht anois go raibh an tseachtain caite ó gheall sinn é, ó tharla go bhfuil scéala acu sa mbaile go bhfuil sinn slán.'

'Tuige nach suíonn tú síos? Tá ceart agat a bheith tuirseach i ndiaidh a bhfuil curtha díot agat,' ar sise, ag teannadh i leathslí ar an gcnocáinín a raibh sí ina suí air agus ag déanamh áite dó.

Shuigh sé síos. Ach níorbh ar an gcnocáinín a raibh Gráinne air a shuigh sé ach ar cheann eile a bhí amach ar a haghaidh. Tháinig mar bheadh cuma ghruama uirthise, ach focal níor labhair sí, agus bhí an bheirt ina dtost go ceann scaithimh. Ba í Gráinne an chéad duine a labhair.

'Ní raibh tú anseo riamh cheana,' ar sise, agus cuma uirthi nach fonn a bhí uirthi rud ar bith ar leith a rá ach amháin leis an gcaint a choinneáil ar siúl.

'Ní raibh, ach tá amharc maith againn ar an áit seo ón mbaile trasna an chuain,' ar seisean, ag breith ar shliogán dúilicín a bhí lena ais agus ag toisiú á bhriseadh ina ghiotaí beaga. 'Agus sinn ag breathnú anall anseo, tráthnóna, go minic, síleann sinn gur síos i lár an bhaile seo a théas an ghrian faoi gach tráthnóna an tráth seo de bhliain. Tuairim Lá Fhéile Eoin bhéarfá an leabhar, agus tú i do sheasamh sa doras s'againne sa mbaile gur síos tríd an teampall Gallda atá ar an nGeata Mór a théas sí; agus dá mba strainséara a bheadh ann nach bhfaca cheana riamh an radharc shílfeadh sé gur trí thine a bheadh an teampall nuair a bhíos an ghrian dearg.'

'Tá tobar beannaithe ansin thíos ag an gcladach,' arsa Gráinne. 'Ba cheart duit turas a thabhairt air sula dté tú abhaile.'

'Is minic a chuala mé trácht air, agus tá cur síos sna leabhra air chomh maith. B'anseo a bhí Clann Lir nuair a baineadh na geasa díofa agus a ligeadh ar ais ina gcruth féin iad arís, agus b'anseo a baisteadh iad; agus b'amuigh in Inis Gluaire a bhí mainistir ag Naomh Breandán an tIomhramhaí a mhair sa séú haois. Creidim gur chuala tú trácht ar na rudaí sin cheana.'

B'éigean do Ghráinne admháil nár chuala, agus bhí sórt náire uirthi faoi go raibh sí chomh haineolach.

Bhuail Pádhraic air agus d'inis sé scéala Chlann Lir di ó thús go deireadh. Nuair a bhí an scéal críochnaithe aige bhí an dá shúil mhóra dhubha lonracha ag dul amach ar a ceann le teann iontais, agus iad líonta le deora.

'Chuala mé go minic gur oileán beannaithe Inis Gluaire,' ar sise, 'agus nach maireann luchóga móra ná luchóga beaga ann, ach ní raibh eolas ar bith eile agam i dtaobh na háite seo. An bhfuil sé i bhfad ó bhí Clann Lir ann?'

'Tá sé ag tarraingt suas ar dhá mhíle bliain.'

'Creidim gur mar gheall ar é a bheith beannaithe a íslíos gach bád dá dtéann thart leis seol d'oileán Inis Gluaire. Is minic a chuala mé m'athair ag trácht air.'

'Sea, is comhartha umhlaíochta agus ómóis é, agus ...'

'An bhfuil sibh ansin go fóill?' arsa Micilín, ag ardú orthu aníos ón gcladach, agus lán a mháma de dhuileasc leis.

'Ó marófar mé,' arsa Gráinne, ag éirí de léim agus ag líonadh an channa. 'Níor airigh mé an t-am ag sleamhnú thart. Sin é ag tuile aniar é.'

Rinne an bheirt ghasúr uainíocht ag iompar an uisce abhaile di. Thoisigh dhá fhaoileán ag marú a chéile le hais an tobair faoin mbruscar fataí a bhí ar thóin an channa.

Nuair a tháinig siad in aice an tí casadh an t-uncail leo ag dul ar lorg Ghráinne. Bhí sí chomh fada sin imithe, a dúirt sé, is go raibh faitíos a sháith air gur síos sa tobar a thit sí i ndiaidh a mullaigh.

Chuaigh Gráinne abhaile an tráthnóna sin. Bhí Pádhraic ina sheasamh sa doras nuair a chonaic sé an carr ag dul thart. Tonn nár chuala sé cheana thoisigh sí ag bualadh go huaigneach mar bheadh sí ag déanamh bróin – brón a fuair freagairt i gcroí Phádhraic.

Dhá lá i ndiaidh an ama sin tháinig cárta poist do Phádhraic. Cárta a raibh cat dubh thiar ar a chúl agus clog agus píosa de ribín faoi mhuinéal an chait. Ní raibh air ach cúpla focal. Ba í Gráinne a chuir chuige é, ag rá go ndeachaigh sí abhaile slán, agus go raibh dúil aici go raibh sé féin agus Micilín ag teacht chucu féin go maith ó d'fhág sí an Fód Dubh. Ba é an chéad chárta poist a fuair sé riamh ina shaol é, agus ní háthas a chuir sé air ach eitreoga – eitreoga aoibhnis. Níor scar sé leis an gcárta riamh, agus ba é a chuir i dtaisce go cúramach é.

XXIII

'Do chéad fá-fáilte, ar ma-maidin; ta-tarraing ar an tine agus suigh.'

Baineadh geit as sean-Mháirtín agus é ag teacht isteach ar a chuairt go teach Mháire Bhán. Tháinig an guth air mar thiocfadh sé as bolg na bó, a bhí ceangailte thíos in éadan an tí. Níorbh é guth Mháire Bhán é mar nach raibh sise briotach, agus thairis sin féin bhíodh sé chomh minic sin isteach is amach ar a chuairt i rith an lae agus nach mbactaí le fáilte a chur roimhe. Ní gnás fáilte a chur roimh dhuine ach amháin an té nach bhfeictear ach go hannamh.

'Cé seo agam ann?' arsa sean-Mháirtín, ag cur suas na láimhe os cionn na súl, agus ag breathnú síos ar an mbean a bhí ag bleán na bó. 'Bail ó Dhia ort.'

'Mi-mise,' arsa Sílín Bhairbre, ag cur amach a cinn ón áit a raibh sé buailte suas aici in aghaidh na bó, agus í ina suí ar stóilín. 'T-tá b-bean an t-tí imithe anonn ag cuil-cuilteáil go teach A-Aindriais, agus tháinig mé is-isteach go mblínn an bh-bhó di.'

'Ó, tá duine riamh ag déanamh gar comharsan,' arsa sean-Mháirtín, ag suí síos agus ag tógáil amach a phíopa agus á dheargadh.

'L-léanscrios ar an mb-mboin má t-tá sí ag t-tabhairt an bhainne d-dom. Aith-aithníonn sí str-strainséartha mé,' arsa Sílín.

'M'anam féin, ó labhair tú air,' arsa sean-Mháirtín, 'gur minic a chuala mé Máire í féin ag rá go gcaithfeadh sí amhrán a ghabháil don bhoin sin i gcónaí le hiomlán an bhainne a fháil uaithi.'

Leis sin buaileann Sílín uirthi:

'N-nach th-thiar anseo in Inis B-bó Báine
T-tá t-teach ag mo mháithrín ...'

'M'anam do Dhia is do Mh-Mhuire tá mé marbh aici,' ar sise ina seanbhéic, agus leis sin buaileadh de thuairt í féin agus an stóilín in aghaidh an bhalla.

'Gairim agus coisricim thú,' arsa sean-Mháirtín, ag éirí chomh tapaidh agus b'fhéidir leis, agus ag dul síos agus ag tógáil Shílín. 'Caithfidh sé gur coimhthíos a chuir an bhó ort.'

Ach níorbh ea ná tada dá shórt. B'amhlaidh a bhí an bhó sin agus cluas mhaith ar cheol aici. Bhí guth binn ag Máire Bhán, agus tháladh an bhó an braon deireanach bainne uirthi i gcónaí agus sámhas uirthi ag éisteacht léi ag gabháil fhoinn.

Ach Sílín bhocht! Níorbh é amháin go raibh sí briotach ach ní raibh aon ghuth aici ach mar bheadh ag préachán, gí nár mhaith do dhuine sin a rá léi. Nuair a thoisigh sí ar an amhrán bhioraigh an bhó an dá chluais. Ansin thug thart an chluas dheas i riocht agus go gcluinfeadh sí i gceart céard a bhí ar bun. Níor thaithnigh léi. Chuir an fonn agus na focla déistin uirthi. Leis sin thóg sí an chos, thug speach do Shílín, agus rinne mullach grógáin di féin is den stóilín in aghaidh an bhalla. Níor lig an faitíos do Shílín dul fúithi ní ba mhó.

Tháinig Pádhraic isteach ón áit a raibh sé ag glanadh suas timpeall an tí, nuair a chuala sé an torann. Níorbh fhéidir leis gan gáire a dhéanamh nuair a hinseadh dó an rud a tharla. Chuaigh sé féin síos agus bhligh sé an bhó, agus thug sí dó an bainne go humhal sásta.

'Nach gcluinim gur cailleadh mada Mhaidhc aréir, a Phádhraic,' arsa sean-Mháirtín. 'Is mór an bhris ar a leithéid de dhuine bocht é – mada breá mar é a bhí chomh críonna le duine.'

'Cailleadh agus b'fhearr leis bó bás a fháil air,' arsa Pádhraic.

'Is mór an chaill dó é, go mba dó féin a hinstear é,' arsa sean-Mháirtín, ag éirí is ag tabhairt aghaidhe ar an doras. 'Ó, muise, nach mé atá ag cailleadh na meabhrach, ag dul amach agus an píopa lasta agam agus tú ag bleán na bó,' ag baint an phíopa as a bhéal agus á mhúchadh lena ordóg.

'Níl aon dochar de-éanta,' arsa Sílín, a bhí ina suí ar chloch an bhaic, 'chuir mi-mise fód ar an t-tine nu-nuair a chonaic mé ag du-dul amach thú agus an pí-píopa lasta agat.'

'Muise, creidim nach bhfuil blas dochair ann, nach bhfuil ann ach pisreoga,' arsa Pádhraic.

'T-tá sinn ag g-g-éisteacht leis chuile lá riamh,' arsa Sílín, 'agus ní ma-maith an rud a bheith ródhá-dhána.'

'Caithfidh sé gur nimh a thóg mada Mhaidhc sa dumhaigh mhór,' arsa Pádhraic. 'Cluinim go bhfuil nimh leagtha inti. Tá Maidhc chomh mór ina dhiaidh agus dá mba dhuine dá ghaolta a bheadh os cionn cláir.'

'Má tá féin ní óbair a thógáil air,' arsa sean-Mháirtín, ag cur a dhroma leis an doras. 'Ba mhaith an charaid dó Cos Dubh. An cuimhneach leat an bhail a thug sé ar an mBlácach Buí? Bhí togha na fola sa mada sin agus má bhí féin ba dhual máthar dó é.'

'Céard a rinne an mháthair? Níor chuala mé cur síos uirthi riamh.'

'An mar sin atá tú? Ag col ceathrar do Mhaidhc istigh i nGleann an Iolra a bhí sí. Lá amháin agus í sínte ar chnocán in aice an tí céard a dhéanfadh iolra mór a bhí ag dul thart os a cionn ach teacht anuas de sciotán agus a crochadh leis. Chuala muintir an tí an míle murdar ag an mada agus nuair a sheas siad sa doras chonaic siad mar tharla. Shíl siad nach bhfeicfí arís go brách í.'

'Agus an dtáinig sí ar ais?'

'Fan leat go fóill go bhfeice tú. Roimh thitim na hoíche céard a shiúlfadh isteach ar an urlár chucu ach an mada agus í brúite batráilte. Lá arna mhárach, duine eicínt a bhí ag dul thart le bun an ailt a raibh nead an iolra ann, céard a gheobhadh sé caite ansin marbh ach an t-iolra agus an píobán stróicthe as.'

'Agus an í an mada a mharaigh é, 'measann tú?'

'Céard eile? Nuair a luigh an t-iolra ar an nead d'ionsaigh an mada é agus chuir cos i bpoll leis.'

'Nach é sin (Cos Dubh) an mada nár thuig aon Bhéarla nuair a tháinig sé chun an bhaile i dtoiseach?'

'An ceann céanna! Is maith is cuimhneach liom an chéad lá a shaighid Maidhc ar bhó é, lá agus sinn ag baint fhataí thuas sa ngarraí ard. Béarla a bhí ar siúl ag Maidhc, agus focal de níor thuig an mada ach amháin gur aithnigh sé ar ghotha Mhaidhc go raibh sé á dhreasú. Ag éirí ar a dhá chois deiridh a thoisigh sé, agus nuair a sháraigh air ar deireadh bhuail sé air ag teacht thart ag iarraidh breith ar a ruball nó gur chuir sé na fataí a bhí bainte ag Maidhc amach sa díoga.

'Ní raibh sé i bhfad ag foghlaim Béarla, muise, sílim.'

'Béarla! Ní raibh sé dhá mhí ar an mbaile nuair nach bhfeacfadh sé a chluas leat dá labhraítheá aon fhocal Gaeilge leis. Rinneadh a lán grinn ar Mhaidhc ag déanamh amach gur sotalach galánta a bhí Cos Dubh ag éirí. Ach cér bith acu sin de ní measa do Mhaidhc bocht páipéar chúig phunta ná é imeacht uaidh,' arsa sean-Mháirtín.

'Ca-caithfidh Maidhc po-pósadh anois,' arsa Sílín a raibh súil i ndiaidh Mhaidhc aici féin.

'Caithfidh, go díreach, ó dúirt tú é – sin nó mada maith eile a sholáthar,' arsa Pádhraic ag maolgháire agus ag caochadh ar shean-Mháirtín.

D'éirigh Pádhraic agus scaoil ruball na bó, a bhí ceangailte dá hioscaid, thum a ordóg sa mbainne, agus rinne comhartha na croiche ar a gorún, agus aníos leis ar an urlár agus í blite aige.

'Ós ag caint ar phrisreoga é,' arsa sean-Mháirtín, ag filleadh aníos arís agus ag seasamh i lár an urláir, agus é ag maolgháire, 'fan go gcluine tú scéal aisteach a inseos mé duit.

'Bhí fear mór pisreog ar an mbaile seo le linn mise a bheith i mo Bhrian Óg, fear a dtugtaí Micheál Giortach air. Theastaigh uaidh bó mhothais a cheannach, mar go raibh a chuid bó féin ag triomú, agus dúirt sé leis féin go rachadh sé go haonach Bhaingear an t-aonach dár gcionn, agus go gceannódh sé ceann. Chuaigh. Lá Fhéile Michíl a bhí ann, agus bhí sin ann scata breá de bha mothais, agus iad go measartha saor. Shiúil sé thart ar fud an aonaigh tamall, agus é ag margáil, ach ní cheannódh sé bó ar bith a bhí gar do ghamhain ach bó a mbeadh ceirt dearg ar a ruball agus tairne crú sa gceirt.

'Bhí go maith is ní raibh go dona. Ar deireadh nuair a bhí sé ag tarraingt ar am dinnéir,' (tharraing sean-Mháirtín chuige an stól agus shuigh sé síos), 'nuair a bhí sé ag tarraingt amach in aice am dinnéir, mar bhí mé a rá, chuaigh sé suas ag crannfhear mór láidir aníos ó na sléibhte, crannfhear a raibh bó bhreá bhreac leis a raibh adharca cocáilte uirthi. Níor speadóg a bhí inti chor ar bith ach bó chomh feiceálach agus a gheofá in do shiúl lae. Bhí tuairim is ceathrú slaite de fhlainín dearg ar ruball na bó ag fear na sléibhte, agus tairne a dhéanfadh cró-iarann bhí sin sáite sa gceirt. Ba ghearr an mhoill orthu an margadh a dhéanamh, agus nuair a tháinig Micheál Giortach abhaile bhí chuile dhuine a rá go bhfuair sé slad margaidh. Fear amháin a tháinig isteach ag breathnú uirthi bhain sé an cheirt den ruball go bhfeiceadh sé cén chaoi a mbreathnódh an bhó gan í; agus 'measann tú céard a tharla?' arsa sean-Mháirtín, agus tháinig racht gáire air.

'Níl a fhios agam,' arsa Pádhraic. 'B'fhéidir go ndearna sé veiste den fhlainín.'

'Ní hea, ní hea, a bhuachaill,' arsa sean-Mháirtín agus é i lagracha ag gáire, 'ach tháinig an ruball leis ina láimh. Is cosúil gur bhain mada an ruball den bhoin. Tá madaí ann agus tá sé d'fhaisiún acu iad féin a shlingeáil as rubaill bó mar sin. Ar chuma ar bith bhí a fhios ag an té a dhíol í go gcuirfeadh uireasa an rubaill an bhó siar cúpla punt ina luach dá n-aithnítí go raibh sé caillte aici, agus sin é an bob a bhuail sé ar do Mhicheál Giortach. Bhítí ag magadh faoi arís mar gheall air nó gur cailleadh é.'

Rinne a raibh sa teach gáire faoi scéal shean-Mháirtín ach ba é féin ba mhó a bhain greann as.

XXIV

Nuair a tháinig Máire Bhán abhaile ón gcuilteáil le coim na hoíche chuaigh Pádhraic agus Micilín siar go teach Bhríd Rua go mbeadh cluiche cártaí acu. Ba thuras é a bhí ag an sionnach orthu, mar go raibh Tadhg Rua ag déanamh péire pardóg i dteach Bhríd, agus an té a bhíos ag caoladóireacht ní mór dó an teach faoi féin ar fad.

Aniar leo arís go teach Pheait, ach níor lú ar Pheait an sioc ná lucht cártaí a theacht isteach chun a thí, agus chuir sé ruaig ar na gasúir. Shín sé féin ansin sa teallach á bhfaire ar fhaitíos go dtiocfadh siad arís.

Amach leo ansin go teach Nóra Chrosach agus d'iarr cead uirthi dul ag imirt.

'Diabhal cárta a himreofar istigh in mo bhothánsa,' arsa Nóra, 'go dté trí sluaiste an bháis ormsa. Tá sé ríghann agam prascán an bhaile a chruinniú isteach in mo mhullach anseo, ag gleothaíocht agus ag réabadh an tí orm.'

Tar éis fanacht tamall i dteach Nóra tháinig duine isteach le scéala go raibh Peait tite ina chodladh ar an teallach, agus é ag srannadh chomh hard sin go sílfeá go dtabharfadh sé isteach an balla le gach srann.

'Chugainn amach anois,' arsa Micilín. 'Ní dhúiseoidh sé go ham suipéir, agus tig linn bualadh orainn ag imirt.'

Amach leo. Shuigh siad thart ina bhfáinne ar an urlár, ach ní raibh a sáith solais acu ar an tine. Thug Micilín isteach brosna giúsaí a bhí gearrtha ina sliseoga amuigh ag cois an tí. Las sé ceann acu agus cén áit a sáfadh sé an tsliseog agus í lasta ach isteach i ladhar choise an athar, a bhí ina chodladh sa gclúid agus é cosnochta. Ba é sin an 'coinnleoir' a bhí acu. Nuair a dhófadh an tsliseog síos in aice na coise bhainfí amach í agus chuirfí isteach ceann eile, agus iad ag imirt ar a stróic agus gan astu ach cogarnaíl.

Beirt nó triúr de na gasúir nach raibh bealach acu ar imirt, nó nach raibh in ann a gceart a sheasamh chomh maith leis an muintir eile, cheap siad cat Pheait agus thug leo amach ag cois an tí é. Cuireadh duine síos chun an chladaigh agus dúradh leis ceithre shliogán bairneach a thabhairt aníos. Chuaigh duine eile soir go dtí an lúibrín, an áit a raibh seanbhád an Bhlácaigh agus thug anoir sprúille tarra. D'fháisc siad suas na sliogáin bhairneach ar chosa an chait leis an tarra, agus ansin fuair siad seansáspan agus chuir isteach ar a cheann é.

Nuair a bhí gach rud réidh thug siad leo an cat, agus lig isteach faoin bhfuinneog é i seomra Nóra Chrosach. Ní raibh ach trí nó ceathair de thithe ar an mbaile, cé is moite de theach an Bhlácaigh agus de theach na scoile, a raibh urlár clár sna seomraí iontu. Ba cheann acu sin seomra Nóra Chrosach – pinsinéir airm a bhí ina huncail agus ba é a d'fhág an teach aici nuair a bhí sé ag fáil bháis.

Bhí Nóra ag míogarnaigh ag cois na tine nuair a cheap sí gur chuala sí an rud sa seomra. Bhíog sí. Chuir sí cluas uirthi féin! B'iúd arís é. Leis sin léim an cat anuas den bhord agus amach ar an urlár. A leithéid de thuairt! Shílfeá gur tonna meáchain a tháinig anuas ar na clártha. Léim Nóra sa gcoirnéal leis an scanradh. Taibhsí go cinnte! Thoisigh an cat ag siúl ar an urlár. Bhí torann á dhéanamh aige mar bheadh ag beithíoch capaill.

Rug Nóra ar bhuidéal an uisce choisricthe a bhí crochta ar phosta na leapa, agus anonn léi go dtí doras an tseomra. Cá ham ná huair é ach an cat a bheith ag teacht anuas an doras. Ní raibh ceann ar bith le feiceáil air ag an seansáspan. Chuimhnigh Nóra ar na scéalta sí a chluineadh sí ag na seandaoine ag cur síos ar cholainnneacha gan ceann. Chuir an cat sceamh as.

'Bámh!' arsa Nóra, ag ligean uaithi buidéal an uisce choisricthe, agus ag tabhairt an dorais amach uirthi féin. Isteach léi den roiseadh sin go teach Pheait. Níor fhéach sí roimpi, leis an anbhá a bhí uirthi, go ndeachaigh sí isteach agus gur thit sí trasna ar na gasúir a bhí ag imirt. Ní raibh a fhios acusan céard a tharla. Dhúisigh Peait agus d'éirigh. Nuair a dhearc sé síos ar an gcois céard a d'fheicfeadh sé ach an tsliseog giúsaí sa ladhar, agus í lasta ... Ach bhí na gasúir glanta leo agus na cártaí i lár an urláir. Rug Peait orthu agus chaith isteach i lár na gríosaí iad. Ba é an mac bródúil é nuair a chonaic sé an bladhaire a d'éirigh astu ag rith suas an simléar.

XXV

Ní raibh bréag ar bith sna scéalta a bhí ag dul thart i dtaobh Mhaidhc. Thoisigh muintir an bhaile ag séideadh faoi nuair a cailleadh an mada nó gur chuir siad meanmna mná ina cheann. Nárbh fhearr dó pósadh ná obair an tí a bheith air féin agus tabhairt isteach an ghlaicín mhóna agus an bhrosna fataí a bheith air agus a mháthair ag dul in aois? B'fhéidir nach ar mhaithe leis a bhí go leor den mhuintir a bhí á chomhairleachan; ach nár chuma? An chomhairle a luíos le croí duine is í is fearr a thaitníos leis. Go mion minic an té a chuirfeadh lár do leasa romhat b'fhéidir go sílfeá gurbh é do dheargnamha é, ach an té a chuirfeadh i mbealach do bhasctha thú cheapfá gurb é do dhuine é. Ar chuma ar bith ó chuir Maidhc ina cheann ar chor ar bith é ní raibh aon tseasamh leis nó go bpósadh sé.

Ach bhí deacracht bheag amháin sa scéal de bhrí nach féidir pósadh a dhéanamh gan beirt. Bhí tonn mhaith aoise ag Maidhc —bhí sé leathchéad má bhí sé lá – agus gí gurbh é croí na féile é, agus go raibh sé umhal oibleagáideach agus ina chomharsain gharúil, bhí rud eile le rá ina thaobh: nuair a bhí an dathúlacht á roinn bhí Maidhc bocht ar iarraidh. Tá sé ceart go leor ag lucht eagna a bheith ag rá gur dhá dtrian den dathúlacht an gheanúlacht; ach má thugann tú crannfhear leathchéad bliain isteach i dteach a mbeidh spéirbhean aerach i mbéal pósta ann, agus bualadh ort ag déanamh cleamhnais, ní heagnaíocht is fearr a théas síos léi ach óige – óige agus alluaiceacht – agus cá hóbair sin a thógáil uirthi?

Agus níorbh iad sin amháin na lochtaí pearsan a bhí le cur i leith Mhaidhc. Bhí sé mantach – clárfhiacail caillte aige — agus ba mhór an gron ar 'ógfhear' a leithéid in Iorras sa tráth sin. Cinnte ba é an t-asal a bhain an fhiacail as le buille dá cheann, ach nár chuma sin; bhí sí imithe chomh maith agus dá dtarraingtí le pionsúr í. Thairis sin féin bhí cáil Mhaidhc go fada agus go gearr leis an gcaoi a ngreadadh sé smugairle amach ar an mant. Bhéarfá an leabhar gur gasúr a bheadh ag scairdeadh uisce as steallaire le mol a bheadh ann nuair a bheadh an raid cheart air agus ghníodh aos óg an cheantair a lán magaidh air faoi sin. Ní mór a thuiscint gur ar a chúl a ghnítí an magadh, mar go raibh buachaillí ar an mbaile arbh fhéidir le Maidhc a bheith ina athair acu, agus ní ligfeadh an faitíos dóibh dul ag fonóid faoi ar a aghaidh ar eagla go dtabharfadh sé na físeacha dóibh. Ní raibh dearmad déanta acu ar an mbail a thug sé ar an mBlácach.

Ach ná síltear go bhfuil sinn réidh le lochtaí Mhaidhc go fóill. An té a mbíonn an t-ádh air deirtear go mbíonn sé ar a chat is ar a mhada, agus an té a mbíonn an mí-ádh air, deile bíonn sé air i gceart. B'ionann sin ag Maidhc é. Bhí croiméal air a scanródh aon duine beo. Ba chosúil gach ribe de le guaire gréasaí, agus é ina sheasamh amach díreach. Deireadh sean-Mháirtín go minic go gcuireadh sé an seanrón liath i gcuimhne dó nuair a chuireadh seisean a smut aníos as an uisce agus a bhíodh na guairí fada le feiceáil ar gach taobh dá bhéal.

Oíche dhubh dhorcha a bhí inti amach i ndeireadh an fhómhair nuair a bhuail Maidhc amach ag iarraidh mná. Ba é an gnás gan an teach a fhágáil ach le linn na ré dorcha, mar dá bhfeictí triúr nó ceathrar ag imeacht mar sin – deile bíonn cuid de na daoine cabach béalráiteach, agus an rud nach bhfeicfidh siad ní dhéanfaidh sé aon imní dóibh. Agus is iomaí áit a mbeidh ar dhuine dul nach maith leis fios a bheith ag madaí an bhaile air.

Ba iad Tadhg Rua agus Antaine Mór agus Pádhraic Mháire Bhán a thug Maidhc leis ag iarraidh na mná. Níorbh iondúil duine chomh hóg le Pádhraic a thabhairt amach ar ócáid den tsórt sin ach bhí a chiall féin ag Maidhc. Bhí Pádhraic daoineach go maith ar an Tuar Bán. An teach nach raibh gaol aige leis i dtaobh a athar bhí gaol aige leis i dtaobh a mháthar, agus is mór an rud cnaipe maith cúil a bheith ag duine nuair atá sé i dteannta. B'amhlaidh ba mhó an fháilte, b'fhéidir, fear gaoil a bheith i gcuideachta duine, agus dá mba rud é go bhfaightí an t-eiteach féin b'fhéidir go mb'amhlaidh ba shibhialta an freagra. Ina cheann sin is uilig ba stócach Pádhraic a raibh meas mór air ar fud na dúiche – bhí a cháil ar fud an cheantair lena chríonna agus lena fhadcheannaí is bhí sé. Ba stócach é freisin a bhí ina scoláire maith. An té a bhíos gan mórán léinn é féin is mór é a mheas ar an té a mbíonn cothrom de aige. Ceapann sé gur mór an chéim suas air a fheiceáil ina chuideachta. Agus, mar tá a fhios ag gach duine, 'i ndomhan na ndall is rí fear an leathroisc.'

Sea, bhéarfadh Maidhc Pádhraic leis, bíodh thíos, bíodh thuas. Agus thug.

'Cá rachaimid, in ainm Dé?' arsa Tadhg Rua, agus é ag socrú buidéil poitín i ngach póca ar dhá thaobh an chóta. 'An bhfuil bean ar bith in do cheann agat féin, a Mhaidhc?'

'Bhuel, tá – agus níl,' arsa Maidhc. 'Bhí mé ag cuimhneamh

dá dtéimis go teach Thomáis Liam, ar an Tuar Bán, go mba mhaith an rud é. Is daoine measúla muintir Thomáis, daoine a raibh cuid agus costas acu riamh, agus cluinim go bhfuil spré maith le fáil ag an ngearrchaile.'

'Bíodh ann,' arsa Antaine Mór, ag breith ar a bhata. 'Rachaimid ann i dtoiseach.'

Bhí Maidhc ag cuimilt a hata lena mhuinchille agus é ina sheasamh i lár an urláir. Níor thug sé faoi deara, 'i dtoiseach,' ná ní fhaca sé Antaine ag caochadh ar an mbeirt eile. Ach an rud nach bhfuil a fhios ag duine ní chuireann sé aon imní air. Sin só amháin atá ar an saol seo againn.

★ ★ ★

'Go mbeannaí Dia isteach anseo,' arsa Tadhg Rua, ag bualadh isteach i dteach Thomáis Liam, agus an triúr eile aniar lena shála. Mada mór giobach a bhí sínte ar an teallach, d'éirigh sé nuair a chuala sé an glór strainséartha, agus d'ionsaigh sé an ceathrar a tháinig isteach mar bheadh faoi a n-ithe. Shílfeá gurbh é Maidhc ba mhó a raibh sé sa tóir air, agus mura mbeadh go raibh sé d'ádh ar gach duine acu bata bríomhar a bheith leis bheadh cuimhne acu air.

'Go mbeannaí Dia agus Muire dhaoibh, agus bhur gcéad fáilte,' arsa Tomás Liam, ag éirí as an gclúid a raibh sé ina shuí inti agus ag déanamh iarracht ar chosc a chur ar an mada. Thug sé áladh de speach air agus rith an mada leis siar faoin mbord. Luigh sé ansin agus a cheann leagtha anuas ar a dhá chois tosaigh aige, agus corrghnúsacht á chur as aige gach am dá labhradh aon duine de na fir.

Bhí cúpla duine istigh ar a gcuairt agus b'éigean fanacht gur imigh siad sularbh fhéidir leis na strainséirí fáth a dturais a tharraingt anuas.

Ba é Tomás Liam é féin an chéad duine a labhair, nuair a fuair sé lucht na gcuairt glanta leo.

'Is cosúil sibh le daoine a bheadh amuigh ar ócáid,' ar seisean, 'nó an bhfuil dochar fiafraí díbh céard a chas an bealach sibh?'

'Is túisce deoch ná scéal,' arsa Tadhg Rua, ag tarraingt amach buidéil as a phóca agus á leagan ar an mbord. Rug sé ar chupán agus líon amach faslach maith do Thomás agus thoisigh air ag iarraidh na hiníne.

'Bheirim bhur sláinte,' arsa Tomás, ag éirí agus ag caitheamh siar a raibh sa gcupán agus á sheachadadh ar ais ar Mhaidhc. Ansin tharraing a mhuinchille trasna ar a bhéal agus shuigh síos arís.

Líon Tadhg taoscán maith dó féin agus níor fhág fuíoll buille ina dhiaidh á ól dó. Ansin thug a gceart thart don mhuintir eile. Níor ól Pádhraic braon ar bith.

Níor labhair duine ar bith ar feadh tamaill, ná níor chorraigh, ach amháin Maidhc a bhí ag déanamh crosóg sa luaith le bianna an mhaide. Bhí an mada faoin mbord i dtólamh, é ag gnúsacht le gach cor dá gcuireadh Maidhc de, agus a dhá shúil sáite sa gcroiméal aige, shílfeá.

Ar deireadh nuair a shíl Maidhc go raibh uair an chloig caite, agus go raibh an chaint caillte ag a raibh sa teach, d'éirigh Tomás Liam ina sheasamh agus suas leis sa seomra. Bhí an bhean agus an iníon suas chomh luath leis.

Níl a fhios cén chaibidil a bhí thuas acu, ach, tar éis tamaill fhada, anuas leis an triúr acu ar ais. Shuigh Tomás sa gclúid arís agus thoisigh ag deasú na tine leis an tlú. Ar deireadh labhair sé.

'Bhuel,' ar seisean, go díreach chomh sollúnta le breitheamh a bheadh ag dul ag tabhairt breithe báis ar dhuine, 'tá an cailín óg í féin sásta, agus ní chuirfidh mise ná a máthair ina haghaidh. Is í féin a bhfuil a saol amach roimpi le caitheamh, agus bíodh a rogha féin aici.'

D'éirigh Tadhg arís, agus thoisigh ag roinn thart an uisce bheatha nó go raibh an chéad bhuidéal ligthe folamh aige.

D'éirigh an cailín go giústalach agus thoisigh ag déanamh tae, agus í ag portaíocht os íseal di féin.

Socraíodh go rachadh Tomás anonn go Log an tSearraigh lá arna mhárach go mbreathnaíodh sé ar an talamh agus go bhfeiceadh sé an teach agus an t-eallach. Dá mbeadh sé sásta lena bhfeiceadh sé bhí siad leis an gcleamhnas a dhéanamh an Domhnach dár gcionn. D'éirigh an ceathrar le himeacht.

'Nárbh fhearr duit fanacht mar tá tú, a Thaidhg? Is é an gnás anall an taobh seo go bhfanann an buachaill óg "ag faire na mná" go raibh an pósadh déanta.'

Roc Tadhg an t-éadan. Dhearc sé ar an triúr eile. Dhearc sé ar Thomás Liam.

'Tá faitíos orm go bhfuil dearmad ag baint leis an scéal,' arsa Tadhg. 'Is do Mhaidhc a bhí sinn ag iarraidh na mná.'

'É!' arsa Tomás, ag éirí aniar leath bealaigh sa gcathaoir.

'É!' arsa an bhean, á bogadh féin sa gclúid.

'É!' arsa Siobhán, agus lig don túlán titim ar an urlár as a láimh.

'Buf!' arsa an mada, ag éirí, agus ag tabhairt aghaidhe ar Mhaidhc.

'Más mar sin atá cuirfear scéala chugaibh Dé Domhnaigh,' arsa Tomás.

'Is ionann sin agus eiteach,' arsa Antaine Mór, nuair a bhí siad taobh amuigh den tairseach.

'Eiteach glan,' arsa Tadhg Rua.

Níor labhair Maidhc ná Pádhraic.

'Cá rachaimid den chéad bhabhta eile?' arsa Tadhg, nuair a bhí giota siúlta acu. 'Tá sé mall anois agus ní mór dúinn deifir a dhéanamh.'

'Cén áit a mholfá féin?' arsa Maidhc.

'Dá nglacthá mo chomhairle rachfá síos go teach Bhriain Bhacaigh. Tá an cailín buille beag – bhuel, tá sí in aois ciall a bheith aici,' arsa Tadhg, 'agus is í a leithéid is fearr. Agus i dtaobh dathúlachta! Bhuel, ní breáthacht a ghníos brachán ach min.'

'An rachaimid ann?' arsa Antaine, ag tiontú suas cába a chasóige. 'Tá an oíche fuar agus is mithid brostú.'

'Dá mbeinn gan bean go brách na breithe ní phósfainn í,' arsa Maidhc, ag éirí feargach agus ag bualadh buille den mhaide ar thortóg a bhí lena ais. Bhuail leis ar aghaidh. Lean an triúr eile é.

Shocraigh siad ar deireadh, tar éis a lán díospóireachta, go rachadh siad go teach Shéamais Sheáinín den chéad iarraidh eile. Ach ar eagla na heagla chuirfeadh siad an buidéal i bhfolach amuigh sa mbuntsop go mbeadh siad cinnte an mbeadh an bhean le fáil acu nó nach mbeadh. Ní dhéanfadh siad an botún a rinne siad cheana. Bhí buidéal breá biotáille á gcaill leis lena gcuid bundúnachta.

Dhearc siad thart ar fhaitíos go mbeadh aon duine ag faire,

sular chuir siad an buidéal i bhfolach. Ní fhaca siad an bheirt stócach a bhí ina seasamh le hais na cruaiche móna, agus a bhí á bhfaire chomh géar sin agus barúil mhaith acu céard a bhí ar bun.

Bhí muintir an tí ag réiteach le dul a chodladh nuair a tháinig an ceathrar isteach. Ní dhearna siad an oiread moille ann agus a rinne siad sa gcéad teach. Bhí ciall cheannaithe acu faoi sin. D'iarr siad an bhean – do Mhaidhc an babhta seo – agus fuair siad í.

Chuaigh Tadhg amach go dtugadh sé isteach an buidéal. Chuir sé suas a lámh san áit ar shíl sé ar chuir sé é. Ní raibh an buidéal ann. Chuartaigh sé go híseal is go hard, ach ní raibh a thásc ná a thuairisc le fáil. Bhí an buidéal goidte ag duine nó ag daoine eicínt.

Chuaigh Tadhg isteach agus é leamh go maith de féin. D'inis an chaoi a raibh an scéal.

'Amach libh as mo theach, go beo tapaidh,' arsa Séamas Sheáinín, ag dul de léim anonn go dtí an bac agus ag breith ar an tlú. 'Paca cráiteachán sibh. Ní raibh buidéal ar bith agaibh ach ag ligean oraibh féin. Glanaigí libh amach as mo theach go tigh 'n diabhail. Ní bheadh an t-ádh ar áit ar bith a mbuailfeadh bhur leithéidí faoi. Agus tubaiste an tí agus na tíre in bhur gcuid clupaidí libh. Ní chuirfinn suim soip an tséideog a bhaint as duine agaibh.'

Luas na gcos a thug thar tairseach iad. Bhí an tlú sna sála acu an áit ar chaith Séamas Sheáinín leo é. Baineadh truisle as Maidhc leis an driopás a bhí air ag dul amach. Shíl siad go raibh a lámh leonta agus b'éigean dóibh tamall a chaitheamh á tarraingt.

'Cá dtabharfaimid ár n-aghaidh anois?' arsa Tadhg Rua. 'Táimid gan uisce beatha agus tá sé ag éirí antráthach san oíche. Mholfainn éirí aisti anocht mar obair, in ainm Dé agus Mhuire, agus an baile a thabhairt orainn féin go dtige oíche eile.'

'Níl aon dul as againn,' arsa Antaine Mór, ag cromadh síos agus ag ceangal barriall na bróige an áit ar bhris sé í leis an deifir a bhí air ag glanadh amach as teach Shéamais Sheáinín. 'Má thigimid abhaile gan bean beidh sinn inár gceap magaidh ar fud an pharáiste arís go gcaitear an bhliain.

Rachaidh mé féin agus Pádhraic suas go teach Mhicheál fíodóir agus feicfidh sibh féin gur gearr go raibh neart poitín le fáil ... Marbhfháisc ortsa, a Shéamais Sheáinín, mura tú an mac mí-ádhúil. Is minic a chonaic mé an tlú á chaitheamh le duine, le hádh a chur air, nuair a bheadh sé ag dul ag pósadh, ach ...' agus rinne gáire searbh míchéatach.

Moladh an chomhairle go rachadh Antaine Mór agus Pádhraic ar lorg an phoitín, ach gan insint cén fáth a raibh sé ag teastáil. D'fhanfadh an bheirt eile mar a raibh siad go dtigeadh siad ar ais.

Ní raibh siad ceathrú uaire imithe gurbh eo ar ais iad agus an poitín leo. Agus níorbh é an poitín amháin, ach bhí snáithe leonta le Pádhraic ón bhfíodóir agus fáisceadh suas ar ordóg Mhaidhc é ar áit bonn.

'Íorpais nimhe neanta go ndéana an poitín eile do cér bith duine a thug leis é,' arsa Maidhc, agus é ag diúl na hordóige.

'Ach cá rachaimid anois?' arsa Tadhg Rua. 'Sin í an cheist atá le socrú. Mholfainn féin teach Bhriain Bhacaigh, sin nó rachaidh sinn abhaile mar tháinig sinn.'

Tar éis a lán díospóireachta ghéill Maidhc. Thuig sé go mb'fhearr iníon Bhriain féin ná dul abhaile mar tháinig siad.

Bhí iníon Bhriain, Siobhán, rúisc de chrannchailín mór crotach cnámhfhalsa, bhí sí ag coigilt na tine nuair a bhuail siad ar an doras. Lig sí isteach iad agus chuir a hathair ina shuí.

Bhí Siobhán san aois sin a gcuireann mná ciallmhara a súil de chéile, agus b'fhada an lá ó thoisigh sí 'ag dúil leis an doras' ó thús. Ba é barúil na gcomharsan rud ar bith a thiocfadh ach bríste a bheith air go bhfaigheadh sé bean i dteach Bhriain Bhacaigh. Agus ní raibh na comharsana amú go mór. hIarradh an bhean agus fuarthas í.

Mar go raibh deifir ar Mhaidhc leis an bpósadh ceapadh go mb'fhearr an cleamhnas a dhéanamh lom láithreach. Thoisigh Tadhg Rua ag roinn an phoitín. Thug Siobhán isteach gé, agus ba ghearr an mhoill a bhí uirthi nó go raibh sí sa bpota aici.

Bhí máthair Bhriain Bhacaigh ina codladh i leaba na cisteanaí, agus dhúisigh an troimpléasc í. Bhí sí ag dul san aois leanbaí mar go raibh sí ag tarraingt ar chéad bliain ach bhí a ciall féin aici. Nuair a d'airigh sí céard a bhí ar bun, tharraing sí uirthi anuas peiteacót dearg, chuir ceann eile anuas ar a ghuailleacha agus a ceann amuigh ann, agus amach léi agus shuigh ag cois na tine ar an urlár agus a droim leis an mbac.

Ba ghearr an mhoill a bhí ar an suipéar nó go raibh sé réidh agus gur leagadh isteach é. Thoisigh siad ag ithe is ag gearradh.

Bhí sé de mhí-ádh ar Mhaidhc go raibh a chúl le balla. Ní raibh na fiacla go maith aige, agus an ghé sin – caithfidh sé gurbh í an ghé a bhí le Naoi san Airc í! Bhí scian agus gabhlóg ag Maidhc ach ba bheag an mhaith dó iad – b'fhearr dó tua agus pionsúr aige. Ar deireadh b'éigean dó breith ar cheathrúin i gcúl a dhoirn agus féachaint le ceart a bhaint aisti. Ach céard a dhéanfadh an sclamh a raibh sé ag coraíocht leis ach teacht leis gan mhothachtáil, agus buaileadh cúl a chinn in aghaidh an bhalla. Baineadh tuaim as mar bhainfeá as druma.

Ba é an rud a tharla gur mharaigh Siobhán seanghé i leaba gé óige – leis an áthas a bhí uirthi nuair a tháinig fear á hiarraidh rug sí ar an gcéad ghé a casadh uirthi. D'íoc Maidhc as.

Bhí an chailleach sa gclúid agus a dhá súil sáite i Maidhc aici mar bheadh dhá ghimléad ann. Éadach dearg casta thart ar a ceann aici go gcuirfeadh sí Turcach i gcuimhne duit; a smig leagtha ar a dhá glúin; a dhá láimh thart ar a loirgne, agus na méara snaidhmthe ina chéile; an dá ordóg á gcasadh thart ar a chéile aici, tamall í á gcasadh deiseal, tamall eile tuathal. Tugadh gloine den phoitín di, agus ná síl gur ina súil a chuir sí é. D'ól sí siar é mar d'ólfá leamhnacht, agus ligh na puisíní go milis ina dhiaidh. B'ar Phádhraic a bhí fonn an gháire fúithi ach go raibh náire air toisiú.

Bhuail Brian air ag moladh na hiníne. Má b'fhíor do Bhrian, níor tháinig ar an saol ó túsaíodh an domhan, ná ní thiocfaidh chomh fada agus bheas an saol ar suíochán, bean eile leath chomh maith le Siobhán ina bean tí. Bhí sí in ann sníomh agus cardáil agus cniotáil a dhéanamh; b'ait amach is amach an bhean aráin agus abhrais í; ní raibh a sárú le fáil ag cócaireacht (chuimhnigh na fir eile ar an ngé, ach níor dhúirt focal ar eagla na míthapa); agus ba bheag nach mbainfeadh sí im den uisce. Gheall sé an oiread seo bó di, éadaí leapa, iarmhais, agus ollmhaitheas, nó gur shíl Maidhc go raibh sé saibhir go deo.

Thoisigh cailleach na clúide ag cuidiú leis. 'Geall, geall, a mhaoineach,' ar sise, 'dá bhfaightí an pósadh déanta ba deacair a scaoileadh.' Bhrúigh Siobhán a cos ar chos na caillí, ag tabhairt leide di stop, ach ní dhearna an chailleach ach béic a chur aisti agus a rá go raibh a cos briste.

Bhí sé doimhin go maith san oíche nuair a scar an chuideachta le chéile, mar gur ól siad agus gur cheol siad nó go raibh siad tuirseach. Ní ligfeadh Brian Pádhraic abhaile go maidin, mar go raibh sé chomh mall sin, agus bhí dáimh gaoil aige leis thairis sin féin. B'fhéidir, ina theannta sin, gur theastaigh tuilleadh fáirnéise uaidh cén sórt áite a bhí ag Maidhc agus is fearr beagán den ghaol ná mórán den charthanas chuig rud den tsórt sin.

XXVI

Ag dul abhaile do Mhaidhc agus dá bheirt chompánach bhí siad leathshúgach go leor mar go raibh an poitín ag ardú sa gcorraic acu. Ina dhiaidh sin féin, chuir siad an bealach díobh sciobtha go maith, nó go dtáinig siad go teach Thaidhg Rua. Scar Maidhc leo ansin mar go raibh faoi aicearra a dhéanamh trasna na bhfálta – bhí a fhios aige go mbeadh an lán mara istigh roimhe ar an mbóthar, in aice an tí, mar go raibh rabharta ann.

Chaith Tadhg agus Antaine tamall ag cur is ag cúiteamh agus ag croitheadh láimhe – is mó an carthanas a bhíos i ngloine biotáille ná i mbairille bláiche – agus ansin, nuair a bhí Antaine ag imeacht, rud ar bith ní dhéanfadh Tadhg ach dul leis á thionlacan. Bhí tamall eile acu ag cur gaoil agus carthanais ar a chéile, ag doras Antaine, agus nuair a bhí sé in am ag Tadhg dul ar ais ní bheadh Antaine sásta gan dul ar ais leis 'ar fhaitíos aon mhíthapa éirí dó,' a dúirt sé, mar gur mheas sé go raibh Tadhg buille beag thar an gceart le hól. Bhí sé féin lán dá chéill, ní nárbh ionadh. Is mar sin a bhíos i gcónaí.

Bhí an scéal mar sin ag an mbeirt, gach duine acu, nuair a shroicheadh sé a theach féin, ag dul ar ais agus ag fágáil an duine eile sa mbaile, nó gur thoisigh an lá ag gealadh. Ar deireadh agus iad ag doras Antaine Mhóir chuala bean Antaine an clamhas taobh amuigh. D'éirigh sí. Chuir uirthi agus amach léi. Céard a gheobhadh sí ach an bheirt ag croitheadh láimhe lena chéile chomh dúthrachtach sin agus dá mbeadh siad ag scaradh lena chéile go Lá an Bhrátha.

Bhí Antaine ag iarraidh dul ar ais arís le Tadhg, agus nuair a chuala an bhean an chaoi a raibh an scéal níor fhéad sí gan gáire a dhéanamh.

'Seo, seo, isteach leat chun an tí, a sheanamadáin,' ar sise, nach bhfuil sé thar am agat ciall a bheith agat feasta? Is fíor an seanfhocal nach bhfuil amadán ar bith chomh dona leis an seanamadán. Is mion minic a chuala mé trácht ar 'éalacan (thionlacan) na n-óinseach' ach ní fiú biorán é ar ghualainn éalacan na n-amadán. Isteach leat, a deirim, agus bí thusa ag tarraingt abhaile ar do bhothán féin feasta, a Thaidhg.'

Chuaigh Antaine isteach, agus thug Tadhg an baile air féin. Bhí gach duine acu leamh go leor de féin nuair a thug siad faoi deara go raibh sé ina lá geal gléigeal, i leaba a bheith ina oíche mar shíl siad é a bheith.

Ach ní raibh an scéal chomh sonasach sin ag Maidhc. Nuair a d'fhág sé an bheirt eile b'in é an uair a thug sé faoi deara go raibh ceo trom ann, agus ní raibh aon scéal taibhsí dár chuala sé riamh nár thoisigh sé ag cuimhneamh air. Ba mhinic a chuala sé daoine ag cur síos ar an gcaoi ar casadh an diabhal féin le cearrbhach uair go han-mhall san oíche, paca cártaí leis i gcúl a ghlaice, agus slabhra á tharraingt ina dhiaidh aige. Dá gcastaí leis-sean é céard a dhéanfadh sé? B'in é an buille. Bhí an t-ól ag fuarú faoi sin agus bhí an mhisneach ag trá.

Bhí sé ag siúl agus ag síorshiúl nó gur shíl sé gur cheart dó leath an bhaile a bheith siúlta aige, ach ní raibh an teach ar a amharc. Fainic an raibh sé ag dul amú! Chrom sé agus dhearc ina thimpeall. An áit ar shíl sé a bheith níorbh ann a bhí sé ar chor ar bith. B'éigean dó admháil nach raibh a fhios aige cá raibh sé. Bhí sé glan amú istigh i lár an bhaile.

Thiontaigh sé a chasóg air féin. Ceo draíochta a bhí ann b'fhéidir, agus ní bheadh ar dhuine ach ball dá chuid éadaigh a thiontú agus gheobhadh sé an t-eolas ar an bpointe.

Shiúil sé leis tamall eile. B'in a raibh dá bharr aige. Ní raibh a fhios aige ach an oiread le ceartchúl a chinn cén áit a raibh sé nó cén taobh a raibh a aghaidh tugtha. Ba bheag an mhaith dó a chóta a thiontú. Ba chosúil nár cheo draíochta a bhí ann, mar cheap sé, ach ceo doininne.

Agus nárbh air a bhí an t-uaigneas! Níor chuimhin leis é féin a aireachtáil chomh huaigneach sin riamh roimhe ...

A Dhia na Glóire, céard sin?

Torann! Torann slabhra!

Gheit Maidhc. Dhearc i dtreo an torainn, agus bhí ansin ina sheasamh amach díreach ar a aghaidh rud mór agus adharc ag fás suas as a bhaithis. Níorbh fhéidir leis an cholainn a fheiceáil mar gheall ar an gceo, ach bhí an ceann agus an adharc le feiceáil go réidh, mar nach raibh an ceo chomh hard sin.

Thit an trioll ar an treall ag Maidhc bocht. An diabhal a bhí ann go cinnte! Cé eile a bheadh amuigh chomh mall sin, agus adharc air agus slabhra? Ba mhinic a chuala sé go raibh dhá adharc ar an diabhal, ach b'fhéidir go raibh ceann acu caillte aige. Nach iomaí clampar agus contúirt a gcastaí ann é, agus cér dhóichede an Cháisc a bheith ar an Domhnach ná míthapa éirí dó. Dá bhféadadh sé amharc a fháil ar an gcois go bhfeiceadh sé an raibh an ladhar scoilte, ach níor fhéad leis an gceo.

Bhí an fuarallas ag titim de mar seo, lán méaracáin i ngach mónóg de. Na glúine bhí siad ar crith faoi, agus fonn mór orthu a bheith ag cnagadh in aghaidh a chéile. Bhí sé ag greadadh na bhfiacal. Dúirt sé féin arís go raibh an ghruaig ina seasamh ar a cheann. Ghnítí a lán gáire faoi seo, mar go raibh mullach Mhaidhc chomh lom le croí do bhoise.

Torann an tslabhra arís!

Sea, chaithfeadh sé an cheist a chur. Ní raibh aon chaoi eile as nuair a chasfaí an drochrud ar dhuine; agus céard eile ar chuala aon duine riamh slabhra a bheith air ach an drochrud – an t-áibhirseoir féin – fíor na Croiche Céasta orainn.

Ach ansin, an cheist féin! Bhí contúirt ag baint léi. Dá dtéití amú inti bhí réidh; ní ligfí as ball na háite beo duine dá mba ainspiorad a bheadh ann.

B'fhearr dó a rá ina intinn féin i dtoiseach, sula gcuireadh sé í:

'Ceist agam ort, in ainm Dé:
An diabhal nó Críostaí thú nó spiorad?
Más diabhal thú téigh go hifreann;
Más Críostaí thú téigh abhaile;
Más spiorad thú téigh go Flaitheas.'

Sea, bhí sí aige ceart go leor; bhí an méid sin den ádh air, ach ...

An slabhra arís! Agus féach! Céard é sin? Toisíonn an adharc ag casadh thart mar bheadh coileach gaoithe ann. Anois nó riamh:

'Ceist agam ort, in ainm Dé:' arsa Maidhc,
'An diabhal nó Críostaí thú nó spiorad?
Más diabhal thú téigh go Flaitheas;
Más spiorad thú téigh abhaile;
Más Críostaí thú téigh go hifreann.'

Dar fia! Bhí a bhotún déanta aige! Féach céard a bhí sé tar éis a rá. Níor theip an tuathal riamh air. Leis an spaspairt a tháinig air bhí cúl a chainte leis. Más é an diabhal a bhí ann bhí a chnaipe déanta. (Ní hé cnaipe an diabhail atá i gceist ach cnaipe Mhaidhc.)

Leis sin féin chuir cér bith rud a bhí ann glam as, glam a bhéarfadh ba bodhra as coillte, agus thoisigh air – 'Í-Á-Í-Á-Í-Á ...'

Cár chuala Maidhc an bhéic sin cheana? Sea, bhí sé aige. An t-asal s'aige féin a bhí ann ...

Bhí Maidhc i rith an ama ar fad ag teacht thart sa gceo faoi neasacht céad slat dá theach féin, agus ba é an t-asal a bhí ceangailte amuigh ar bacán, agus é ina sheasamh suas ar chnocán, ba é a bhain an scanradh ar fad as. Ba í an chluas an 'adharc.'

Lá arna mhárach nuair a tháinig Pádhraic abhaile agus a hinseadh dó faoi eachtra na hoíche ní thabharfadh sé a aiféala ar dhá phingin go leith nach dtáinig i gcuideachta na cuideachta.

XXVII

Bhí toghadh i gcomhair feisire le bheith sa gceantar go gearrscéalach i ndiaidh an ama sin, agus an bheirt a bhí ag dul isteach ar an áit bhí siad le labhairt ag cruinniú poiblí i nGaoth Sáile an Domhnach dár gcionn. Shílfeá gur brat sneachta a thit i lár na seachtaine, mar nach raibh tom aitinne ná tom driseacha, ná cnádán ná buachalán nach raibh léine gheal amuigh air ionas go mbeadh sí tuartha i gcomhair an Domhnaigh. Dá mba é Séimín Donn féin é bhí a léine amuigh ar thom – an t-aon léine amháin a bhí ina sheilbh – agus é ag dul thart agus a scóig leis. Ba bheag bídeach nach raibh sé gan léine ar bith le haghaidh an chruinnithe, mar, seanbhó Antaine Mhóir, a bhí líonta suas le galra trua, bhí an léine leathite aici nuair a tháinig Séimín uirthi, agus b'aige a bhí an torann agus an tarraingt ag iarraidh a tabhairt leis aniar as a craos. Ba chosúil go raibh muintir na háite ag dúil le lá thar cionn a bheith acu. Bhí a shliocht orthu. Cér bith duine a d'fhanfadh sa mbaile ón Aifreann lá ar bith eile bheadh pobal plúchta ann Dé Domhnaigh.

Ba é Pádhraic a bhí le bheith ina rúnaí ar an gcruinniú, agus bhí sé le labhairt. Ba rud nua do mhuintir na háite duine dá ndream féin a bheith in ann labhairt ag cruinniú poiblí – níor tharla sé cheana riamh – agus chuir siad a dhá oiread suime ann as a ucht sin.

An bheirt a bhí ag dul isteach ar a bheith ina bhfeisirí bhí duine acu, an Brógánach, ar thaobh an *U.I.L.* Ionadaí tiarna talún a bhí sa bhfear eile, agus bhí iontas ar gach duine go bhfaigheadh sé ann féin teacht isteach ar lorg vótaí go dtí áit mar Iorras. B'amaideach an obair dó é. Ach 'a chomhairle féin do mhac Anna, agus ní bhfuair riamh comhairle níos measa.' Mhúinfeadh a shrón féin comhairle dó; bheadh scéala aige air sula mbeadh an Domhnach caite.

Ach ina dhiaidh sin bhí eagla ar a lán go bhfaigheadh ionadaí an tiarna talún isteach. Gáinneardach ab ainm dó, agus bhí sé canta go raibh a lucht leanúna láidir go maith an taobh eile den dúiche. Bhí a lán gaolta aige chomh maith, agus bhí iomrá ag dul thart go raibh neart airgid aige agus go raibh sé ag ceannach vótaí.

Tháinig an Domhnach, agus níorbh é amháin go raibh gach duine sa bparáiste a raibh corrú na crúibe ann, go raibh sin ar an Aifreann, ach bhí siad ann ó na paráistí thart timpeall chomh maith. Bhí buíon cheoil as Béal an Mhuirthead ann agus brat breá glasuaine leo a raibh *The Land for the People and the Road for the Bullocks* air i litreacha móra geala ar thaobh de, agus pictiúr mór de Pharnell ar an taobh eile. Buíon cheoil Ghaoth Sáile féin bhí sí ar an ngairbhéal, agus brat beag a raibh *God Save Ireland* air amach ar a toiseach. Is fíor nach raibh sa mbuíon cheoil ach fideog amháin agus druma mór, ach nár chuma i dtaobh an cheoil ach an torann a dhéanamh. Fear na fideoige bhí cuma air go raibh sé as cleachtadh le fada an lá, ach, ina dhiaidh sin féin, an fear bocht, bhí sé ag séideadh ar a theanndícheall go sílfeá go séidfeadh sé na pluca as féin, agus a dhá shúil dúnta aige le farasbarr dúthrachta.

Sular thoisigh na hóráideacha bhí mórshiúl ag an slua ón séipéal suas go dtí an crosbhóthar agus ar ais arís. Ba í buíon cheoil Ghaoth Sáile a bhí i dtoiseach, agus í ag bualadh *God Save Ireland*, agus bhí buíon cheoil Bhéal an Mhuirthead ar dheireadh an tslua agus *The Wearing of the Green* á bhualadh aici go tréan – leath an tslua ag iarraidh coiscéim a choinneáil leis an gcéad bhuíon agus an leath eile leis an mbuíon deiridh, agus iad ag glaoch agus ag gárthaíl agus ag déanamh gaisce céard nach ndéanfadh siad.

Nuair a shroich siad an crosbhóthar chuaigh fear na fideoige isteach go teach an ósta atá ag an gcoirnéal. Dúirt sé gur theastaigh uaidh an fhideog a fhliuchadh, mar nach raibh an ceol go maith uirthi. Rinne sé dearmad teacht amach, agus b'éigean gluaiseacht ar ais gan é. Bhí daoine ag rá nárbh í an fhideog an t-aon rud amháin a theastaigh uaidh a fhliuchadh. Ach níor airigh mórán imithe é, mar gur chuir fear an druma farasbarr fuinnimh sna buillí agus choinnigh sé beodhas sa siúl.

Thoisigh an cruinniú. Ba é an sagart paráiste a bhí ina chathaoirleach, mar go raibh an sagart eile in aghaidh an *U.I.L.*, agus níor fhág sé fuíoll molta ar an mBrógánach nuair a bhí sé á chur in aithne do na daoine. D'iarr sé ar gach mac máthar dá raibh ag éisteacht leis agus a raibh vóta aige a bheith ar an talamh go moch lá na vótála agus taispeáint do thiarnaí agus do lucht tiardais go raibh a lá imithe in Iorras. Bhí mórbhualadh bos ann, agus ansin d'iarr sé ar Phádhraic na rúin a léamh agus cúpla focal a rá sula dtoisíodh an Brógánach ag cur de.

Nuair a bhí na rúin léite ag Pádhraic, agus é ag dul ag caint, amharc dá dtug sé síos ar an slua cé d'fheicfeadh sé ag faire suas san éadan air agus aoibh an gháire ar a haghaidh ach Gráinne!

Bhain stad dó tamaillín beag, agus dhearg sé chomh dearg leis an aithinne. Níor tháinig an chaint go róréidh chuige go ceann cúpla nóiméad, ach bhí sé mar bheadh duine ann a bheadh briotach. Tháinig eagla ar mhuintir Log an tSearraigh go ndéanfadh sé ceap magaidh de féin, ach tar éis cúpla nóiméad fuair sé an teanga leis go réidh, agus ghríosaigh sé chun na cainte.

Thoisigh an cruinniú ag múscailt; thoisigh an ghárthaíl; caitheadh hataí san aer; agus nuair a bhí sé réidh ní chluinfeá méar i gcluais ann ar feadh chúig nóiméad, leis an mórbhualadh bos agus leis an mbéicigh a bhí ann. Dúirt gach duine gurbh í an óráid ab fhearr a chuala Gaoth Sáile í ó cuireadh an chéad chloch air.

Tháinig an sagart paráiste i láthair arís agus chuir an Brógánach in aithne don chruinniú.

Ní fhaca tú ar sholas do dhá shúl riamh leithéid eile an

Bhrógánaigh, bhí sé chomh héadrom éidreorach sin. Cleiteacháinín caol creapaithe a raibh cuma an anró agus an ocrais air, agus an dá shúil slogtha siar ina cheann. Bhí an dá ioscaid a bhí air chomh caol le dhá bhrionglán, agus ba é an rud a chuirfeadh sé i gcuimhne duit, mar a dúirt duine dá raibh i láthair, tlú a gcuirfí bríste air. Séacla beag suarach seargtha a bhí ann a dtabharfadh cearc mhaith láidir léi ina gob é. Ní raibh ann ach gur chaith Dia an t-anam leis agus gur bhuail Sé sna hioscaidí é.

Bhí sé de mhí-ádh ar mhuintir Iorrais chuile lá riamh gur duine den tsórt seo a chuirtí chucu le toghadh ina fheisire. Ní raibh aon chur ar a son féin iontu, agus bhí a bhail orthu – bhí an drámh orthu go minic. Ba é Seán Réamann a mholadh duine dóibh go síoraí suthain; agus go bhfóire Dia ar fhear ar bith a chuirfeadh ina aghaidh. Agus ní chuirtí isteach i gcomhair Iorrais i gcónaí ach duine nach nglacfaí leis i gceantar ar bith eile. Ba chuma i dtaobh Iorrais, nach ndéanfadh rud ar bith iad?

Leis an scéal a dhéanamh ní ba mheasa, ba thall i Londain Shasana a bhí cónaí ar an mBrógánach, agus níor thuig sé a dhath i dtaobh an cheantair a raibh sé ag dul ar a shon ach an oiread leis an té nár rugadh riamh. Pioc eolais ní raibh aige céard a bhí ag teastáil uathu ná cén áit a raibh an bhróg ag goilleadh orthu. Ach nár chuma sin, nach raibh sé molta ag Seán Réamann agus nárbh in a raibh ag teastáil.

Rinne sé óráid ghearr, agus ní chluinfeá thar chlaí é. Níor chuir duine ar bith isteach air chomh fada agus bhí sé ag caint. Bhí áthas ar gach duine nuair a stad sé. Bhí lagbhualadh bos ann agus ansin chuaigh sé féin agus an sagart isteach go teach an tsagairt.

Ach níorbh in deireadh – b'fhada uaidh é. An greann a dtáinig cuid mhaith de na daoine in aon turas lena fheiceáil bhí sé le toisiú go fóill. Bhí an Gáinneardach agus a lucht leanúna féin – cúpla scór duine a raibh cuma an 'don d'fhiafraí' orthu – bhí siad ag fanacht go mbeadh an chéad chruinniú thart.

Ní fhaca tú aon bheirt riamh ba neamhchosúla le chéile ná an bheirt iarrthóirí. Bodach mór bundúnach bolgshúileach a bhí sa nGáinneardach. Geolbhach mór feola tite aige a chuirfeadh an sprochaille a bhíos ar choileach francach i gcuimhne duit. Dhá phluic mhóra dhearga air a mbainfeadh dealg spíonáin fuil astu. Liobar mór air a raibh leathphunt meáchain ann, agus srón – a leithéid de shrón! Lasfá cipín solais agus gan ach a leagan uirthi bhí sí chomh dearg sin. Ba mhaith an fear cuntais a dhéanfadh amach cén tsuim a chosain sé a dathú mar bhí sí. Bhí bruithlín mór air, agus slabhra óir trasna ar a bhásta. Agus nuair a bhreathnófá sách géar air agus tú tamall maith uaidh, féin, bhéarfá faoi deara faithne mór ag fás air, os cionn na súile clé, mar bheadh adhaircín ann.

Níor thúisce an Brógánach glanta leis ná suas leis an nGáinneardach agus lena dhream féin ar an gclaí. Chuir sé a dhá láimh ina phócaí go sotalach, agus bhuail air bog te gan fiú a hata, féin, a bhaint de.

'Tá mé anseo inniu ...'

'Tá, agus mise,' arsa Séimín Donn, a bhí ina sheasamh istigh ag bun an chlaí, a bhairéad ar a leathspleic air, féasóg mhíosa air, agus é ar mungailt sop cocháin.

Tháinig racht gáire ar a raibh i láthair.

'Dia go deo leat, a Shéamais. Suas leat féin agus déan *speech*,' arsa duine sa gcruinniú.

Shámhaigh an Gáinneardach gur stad an gáire; dhearc ar Shéimín as ruball a shúl ar feadh tamaill, mar bheadh faoi a leagan leis an amharc sin.

'Sea,' ar seisean, 'tá tusa ansin, ach sílim nach bhfuil tú uilig ansin.'

Ba leis an nGáinneardach imirt arís.

'A mhuintir Ghaoth Sáile agus a ...'

'Tá tú ag caint trí do hata,' arsa guth as an gcruinniú.

Dearmad a rinne an Gáinneardach gan an hata a bhaint de ar dtús, ba chosúil, mar gur bhain sé dá cheann é ar an bpointe, agus thug é d'fhear a bhí lena ais le coinneáil dó.

'A mhuintir ...'

'An gcluin tú do dheartháir?'

Asal a bhí ceangailte de ghiall doras siopa thoisigh sé ag béicigh, agus d'fhreagair suas le fiche asal eile é a bhí ina seasamh ina líne síos le hais an bhalla. Bhéarfá an leabhar gur in aon turas amháin a thoisigh siad, agus an macalla a bhí á bhfreagairt aníos ón trá rinne sé an scéal trí huaire ní ba mheasa.

'Ó, muise, deargadh tiaraí oraibh,' arsa seanbhean a bhí sa gcruinniú, agus a lámh ar chúl a cluaise aici ag iarraidh a bheith ag éisteacht leis an gcainteoir, 'deargadh tiaraí oraibh mura mé atá bodhar agaibh.'

Bhí an cruinniú in arraingeacha.

'Fáilte atá siad a chur roimhe,' arsa Séimín Donn, agus áthas a sháith air go bhfuair sé deis a bhuille chomh luath arís.

'Mar bhí mé ag dul a rá, a chairde ...'

'An bhfuil a fhios ag do mháthair gur ligeadh amach thú?'

'Tá a fhios, agus beidh a fhios aici Déardaoin gur cuireadh isteach mé.'

'Isteach i dteach na mbocht,' arsa duine den chruinniú.

'Ní hea, ach i dteach na ngealt,' arsa duine eile.

'Isteach sa bpríosún ba chóir a chur,' arsa an tríú duine.

'Sílim gur mó an tóir atá aige ar dhul isteach go teach an ósta,' arsa an ceathrú duine.

'Déarfá gurb é teach an ósta is mó a bhfuil taithí ag an tsrón air,' arsa fear mór, garbh, láidir as íochtar tíre, agus leis sin buaileadh turnap mór bruite ar an tsrón ar an gcainteoir, agus ní fheicfeá súil ná béal ann leis an gcuma a bhí air. Ní raibh sé in ann labhairt ach ag plubarnaigh mar bheadh duine a sáifí a cheann i soitheach uisce. B'éigean dó stad bun barr den chaint.

Cá ham nó cá huair é ach dhá mhada toisiú ag troid ar cholbh an chruinnithe agus mar bhuailfeá do dhá bhois faoi chéile ní raibh mada, cú, ná gadhar i nGaoth Sáile nár chruinnigh anoir is aniar, agus colg agus faobhar ar gach ainmhí acu. Bhodhródh an tafann duine.

An bheirt a mba leo na madaí chuaigh gach duine i ngreim rubaill ina mhada féin agus thoisigh siad ag tarraingt ar a ndeargdhícheall ag iarraidh iad a scoitheadh. Ní raibh aon mhaith ann, mar go raibh an chuingir i bhfostú i dhá ghreim píobáin ina chéile, mar bheadh fúthu a chéile a stróiceadh.

Thoisigh daoine eile ag cuidiú leis an mbeirt a bhí ag tarraingt, agus ní raibh ann ach rírá agus ruaille buaille agus raic.

'Gabh anuas go bhfeice tú an *tug o'war*,' arsa Séimín Donn leis an nGáinneardach.

Ba bheag nár shín an slua siar leis an ngáire.

'Más jab atá uait tá ceann deas anseo anois duit,' arsa an fear mór garbh, 'gabh anuas agus scoith na madaí.'

Leis sin féin cé a thiocfadh i láthair ach Doiminic Buí de Bláca agus é ag marcaíocht ar bheithíoch capaill. Is cosúil gur theastaigh uaidh a bheith i láthair ag cruinniú an Gháinneardaigh ach gur cuireadh moill air. Chuaigh sé suas ar an gclaí, an áit a raibh an dream eile, agus é go seiceallach ag greadadh a ioscaide le cos laisce.

Rinneadh réiteach ar deireadh idir na madaí agus níorbh fhurasta é, ná níor thaitnigh sé le scata gasúr a bhí cruinn thart agus iad á mbrostú faoina n-anál ag dúil nach stadfadh siad go dtí an oíche.

Nuair a bhí an ciúineas ann arís bhain Doiminic Buí de a hata agus d'iarr ar an gcruinniú éisteacht a thabhairt don Gháinneardach.

'Chuir sé brón orm a chlos,' a deir sé, 'go raibh sibh chomh drochmhúinte ...'

Thoisigh an rírá arís.

'An chuig an Aifreann a tháinig tú?' arsa Séimín Donn.

'Ba dhual athar dó a bheith diaganta,' arsa an fear mór garbh as íochtar tíre.

'An bhfuil paidrín agat?

'B'fhearr leis pionta.'

'Cá bhfuil Maidhc agus an mada uait?' arsa Tadhg Rua.

'Cén chaoi a bhfuil an chráin ag déanamh duit ó thug tú isteach sa gcisteanach í?' arsa duine.

'An chéad uair riamh a raibh comhluadar aige a d'fheil dó,' arsa duine eile.

'Abair na deich n-aitheanta,' arsa Séimín Donn.

'An measann tú a bhfuil a fhios aige gurb é an Domhnach é?'

'Nach ard a chuaigh sé an chéad lá a tháinig sé ar Aifreann?'

'Nuair a théas an gabhar chun teampaill ní bhíonn sé sásta go dté sé ar an altóir.'

Bhí an slua i riocht is go sílfeá go dtitfeadh an t-anam astu le neart gáire. An áit a raibh an Gáinneardach agus a dhream ina seasamh ba gharraí a bhí ann a raibh claí cloch idir é agus an tsráid. Bhí an claí tuairim ceithre troithe ar airde agus é cothrom le huachtar an talaimh a bhí taobh istigh. Ba é seo an 't-ardán' a bhíodh ag gach cainteoir poiblí a tháinig an bealach riamh.

Ach ní raibh an méid sin daoine ar an gclaí cheana riamh, agus anois díreach céard a tharlódh ach é sceitheadh amach i lár na sráide. Anuas leis an nGáinneardach agus leis an mBlácach Buí agus leis an ngramhasc eile a bhí air, agus caitheadh ar a mbéal is ar a n-aghaidh iad amach sa láib agus sa salachar.

An slua bhí sé i bhfalrach gáire. A leithéid de lá ní raibh i nGaoth Sáile riamh. Agus an greann ar fad á fháil in aisce. B'in é an spórt.

Bhuail gasúr éigin air ag gabháil:

'Bhí Humptí Dumptí thuas ar an mballa,
Shéid an ghaoth agus thit sé ar an talamh;
Tháinig amach an tseanbhean bhuí,
Agus nuair a chonaic sí Humptí Dumptí ina luí,
"Anois," a deir sí, "ní fhéadfadh an rí
Ná'n méid capall agus fear atá faoi
Thú a chur le chéile arís mar bhí"

Gí go raibh sé bán anois tá sé buí.'

Ba do Dhoiminic Buí an sáiteán deiridh sin.

Nuair a bhí an chéad líne ráite ag an ngasúr thoisigh gach duine eile a raibh an rann aige ag cuidiú leis go dtí go raibh macalla á bhaint as na ballaí acu leis. Bhí allagar amháin aisteach ag cur isteach ar an gceol i rith an ama agus faoi dheoidh bhí faill dearcadh thart agus féachaint céard a tharla. Bhí Séimín Donn agus é ag léimnigh thart ar chosa bacóide, greim ar an leathchois eile aige ina dhá láimh agus é mar bheadh sé ag iarraidh í a chur ina bhéal. An bhéiceach a bhí air a chuir isteach ar cheol an rainn. Cloch de chuid an chlaí a thit ar a chois agus a chráigh go croí é.

Leis sin féin céard a dhéanfadh sé ach an seanchóta a chaitheamh de, agus toisiú ag iarraidh an Gháinneardaigh 'amach ar an bh*fair play*,' mar a dúirt sé féin. Níl aon mhallacht dá raibh sé a dhéanamh ar an nGáinneardach nach scoiltfeadh crann darach; agus níorbh é an Gáinneardach amháin a bhí sé a chur faoi bhrí na guí ach gach duine dár bhain dó, agus go mór mór na seacht sinsear a tháinig roimhe.

Agus an sruth cainte a bhí aige, agus an fhoirm! Bíonn lucht oideachais ar na saolta seo ag caint ar stíl. Ach b'ag Séimín a bhí an stíl dáiríre. Bí ag trácht ar scotha cainte! Ní choinneodh Newman coinneal dó. Agus an uaim, agus an tiontú, agus an t-athrá, agus an treise, agus, go mór mór, na focla breátha bríomhara! Níl cigire sa domhan dá mbeadh ag éisteacht leis nach n-abródh ina intinn féin go mb'fhiú an 'tArd-Teastas le honóracha' Séimín an lá sin.

Ach níorbh é sin ba mhó a bhain amach greann agus gáire. Nuair a chaith Séimín de a chóta agus a thug sé a chúl don chruinniú b'in é an uair a thoisigh an rachtaíl dáiríre. Thiar ar an tseanléine a bhí air, idir bosa a dhá slinneán bhí pictiúr coiligh, agus faoi sin thíos arís bhí an focal *Excelsior* priontáilte ina litreacha móra gorma. Taobh thíos de sin bhí 98 *lbs. nett*. Bhí an chuid eile den léine ite mar d'íosfadh bó í, agus lorga fiacal go flúirseach inti gan bhréag gan mhagadh.

Bhí an scéal céanna ag Séimín bocht a bhíos ag a lán 'Séimíní' eile – gur de mhálaí plúir, nuair a ligtear folamh iad, a ghnítear a gcuid léinteacha.

Thug an Gáinneardach agus a dhream teach an ósta orthu féin. Agus iad ag dul suas an tsráid casadh cailleach leo ag teacht anuas ina n-aghaidh, cailleach a raibh boinéad uirthi a bhí ag dul as faisiún le linn na Lochlannach. Sheas sí agus dhearc díreach idir an dá shúil ar an nGáinneardach agus í ag smalcadh úll as cúl a glaice. Chonaic sí an faithne. 'Ara, a bhithiúnaigh,' ar sise, 'dá mbeadh "adharc" eile ort os cionn na súile eile, bheifeá cosúil leis an diabhal.'

★ ★ ★

Ach Pádhraic! Bhí a ainm i mbéal gach duine. A leithéid de phíosa cainte agus a chuir sé de, stócach chomh hóg leis!

Agus an chiall a bhí léi! Bhí bród ag muintir an bhaile as, agus bhí bród ag muintir an pharáiste as. Bhí bród ag Pádhraic é féin as féin, agus bhí duine amháin eile, duine arbh fhearr le Pádhraic bród a bheith aici as ná an méid bróid a bhí air féin agus ar an bparáiste ar fad, agus ba é an duine í sin ainnir chiúin na gciabhfholt – Gráinne Nig Uidhir. Bhí bród aicise as.

Casadh leis í nuair a bhí an cruinniú thart. Bhí sí féin agus dream eile a bhí léi ag tarraingt suas ar an gcrosbhóthar mar go rabhadar ag filleadh abhaile. Sheas sí agus lig uaithi an dream eile. Chuir sí amach a leabharchrobh mín snoite agus chroith lámh leis.

'Is iontach an fear thú!' ar sise. 'Chuir tú iontas orm inniu agus an chaoi ar labhair tú. Ní sheasfainn suas ansin agus labhairt mar a rinne tú dá bhfaighinn ór na cruinne. Ach is tú féin ar cheart duit a bheith ag dul isteach agus ní hé an Brógánach. Níor chuala mé cainteoir chomh dona leis riamh.'

Bhí an-chúthaileacht ar Phádhraic; agus gí go raibh an oiread sin cainte aige ar an ardán, theip air dubh is dath tada a rá ach amháin: 'Rinne mé mo dhícheall agus is leor do dhuine dhona a dhícheall a dhéanamh.'

Bhéarfadh sé a bhfaca sé riamh dá bhfaigheadh sé an chaint leis ina sruth mar fuair agus é ag óráidíocht, ach bhíodh bachlóg ar an teanga aige i gcónaí nuair a chastaí Gráinne leis, agus níorbh fhéidir leis na focla a thabhairt leis i gceart ná fiú smaoineamh ar rud le rá féin. Deir an file gurb 'olc an galar an grá,' ach níor thuig Pádhraic go raibh galar ar bith ag gabháil dó féin, agus bhí an scéal ag dul sa muileann air.

B'éigean do Ghráinne deifir a dhéanamh ar eagla go mbeadh an carr ag fanacht léi. Chroith lámh arís leis agus d'fhág slán aige, agus bhéarfadh Pádhraic an leabhar gur fháisc sí a lámh beagáinín beag bídeach thar mar rinne sí i dtoiseach.

Ar chuma ar bith, ag dul abhaile dóibh, é féin agus Micilín Pheait, bhí na fuiseoga ag cur a gcraicinn díobh ag ceiliúr sa spéir ghorm os a chionn, agus cheap Pádhraic nár chuala sé ón lá a rugadh é ceol chomh meidhreach.

D'éirigh leis an mBrógánach fáil isteach go réidh lá na vótála.

XXVIII

Bhí sé ag teannadh amach le Lá Samhna arís. Bhí an fómhar bainte craptha ag gach duine ar an mbaile ach amháin Séamas Thaidhg nár bhain an fómhar go hiomlán riamh, agus a d'fhágadh a leath ansin ina sheasamh gan corrán a chur go brách ann. Bhíodh sé ráite ina thaobh gurbh é a thógadh géabha an bhaile, mar nach mórán eile a bhíodh le fáil acu ach ag siolpáil.

An chuid de mhuintir an bhaile a raibh cúnamh acu bhí go leor de na fataí féin bainte acu. Ní raibh an barr trom, an rud ba mhinic leis, ach bhí na fataí slán tirim. Bhí lucht an fhómhair ar fad sa mbaile as Sasana le mí roimhe sin, nó os a chionn, ach lucht na bhfataí níor tháinig siadsan as Albain go fóill. B'annamh a thigeadh aon duine acusan roimh an tSamhain.

Lá, agus muintir Mháire Bhán ag ithe a ndinnéir tar éis a bheith ag baint fhataí sa nGarraí Mór ó mhaidin roimhe sin, cé a bhuailfeadh isteach ach an Gabhar. Bhí sé ag teacht as Gaoth Sáile, tar éis pinsean míosa a tharraingt. Cuireadh fáilte roimhe, agus hiarradh air suí agus cuid den bhia a chaitheamh.

'Ní bheidh mé ag suí,' ar seisean, ag baint litreach as a phóca agus á seachadadh ar Mháire Bhán. 'Bhí litir sa bpost duit, agus dúirt mé liom féin ó bhí mé ag teacht an bealach go dtabharfainn anuas chugat í ós rud é nach é an lá é le haghaidh fhear an phoist. Tá *wire* anseo agam chomh maith, agus níl a fhios agam an duitse nó do Mháire Chatach anseo thiar é mar gurb é an t-ainm céanna atá oraibh beirt.'

'Ó, muise, céard a bheadh *wire* a dhéanamh ag teacht chugamsa?' arsa Máire Bhán. 'Nach bhfuil a fhios agat go maith gur do Mháire Chatach é. Creidim gurb é an mac a d'imigh sna póilíos an tseachtain seo caite a chuir chuici é. Nach aisteach an rud é go mbeadh an t-ainm agus an sloinne céanna orainn beirt agus gan gaol gan páirt againn le chéile?'

'Shíl mé go raibh dáimh gaoil eadraibh.'

'Níl, muise, fionn fialmhais. Má tá, níor chuala mé riamh é, agus tá mé cinnte go gcainteodh mo mháthair air dá mbeadh sé amhlaidh, beannacht Dé lena hanam.'

'Áiméan,' arsa an Gabhar, ag ardú a hata. 'Bhuel, beidh mé ag bogadh siar agus bhéarfaidh mé di é ar chuma ar bith. Bail ó Dhia oraibh.'

'Go mba hé dhuit agus nár bhaine Dia an tsláinte díot.'

Léadh an litir. Ba ó Eibhlín í. Bhí trí phunta inti, agus dúirt sí gur cheap sí go mb'fhearr di é a chur abhaile roimpi ar fhaitíos go ndéanfadh sí a chailleadh nó go ngoidfí uaithi é ar an mbealach anall. Bhí beagán eile aici, a dúirt sí, ach gur theastaigh uaithi trealaí beaga a thabhairt abhaile le haghaidh na bpáistí, agus gur theastaigh uaithi féin gioblacha éadaigh a cheannach. Bhí bábóg dheas aici le haghaidh Bhrídín, bábóg a raibh gruaig bhán chatach uirthi agus a raibh caint aici. Bheadh siad ag teacht abhaile faoi cheann seachtaine.

Bhí súile Bhrídín foscailte go fairsing le teann áthais nuair a chuala sí trácht ar an mbábóg, agus shíl sí nach dtiocfadh an t-am go deo a bhfeicfeadh sí í leis an deifir a bhí uirthi léi.

'Is mairg a bhéarfadh aird ar bhrionglóidigh,' arsa Máire Bhán. 'Bhí mé ag brionglóidigh dhá oíche ó shin go bhfaca mé slua mór daoine mar bheadh sochraid ag dul isteach an geata ag reilig Chill Muire, agus mo choinsias féin ní raibh mé saor gan imní a bheith orm. Ansin, le dhá lá anuas chuala mé an chearc phlucach ag glaoch mar bheadh coileach ann, rud nár thug mé faoi deara cheana ón am a bhfuair bhur n-athair bás, go ndéana Dia trócaire air. Deirtear gur tuar mí-ádha é i gcónaí cearc a chlos ag glaoch mar sin. Agus leis an scéal a dhéanamh níos measa, aréir, tuairim am suipéir, chuala mé an mada ag caoineadh amuigh sa ngarraí, ach buíochas do Dhia nach dtáinig drochrud ar bith as.'

Ní baileach a bhí an chaint as a béal nuair a bheannaigh Máire Chatach faoin doras. Bhí sí cosnochta, brat caite ar a bráid aici, mar thiocfadh sí amach faoi dheifir mhór, cuma scanraithe bhuartha uirthi, agus an clúdach bándearg agus é foscailte léi ina láimh.

'Tá dúil agam nach drochscéala ar bith a fuair tú, a Mháire,' arsa Máire Bhán, ag éirí den stól a raibh sí ina suí air agus ag dul síos in araicis na mná eile.

'Is duitse an *wire*, agus is ó Albain é,' arsa Máire Chatach. Bhí guth an ghola ina béal.

'Ó Eibhlín.'

'Ní hea. Ó . . .'

'Tá Eibhlín marbh!'

Níor fhreagair an bhean eile, ach rug ar láimh uirthi.

Rug Pádhraic ar an bpáipéirín agus léigh é. Cailleadh Eibhlín le snaidhm ar stéig an tráthnóna roimhe! Ba thrua le Dia Máire Bhán agus a cúigear dílleachtaí an oíche sin.

D'imigh an scéal ina loscadh sléibhe ar fud an bhaile go bhfuair Eibhlín Mháire Bhán bás in Albain. Bhí brón agus briseadh croí ar gach duine. Thoisigh na comharsana ag cruinniú isteach ag éagaoin a bris do Mháire nó go raibh an teach plúchta go doras. Cheap gach duine gurbh aisteach an rud é go bhfaigheadh an gearrchaile bás chomh tobann sin agus litir teacht uaithi an lá céanna. Bhreathnaigh duine éigin ar an litir arís. Ba é sin an uair a tugadh faoi deara go raibh an litir scríofa le cúig lá.

* * *

Bhí sé mall san oíche nuair a d'imigh an duine deireanach de na comharsana abhaile. Bhí na páistí imithe a chodladh le tamall roimhe sin, agus iad sáraithe ag gol agus ag éagaoin. Shuigh Máire ag cois na tine, í á bogadh féin anonn agus anall, agus gan comhluadar ar bith aici ach a scáile féin ar an mballa, é ag déanamh aithrise uirthi go sílfeá gur ag magadh uirthi a bhí sé.

Chuaigh an tine i léig de réir a chéile go dtí nach raibh fágtha ar deireadh ach dhá aibhleog. D'éirigh Máire. Bhí sí préachta le fuacht, agus d'airigh sí a cosa chomh trom le luaidhe. Leag sí cúpla fód de choigilt ar an tine. Ansin, gan aon tsnáithe éadaigh a bhaint di, shín sí isteach faoin bpluid taobh amuigh de Bhrídín.

Agus dá mhéad an brón agus an buaireamh dá raibh uirthi, bhí sí chomh ciaptha céasta cráite sin go mba ghearr go raibh sí tite ina codladh.

XXIX

Bhí sé amach i ndeireadh na Bealtaine agus bhí an bia ag éirí gann arís. Bheadh neart fataí ag Máire Bhán lena cur go Domhnach Chrom Dubh ach go mb'éigean di glac mhaith a dhíol ag iarraidh cuid de na fiacha a laghdú. Thairis sin féin, bhí muc á tógáil aici, agus ní chreidfeá ach a n-íosfadh muc d'fhataí. Go deimhin, is minic a deirtear le duine nuair a bhítear ag eascainí air: 'saol fata i mbéal muice agat', is ionann sin agus saol gearr.

Chun donachta a bheadh an scéal ag dul ag daoine bochta nó go dtigeadh an fata úr. An mhuintir nach raibh aon teannadh ar a gcúl acu bheadh siad i muinín na mine buí – trí bhéile de leite mine buí sa lá – agus ba iad a bheadh buíoch dá mbeadh braon bainne nó gráinne siúcra féin acu léi; ach ba mhinic a chaití a hithe tur. Nuair a thiocfadh Mí an Iúil bheadh an donas ar an scéal bun barr. Mí an dá bhéile a thugtaí uirthi in áiteacha.

Bhí an 'dinnéar' réidh i dteach Mháire Bhán agus glaodh isteach ar Phádhraic a bhí ag baslú fataí amuigh sa ngarraí. Bhí pláta leite agus gráinne siúcra ar an mbord le haghaidh na ngasúr, agus bhí an mháthair agus Brídín ina suí sa teallach agus scríobadh an phota acu. Sliogáin dúilicín a bhí ag an mbeirt acu mar go raibh spúnóga gann.

'Nach bhfuil braon ar bith bainne sa teach?' arsa Pádhraic, nuair a chonaic sé an siúcra.

'Níl striog,' arsa an mháthair. 'Níl aon chabhair dul faoin mboin feasta, tá sí tirim. Chuaigh mé fúithi ar maidin ag féachaint an bhfaighinn geal bainne le haghaidh an pháiste, ach oiread agus a dhallfadh do shúil ní bhfuair mé uaithi.'

'Cá fhad go raibh a ham ann?'

'Ó, muise, is fada sin é,' arsa Máire Bhán, ag rocadh a héadain agus ag machnamh. 'Fan go bhfeice mé – aon, dó, trí – tá trí mhí roimpi go fóill.'

'Agus céard a dhéanfas an páiste ar feadh an ama sin gan braon bainne?'

'Ó, muise, a ghrá, ag Dia atá a fhios,' arsa Máire. 'Beidh braon le fáil anois agus arís i dteach Mhaidhc. Beidh an bhó ag breith aige faoi cheann seachtaine.'

'Is bocht an rud a bheith ag brath ar an té údaí eile,' arsa Pádhraic, agus lig sé osna throm as. 'An bhfuil aon tsiúcra agat féin nó ag Brídín?'

'Ó, níl aon tsuim againn ann,' arsa an mháthair. 'Tá an screamh atá ar thaobh an phota againn agus ní chreidfeá ach chomh milis is tá sí.'

D'éirigh Pádhraic, thóg leath a raibh de shiúcra ar an mbord – agus ba é an beagán é – agus d'fhág thall ag an mbeirt a bhí ag an bpota é. Níor labhair aon duine go ceann tamaill.

'Tá fúm imeacht go hAlbain i mbliana, a mháthair,' arsa Pádhraic, ar deireadh, ag deargadh.

Gheit Máire Bhán mar bheadh duine ann a bhuailfí i ngan fhios le buille de mhaide. An sliogán dúilicín a bhí ina láimh thit sé síos ar thóin an phota agus rinne torann. Stad na gasúir den ithe agus dhearc siad go hiontach ar Phádhraic. Chuir Brídín liobairín uirthi féin mar bheadh sí ag dul ag caoineadh; d'éirigh ón bpota agus chuaigh agus shuigh in ucht a máthar.

'Muise, a stór, cé a chuir caint ar Albain in do cheann, nó cá mbeifeá ag dul? Tá tú ró-óg le dhul in áit ar bith go fóill, agus céard a dhéanfaimis anseo gan thú? Ní maith a d'éirigh Albain linn cheana, agus duine ar bith de mo chlann a dhéanfadh mo chomhairlese, ní leagfadh sé cos ar thalamh na hAlban go lá a bháis. Léanscrios uirthi, Albain an mhí-ádha! Ba é an lá dubh dúinn an chéad lá a chuala sinn trácht uirthi. Mo sheacht ngrá thú, a Eibhlín, a stór ... ' agus bhris an gol ar Mháire Bhán, agus thoisigh na deora móra goirte ag titim go trom.

Rinne Brídín aithris ar an máthair agus thoisigh ag caoineadh í féin. D'éirigh an triúr gasúr eile ón mbord i gcosa a chéile agus amach ar an gcnoc leo.

'Ach cén chaoi a mbeadh sinn in ann an teach a sheasamh mar atá sinn? Nach gcaithfidh cuid againn dul in áit eicínt nó bás a fháil anseo leis an ocras? Ar ndóigh, ní chailltear gach duine a théanns go hAlbain, agus nach iomaí duine riamh a fuair bás gan an baile a fhágáil?'

Ba chosúil nach raibh machnamh doimhin déanta ag Máire Bhán ar an taobh sin den cheist. Níor scoith sí féin riamh Carraig Mheanmna, atá leathmhíle ar an taobh eile de Bhaingear, agus níor mhian léi go bhfágfadh aon duine dá clann an baile dá mb'fhéidir léi a gcoinneáil. Níor chuimhnigh sí in am ar bith go mbeadh orthu uilig, ach duine amháin, imeacht ar lorg slí bheatha sna tíortha coimhthíocha, agus an té a d'fhanfadh sa mbaile, ní hé is mó a mbeadh só aige. I Log an tSearraigh is iad an dream a fhanas 'i mbun a chéile' mar a deirtear, is é sin a fhanas mar bhíos siad, agus nach bpósann go dtite siad ina seandaoine agus ina gcailleacha, is iad sin a dtugtar na 'daoine críonna' orthu. Bíonn siad ag coraíocht leis an saol agus gan acu ach ón láimh go dtí an béal, agus iad gan earra gan éadach. Tá dream eile ann de 'dhaoine críonna' agus is iad sin an chlann a mbíonn gabháltas measartha maith ag a n-athair, agus a roinntear an gabháltas sin orthusan – b'fhéidir dhá leath, nó trí chuid, nó ceithre chuid a dhéanamh de, agus iad ar fad ansin a saol a chaitheamh in umar na haimiléise.

Tá daoine ann agus is mór an briseadh croí orthu clos go ndéanfaí iarracht ar bith ar na Gaeilgeoirí a aistriú as na criathraigh agus na portaigh agus na cladaí agus na carraigeacha, daoine a mborrann an mheanmna iontu agus a n-ardaíonn a n-aigne nuair a théas siad thart ar ghluaisteán ar fud na Gaeltachta tar éis a sáith a bheith ite, ólta acu, lá breá brothallach samhraidh. Nuair a bhreathnaíos siad ar na fathaigh mhóra sléibhe, ina seasamh thart mar bheadh arm ar garda ann, sin nó nuair a dhearcas siad amach ar an bhFarraige Mhór, agus í ina luí ina suan mar bheadh loch d'airgead leáite ann, sin é an uair a éiríos na fealsúna seo fileata, agus is brón leo an Gael a bheith ag imeacht as an nGaeltacht isteach faoin tír. Ó, is ea, más fíor do na fealsúna seo beidh an Ghaeltacht ar lár má thugtar talamh do Ghaeilgeoirí isteach i gContae Ros Comáin nó i gContae na Mí, nó i gContae na hIarmhí; ach is cuma leis na fealsúna céanna seo, é a bheith ar Ghaeilgeoirí imeacht thar lear ag cabhrú leis na coimhthígh agus ag tréigean na tíre is dual dóibh.

Níl ach caoi amháin leis an ngalar seo a leigheas – galar na bhfealsúna. Ba cheart gach mac mioscalaí acu a shacadh isteach sa nGaeltacht ar feadh bliana amháin, agus cur orthu mairstean ar allas a mala féin. Nuair a bheadh an bhliain caite acu ag coraíocht leis na tortóga, nó ag tarraingt an leasa isteach as an toinn agus iad bog báite, nó ag piocadh faochan agus carraigín nó go dtigeadh ionglach orthu, d'fheicfeá féin go mb'fhurasta dul chun cainte ansin leo, agus nach mbeadh an mharóg ag cuid acu ná an cheanrach orthu atá.

Ach níorbh í seo an fhealsúnacht a bhí i gceann Mháire Bhán. Ba bheag é a suim i sliabh nó i bhfarraige, mar go mba bheag an só a thug ceachtar acu riamh di. Chuir sí suas leis an saol mar bhí sé, mar go raibh sí lánchinnte gurbh í sin an chinniúint a bhí i ndán don duine, agus go raibh gach rud a rachadh sé tríd socraithe ón tsíoraíocht faoina choinne. Chreid sí i bpisreoga agus in araideacha agus in orthaí. Bhí sí lánchinnte go gcoinneodh coileach dubh Márta an diabhal amach as an teach; agus, dá mba rud é nach mbeadh coileach dubh Márta aici, cheap sí go mba cheart don áibhirseoir siúl isteach ar fud na bhfud 'faoina phéire adharc,' mar a deireadh sí féin. Bhí sí ciaptha céasta ag 'droch-bhrionglóidí'. Gach bacach dá dtéadh an bóthar ba 'dhuine le Dia' aici é, agus mura mbeadh aici ach an greim a bheadh sí a chur ina béal roinnfeadh sí leis é. Ní ligfeadh sí páiste amach san oíche gan sméaróg a chur ina chuid éadaigh, agus ní raibh tom ná carracán ná banrach san áit nach raibh beo le taibhsí aici. Dá n-éiríodh duine tinn sa teach, ní chuirfeadh sí fios ar dhochtúir, ach chuirfeadh 'turas' uirthi féin chuig tobar beannaithe; agus dá mbeadh uirthi uisce a chaitheamh amach san oíche – rud nach ndéanfadh sí ach nuair nach mbeadh neart aici air – déarfadh sí: 'Chugaibh, chugaibh, an t-uisce salach!' B'in fógra do na taibhsí glanadh leo as an mbealach, mar go mbeadh an mí-ádh uirthi go lá a báis dá bhfliuchtaí na 'daoine maithe.' Ní raibh duine ar an domhan ba neamhchosúla le hOmar Khayyam ná í ar bhealach agus ba chosúla leis ar bhealach eile.

Gach rud dá dtarlódh don duine i rith a shaoil bhí sé 'i ndán dó' ón lá a bhéarfaí é, ach ina dhiaidh sin féin dhéanfadh sí a dícheall le pisreoga agus eile na geasa sin a bhriseadh.

Níor chuir Pádhraic chuici ná uaithi go raibh a sáith agus a seansáith caointe aici, ach bhí iontas air nuair a stad sí den ghol agus a dúirt: 'I nDomhnach, a thaisce, an rud atá leagtha amach ag Dia i gcomhair an duine creidim go gcaithfidh sé dul thríd. Má tá sé leagtha amach agat imeacht is fearr dúinn an mhuc a dhíol lá an aonaigh i riocht is go dtiocfadh leat a bheith le muintir an bhaile amuigh atá ag dul ag baint na bhfataí. Ós leat a bheith ag imeacht chor ar bith is fearr duit an comhluadar a fhreastal; thitfeadh an t-anam asam dá bhfeicinn ag imeacht leat féin thú, agus gan tú an bealach cheana riamh.'

Agus fágadh an scéal mar sin.

XXX

B'aoibhinn an lá é an lá a d'imigh Pádhraic. Bhí dhá phéire stocaí agus dhá léine agus cúpla bóna burláirle istigh i ngiota d'éadach breac aige, agus é leis faoina ascaill. Ag dul amach an doras dó cé a chasfaí leis ag teacht isteach ach Micilín Pheait. Rinne Micilín mochóireacht in aon turas amháin le Pádhraic a fheiceáil sula n-imíodh sé, bhí siad ina gcomrádaí chomh mór sin lena chéile. B'ar Mháire Bhán a bhí an t-áthas nuair a chonaic sí Micilín ag teacht isteach. Nár chosúlacht é sin go mbeadh an t-ádh ar Phádhraic?

'Go gcuire Dia an t-ádh agus an séan ort, a ghrá,' ar sise, nuair a d'fhág Pádhraic slán aici. Phóg sí go dil é, agus í ag déanamh a díchill ag iarraidh na deora a choinneáil siar, ach ní túisce a bhí a chúl tiontaithe léi, agus é 'ag dul i measc na gcoimhthíoch' ná thoisigh an rabharta caointe. Sheas sí ar ardán amuigh ag an mbinn, agus níor bhain a dhá súil as nó gur imigh sé as a hamharc.

Níor chaoin Pádhraic deoir, ná níor lig air féin go raibh punt bróin air ag imeacht dó, ach amháin go raibh sé tostach go maith. Fiú dearcadh ina dhiaidh, féin, ní dhearna sé nó go raibh sé ag tarraingt ar cheann an bhóthair. Bhí a fhios aige ansin go mba ghearr go gcaillfeadh sé amharc ar an teach, agus ba mhaith leis radharc amháin eile a fháil air sula n-íslíodh sé den bhóthar. Bhí a fhios aige freisin, chomh maith agus dá mbeadh sé ag breathnú uirthi, go raibh a mháthair ina seasamh ansiúd ag faire ina dhiaidh. Ar dhearcadh thart dó, chonaic sé ansin í agus a lámh os cionn a héadain aici. An gol a bhí sé a chosc le tamall roimhe sin sháraigh air dubh agus dath a cheilt ní b'fhaide, agus thoisigh na braonacha móra boga ag silt anuas ar a dhá ghrua.

Bhí suas le dháréag de mhuintir an taoibh amuigh ag fanacht ag an gcrosbhóthar – daoine a bhí ag dul go hAlbain freisin. Bhí siad ag fanacht le scata eile a bhí ag teacht aníos an bóthar as taobh na Moinge Móire, mar go mb'amhlaidh ba mhó an comhluadar iad a bheith ar fad le chéile. Ba é bealach Bhéal an Átha agus Shligigh a bhí fúthu dul, mar nach mbeadh an bád ag imeacht as Béal an Mhuirthead go Luan, agus ba é an Satharn a bhí ann.

'Is fearr dúinn aicearra a dhéanamh amach bogach na Moinge Móire agus soir bóithrín na holla,' arsa Tadhg Rua, a bhí an bealach sin go minic cheana agus a raibh an t-eolas go maith aige; agus d'aontaíodar ar fad go mba é sin ab fhearr.

Ag dul soir bóithrín na holla dóibh, chuadar thar an áit a ndeachaigh Séimín Donn sa scraith bhogáin, agus leis an méid grinn agus gáire a baineadh amach agus iad ag cur síos air, d'imigh an chumha a bhí ar Phádhraic agus é ag fágáil an bhaile, agus bhí sé ar sheol na braiche as sin suas.

Nuair a bhain siad Baingear amach rinne siad comhairle cairteacha a fháil lena dtabhairt go Sligeach. Rachadh carraeir leo ar phunta, agus b'fhéidir ochtar a chur ar chairt. Bheadh carr ní ba chostasaí agus thairis sin féin níorbh fhéidir a chur ar charr ach ceathrar, agus ní raibh an póca teann ag duine ar bith acu.

Sé dhuine dhéag, gan duine chuige ná uaidh, a bhí sa droing; agus ba ghearr an mhoill orthu dhá chairt a fháil.

Shocraigh siad stólta fada ar gach cairt agus suas leo – ochtar ar gach árthach.

Níor scoith Pádhraic Carraig Mheanmna riamh roimhe, agus ba ghearr gur thoisigh an t-iontas ag teannadh air. Ní raibh crann ná sceach le feiceáil i Log an tSearraigh cé is moite de chorrthom aitinne, agus bhí crainn agus sceacha le feiceáil anois. Bhí an Abhainn Mhór ag sní léi síos le fána chun na farraige, go clamhsánach comhlannach, mar bheadh drogall uirthi an gleann a fhágáil, agus mar bheadh sí á chur sin in iúl. Bhí na fuiseoga ag cantain ceoil go meidhreach sa spéir ghorm, agus na scaláin agus na scáilí ag rith agus ag ruaigeadh a chéile amach thar na sléibhte, mar bheadh siad ag coimhlint nó ag manaois lena chéile. Bhí foscadh na gcnoc ar gach taobh, agus bhí an lá chomh ciúin sin nach gcorrófaí ribe de do ghruaig. Radharc ní b'aoibhne, cheap Pádhraic, nach bhfaca sé riamh.

Bhí na cailíní ag gabháil fhoinn go croíúil agus ag rá 'lúibíní agus 'óra-anna,' agus ní shílfeadh duine ar bith a chasfaí leo gur ar thír choimhthíoch a bhí siad ag tabhairt a n-aghaidhe – áit a gcaithfeadh siad a bheith ag obair faoi dhaoirse na gcorr ó dhubh go dubh agus ó Luan go Satharn, áit a gcaithfeadh siad cónaí i stáblaí agus i seansciobóil mar bheadh na beithígh bhrúidiúla ann; áit a gcaithfeadh fir is mná, an duine náireach agus an duine gan náire, codladh sa mbothóg chéanna.

'Céard a rinne an scoilt sin?' arsa Pádhraic leis an gcarraeir – seanfhear a raibh féasóg fhada liath air agus aghaidh chasta chaite – agus iad ag dul amach tamall taobh thoir de Bhaingear.

Bhain an carraeir an seandúidín dubh a bhí sé a chaitheamh, bhain sin as a bhéal, agus dhearc suas ar an scoilt as ruball a shúl.

'É sin? Ó, tá scéal fada ag baint leis sin, ach b'fhéidir go mbeadh sé rófhada lena insint.'

'Ó, ní bheidh, inis é,' arsa Tadhg Rua; 'giorróidh sé an bóthar dúinn, mar a dúirt an Gobán Saor.'

'D'eile,' arsa an carraeir, 'bhí baintreach bhocht ina cónaí san áit sin cúpla céad bliain ó shin; agus cúpla caora a bhí aici bhíodh siad ag titim ar phaintéar talaimh le toicí bodachúil a bhí ina chónaí in aice léi. Céard a dhéanfadh an toicí, ar deireadh thiar, ach a mharc féin a chur ar na caoirigh agus a rá go mba leis iad. Ba mhaith an mhaise don bhaintreach é, céard a dhéanfadh sí ach an scéal a chur i gcluasa a gaolta, agus d'ionsaigh siad an bodach agus bhuail leithead a sheithe air, go mb'éigean dó na caoirigh a thabhairt ar ais.

'Ach ní raibh sé sásta leis sin nó leathshásta. Nuair nach raibh olc ar bith eile le déanamh uirthi thug sé scannal di os comhair na tíre. Chuir sé coir uafásach, coir náireach ina leith, coir a raibh a fhios ag gach duine a raibh eolas aige uirthi nach mbeadh sí ciontach ina leithéid. An scannal a fuair sí chuaigh sé go smior sa bhean bhocht, agus ní raibh caoi ar bith eile aici le díoltas a dhéanamh air ach dul síos go Leac Coimín, agus turas tuathail a thabhairt ar an toicí agus an Leac a thiontú air. I gceann an méid sin chuaigh sí ar a dhá glúin lomnochta agus thug a seacht mallacht dó lena bheo agus lena mharbh. Is olc an rud mallacht baintrí; agus, mar a deir an seanfhocal: 'bíonn uair na hachainí ann'. Cér bith acu sin de, an oíche chéanna sin tháinig tuile uafásach anuas taobh an chnoic. Scuab sí léi clocha agus créafóg nó go dtáinig sí go teach an toicí. Bhí a raibh sa teach ina gcodladh, agus bádh gach rud beo dá raibh ann ach amháin an coileach dubh Márta, nárbh fhéidir aon dochar a dhéanamh dó; agus bhí seisean ar maidin ina sheasamh ar thaobhán, agus é ag glaoch ag dul síos leis an sruth, ag iarraidh an anachain a dhíbirt. Tá an scoilt dubh sin ansin riamh ó shin agus beidh go Lá an Luain.'

Bhí lucht na lúibíní stadta den cheol ó thoisigh an seanfhear ar an scéal agus cluas le héisteacht orthu. Níor labhair aon duine ar feadh tamaill.

'An bhfuil Leac Coimín ansin go fóill?' arsa Tadhg Rua, ar deireadh. 'Ní chluinim duine ar bith ag caint ar thuras a thabhairt uirthi ar na saolta seo.'

'Níl,' arsa an seanfhear. 'Bhítí ag tabhairt an oiread sin turas uirthi go mb'éigean don tsagart paráiste a tabhairt leis agus a cur i bhfolach suim mhaith bhlianta ó shin. Ní féidir turas a thabhairt uirthi anois, agus b'fhéidir gurb amhlaidh is fearr.'

'An measann tú an raibh aon leac eile dá sórt sa tír?' arsa Tadhg Rua.

'Níor chuala mé riamh go raibh,' arsa an seanfhear.

'Ó, bhí, a lán,' arsa Pádhraic. 'Is nós páganach é sin, agus tá sé chomh sean leis an gceo. Fadó, nuair a chlaon an Rí Cormac leis an gCríostaíocht, thiontaigh na draoithe leacracha den tsórt sin agus mhallaigh siad an rí, go díreach mar rinne an bhaintreach leis an toicí. Bhí a bhail air, deir siad gurbh in é ba shiocair bháis dó. Tachtadh é le cnámh bradáin tuairim an ama chéanna. Tá dán breá Béarla scríofa ag Ferguson air sin – d'fhoghlaim mé cuid de de ghlanmheabhair an geimhreadh seo caite:

"They loosed their curse against the king;
They cursed him in his flesh and bones;
And, daily, in their mystic ring
They turned the maledictive stones".'

'Tá cloigeann maith ortsa, a stócaigh, bail ó Dhia is ó Mhuire agus ó Phádhraic ort, agus nár fheice súil drochdhuine thú, cér bith cérb as thú nó cér bith cér leis thú,' arsa an seanfhear.

'Níl sé an taobh seo de Chomhrac fear eile dá aois a bhfuil cloigeann air chomh maith is tá ar an stócach sin,' arsa Tadhg, ag croitheadh a chinn féin go sollúnta, amhail agus dá mb'air féin ba cheart cuid den bhuíochas a bheith go raibh Pádhraic chomh cliste agus bhí.

'Ó féach! féach!' arsa duine de na cailíní, ag síneadh a méire síos i dtreo na habhann, 'féach thíos an rón.'

Chuir cuid den mhuintir eile racht gáire astu faoi rá is go bhfeicfí rón istigh i ndoimhin an tsléibhe.

Ba é an rud a bhí ann mada uisce mór a bhí ag déanamh isteach ar bhruach na habhann agus samhnachán a bhí tuairim cúig phunt meáchain leis ina bhéal. Leag sé an t-iasc anuas ar an talamh tirim, agus bhuail air á ithe ar a sháimhín só dó féin.

Léim Pádhraic anuas den chairt agus síos leis chomh tapaidh agus b'fhéidir leis cos a tharraingt. Rug ar chloch, agus níor airigh an mada uisce riamh go ndeachaigh an chloch thart lena chluais. Níor leis ab fhaillí é. Thug an abhainn air féin de léim amháin agus síos leis faoin uisce.

'Mo choinsias, a ghiolla seo, is breá luath sa lá atá an t-ádh ag toisiú ortsa,' arsa Tadhg Rua, ag teacht ar ais do Phádhraic agus an samhnachán leis, agus gan bainte as ach smailc amháin ag an mada uisce thiar i mbaic a mhuinéil. 'Níl aon drochphá lae déanta agat. Ach chuaigh sé gar go maith duit an craiceann is a luach a bheith agat; chuaigh an chloch a chaith tú faoi neasacht poll cnaipe don mhada uisce. Dhéanfá luach péire eile bróg ar an mbuachaill sin mar rinne tú ar mhada uisce Rinn an Róin fadó.'

'Sin é anois Droichead Chomhraic agaibh – droichead an cheoil,' arsa an carraeir agus iad ag dul thar an droichead atá idir Iorras agus Tír Amhlaidh.

Na daoine nach raibh an bealach cheana d'ísligh siad; rug gach duine acu ar chloch agus tharraing an chloch ar shlat an droichid ón gceann thiar go dtí an ceann thoir. Ní raibh cloch amháin ar mhullach shlat an droichid nach raibh nóta ar leith inti, ionas go sílfeá gur ceol a bhíothas a sheinm i rith an ama.

'Nach ait an rud é,' arsa Pádhraic, 'nár críochnaíodh slat an droichid riamh? Tá cloch amháin in easnamh ar an gceann thiar di. An measann tú,' ar seisean, leis an seanfhear, 'an í an tairngreacht is fáth leis?'

'Níor críochnaíodh, agus ní chríochnófar,' arsa an carraeir. 'Tá sinn ag éisteacht leis ó tháinig cuimhne inár gceann an té a chuirfeadh an chloch sin ina háit nach gcomhlánódh sé an bhliain; agus níl duine ar bith chomh mór sin gan chéill agus go ndéanfadh sé a leithéid.'

'Is gearr anois go gcuirtear "Fáilte Mhuintir Iorrais i dTír Amhlaidh" romhainn,' arsa Tadhg Rua, chomh luath agus bhí an droichead scoite acu. B'ar éigean a bhí an focal as a bhéal nuair a chuala siad gárthaíl agus glaoch. Meitheal fear a bhí ag baint mhóna ar an taobh ó dheas den bhóthar agus gan focal as a mbéal ach 'Ciotacháin Iorrais! Ciotacháin Iorrais!' Ba ghearr go mb'eo anuas duine acu ag fiafraí an raibh aon duine sa gcomhluadar a d'fhéachfadh cor coraíochta leis.

'Níor loic mé féin ó fhear geal riamh,' arsa Tadhg,

ag léimnigh anuas den chairt agus ag caitheamh de a chasóige.

Chuir an bheirt dhá lata barróige ar a chéile, gan focal eile a labhairt. Anuas de na cairteacha le muintir Iorrais, agus sheas thart ina bhfáinne. Níor thaise leis an gcuid eile den mheitheal é, tháinig siad anuas ón bportach agus sheas suas ag breathnú ar an gcoraíocht agus a lámha faoina n-ascalla acu.

An bheirt a bhí ag coraíocht ba mhaith a bhí siad inchurtha chuig a chéile. Ar feadh ceathrú uaire ní bheadh a fhios ag súil dá ghéire cé acu ba threise. Mura ndearna siad bogán den chruán agus cruán den bhogán, mar ghníodh na laochra sna seanscéalta, rinne siad bachtach den áit thart timpeall, go sílfeá gur dhá bhó a bheadh tar éis troid ann. Corruair bhaineadh Tadhg feacadh as an bhfear eile go gceapfá go n-éireodh leis a chur chun talaimh. Nuair a d'fheiceadh muintir Iorrais sin, lúbadh siad iad féin an bealach céanna a bhfeiceadh siad Tadhg á lúbadh féin, amhail agus dá mba mhór an cúnamh dósan sin. Feacadh ná fiaradh ní dheachaigh ag fear Thír Amhlaidh a bhaint as Tadhg, ach anois agus arís dhúnadh sé na súile, d'fháisceadh na fiacla, agus thógadh an fear eile suas glan den talamh. Ar a fheiceáil sin do mhuintir Thír Amhlaidh dhúnadh siad féin na súile, d'fháisceadh na fiacla, agus ghníodh aithris ar a gcomráda, mar bheadh siad ag iarraidh meáchan a thógáil idir ucht is ascalla.

Ar deireadh is ar siar nuair a shíl gach duine go gcaithfí éirí aisti mar choraíocht thug Tadhg cor coise don fhear eile – seanchleas a bhí aige ó bhí sé ina ghasúr – agus chuir ar shlatracha a dhroma ar an bportach é.

'Anois,' ar seisean, 'má tá duine ar bith eile agaibh ar mhaith leis cor a bheith aige le duine de "chiotacháin Iorrais" is é seo an talamh aige.' Ach duine amháin ní raibh ann a dhéanfadh misneach dul leis, agus scar an dá dhream le chéile.

'Tá fir chrua le fáil thart le cladach go fóill,' arsa an carraeir, ag croitheadh a chinn, nuair a bhí siad ar a dtriall arís. 'Gí gur sléibhteánach mé féin ó athair go máthair, deirim arís é gur deacair an cladachóir a shárú.'

'Níl an t-aos óg atá ag fás suas, níl siad chomh maith leis an seandream,' arsa Tadhg. 'Tae agus tobac is ciontach leis an meath atá ag teacht orthu, measaim féin. Nach in ag éirí liath agat iad agus ag cailleadh na bhfiacal sula raibh siad fiche bliain d'aois.'

'Bhí sin féin sa tairngreacht, go dtiocfadh an 'liathadh luath', arsa an carraeir.

'Tá seanbhean ar mo bhaile,' arsa Tadhg, 'agus tá sí céad bliain má tá sí leathuair; níl ribe amháin liath ina ceann go fóill, agus ag caint ar fhiacla – bhainfeadh sí greim as clár daraí leis an déad fiacal atá aici.'

'An bhfuil an t-amharc go maith aici?' arsa an carraeir, a raibh moille radhairc bheag ag baint dó féin.

'Amharc! D'fheicfeadh sí cuileog ag caochadh thuas ar chnoc Acla.'

Ag teannadh soir dóibh le Crois Mhaoilíona, chuaigh gluaisteán amach tharstu – an chéad ghluaisteán a chonaic Pádhraic riamh. Bhí fear giota rompu sa mbóthar agus múille agus cairt leis, agus é ag tarraingt soir dó féin go mín réidh socair gan cuma air go raibh deifir ná driopás ar bith sa domhan air. Ach ba ghearr gairid gur múscladh é. Nuair a tháinig fear an ghluaisteáin in aice leis agus a chonaic sé nach raibh sé ag tabhairt leath an bhóthair dó shéid sé an adharc.

Bhioraigh an múille na cluasa nuair a chuala sé an bonnán; thug bocléim amháin san aer mar bheadh faoi dul sa ngealach; as go brách leis ansin sna bonna rua reatha; agus stad ná mórchónaí ní dhearna sé ach ag baint as chomh teann géar in Éirinn agus a bhí ann cos a tharraingt nó gur imigh sé as amharc. Ba é barúil na ndaoine a bhí ag féachaint air nach stopfadh sé go brách, agus cé aige a bhfuil a fhios nach bhfuil sé ag rith go fóill?

Nuair a theannadar soir níos faide bhí Néifinn Mhór go díreach ar a ndeasóg – an sliabh mór millteach ina sheasamh suas ansin chomh cothrom le húll ainsiléid, mar bheadh fathach fíochmhar ann, na goirt agus na páirceanna glasa, mar bheadh paistí a d'fheicfeá ar chuilt, breactha thart ar a bhun, go n-abrófá leat féin go mba rí-álainn an pictiúr é.

'Thuas ag bun an tsléibhe sin a rugadh Seán Mór Mac Éil, crann cosanta Chlanna Gael agus Leon an Tréada,' arsa an seanfhear, ag síneadh cos na fuipe suas chuig an sliabh. 'Bhí aithne mhaith agus eolas agam air féin agus ar a dhaoine muinteartha.'

'Solas na bhflaitheas go raibh ag a n-anam!' arsa Tadhg Rua, ag baint de a hata. 'Ba mhór a chlú agus a cháil, agus ba dhílis an mac Gaeil é.'

'Abair do sháith de sin,' arsa an carraeir.

'Nach suas an bealach sin a chuaigh na Francaigh ag tarraingt ar Chaisleán an Bharraigh?' arsa Pádhraic. 'Chonaic mé cur síos air in áit eicínt.'

'An bealach ceannann céanna,' arsa an seanfhear. 'Shiúil mé gach coiscéim de lá amháin agus mé ar lorg caorach a d'imigh ar strae uainn. Thuas ag binn an tí ar rugadh an tArd-Easpag ann tá tobar fíoruisce. Tobar na bhFiann a thugtar air, agus Tobar na bhFiann a thugtar ar an mbaile chomh maith. Sheas na Francaigh ag ól dí as an tobar agus tháinig sagart an pharáiste, an tAthair Marcas Ó Conaire, tháinig sin amach agus thoisigh ag caint leis na saighdiúirí, mar go raibh sé in ann an teanga a labhairt go maith. Bhí spíodóir i measc an tslua, is cosúil, agus rinne sé scéala ar an Athair Marcas. Ní dhearnadh ach breith air agus a chrochadh ar chrann atá ag fás ar an bhfaiche istigh i gceartlár an bhaile mhóir i gCaisleán an Bharraigh. Tá an crann ag fás ansin go fóill.' *

'Dia á réiteach, nárbh olc an bhail é le tabhairt ar shagart,' arsa Tadhg Rua.

'Níorbh é eisean an t-aon tsagart amháin a ndearnadh sin leis,' arsa an seanfhear, 'ach bhí saol corrach ann an tráth údaí.'

B'éigean dóibh ísliú anseo mar go raibh cnoc rite go maith sa mbóthar nuair a chuadar thar an droichead.

'Nach breá an droichead é sin?' arsa Pádhraic á ligean féin amach ar shlat an droichid agus ag breathnú síos san abhainn.

Thóg an seanfhear amach cipín, las é ar mhás a bhríste,

---

*Leagadh an crann seo le gaoth mhór cúpla bliain ó shin.

agus choinnigh a chiotóg cúbtha thart ar an solas nó go raibh an píopa deargtha aige. Níor dhúirt sé 'hu' ná 'há,' 'cat dubh' ná 'cat bán,' ach ag tarraingt ar a dheargdhícheall nó go ndeachaigh siad ag marcaíocht arís.

'Bhí tú ag rá go mba bhreá an droichead é sin, a stócaigh,' ar seisean, ar deireadh, nuair a bhí a sháith caite aige, agus an seandúidín dubh curtha ar ais ina phóca arís aige. 'Nár chrua an saol a bhí ann nuair nach raibh droichead ar bith in aon áit?'

'Ba chrua, agus nár mhaith an fear a rinne tairngreacht go dtiocfadh droichid?' arsa Pádhraic.

'Níorbh í sin an t-aon tairngreacht amháin a rinne Brian Rua Ó Cearbáin, agus a tháinig fíor,' arsa Tadhg.

'"Beidh teach mór ar gach cnocán"' a deir sé,
'"Droichead ar gach sruthán,
Buataisí ar na brealláin,
Agus Béarla ag na tachráin."'

'Dúirt sé chomh maith go dtiocfadh an cóiste tine agus an scéal i mbarr bata; go dtiocfadh an long mhaol isteach ar chuan an Inbhir agus lucht óir uirthi. Dúirt sé go dtiocfadh an t-am a mbeadh níos mó ar an mála ná a bheadh ar an rud a bheadh ann, agus chonaic mé féin é sin. Chonaic mé nuair a tháinig fataí an *Relief* go bhfuair sinn na fataí in aisce, agus go mb'éigean dúinn sé pingne an ceann a thabhairt ar na málaí a bhí thart orthu. Dúirt sé go dtiocfadh bliain an óir agus bliain an ocrais; agus dúirt sé, freisin, go dtiocfadh an t-am a mbeadh an cháin níos troime ná an cíos, agus go séanfadh an fear a bhó féin ag a dhoras féin. Tá formhór an méid sin fíoraithe cheana féin.'

'An measann tú an bhfuil tairngreacht Cholm Cille fíor?' arsa an seanfhear.

'Fíor!' arsa Tadhg Rua, ag breathnú go huafásach ar an gcarr-aeir. 'Fíor! an bhfuil sé fíor go bhfuil mise ag caint leatsa?'

'Ní hé sin atá i gceist agam, ach an measann tú gur chuir lucht na leabhar rudaí léi nach raibh inti ó thús?'

'Táim cinnte nár chuir; cén chaoi a dtiocfadh leofa?' arsa Tadhg Rua, agus an glór ag ardú aige.

Bhain an seanduine cúpla croitheadh as a cheann ach níor labhair focal eile faoin scéal.

'B'as an gceantar seo a tháinig ceap sinsear Dick Bairéad ó thús,' arsa an seanfhear tar éis tamaill. 'Bhí áitreabh anseo orthu ar feadh i bhfad.'

'B'as an mBreatain Bheag ó thús dóibh,' arsa Pádhraic, a raibh a lán d'amhráin an Bhairéadaigh de ghlanmheabhair aige, 'ach chuir siad fúthu anseo nuair a tháinig siad go hÉirinn le Strongbó. Chuir siad na sean-Éireannaigh as seilbh agus thógadar féin an áit chucu féin. Ní go maith a tharraing siad le chéile ach oiread. Bhí trí dreamanna acu ann: na Bairéadaigh agus na Breathnaigh agus na Lionóidigh. Bhí cogadh dearg eatarthu, agus b'ag na Bairéadaigh a bhí bua. Ba mhíthrócaireach an bunadh iad, mar go mba é an pionós a chuir siad ar an muintir eile, nuair a threascair siad iad, iad a dhalladh agus iallach a chur orthu a dhul thar an Muaidh ar chlochán a bhí ann. An mhuintir ar éirigh leo thug siad cead a gcos dófa, ach bádh a bhformhór, mar go dtug tuile na habhann le fána iad chun farraige. Tá duan fada Béarla ag cur síos air ar a dtugtar *The War of the Welshmen of Tirawley*.'

'Go ndearca Dia orainn, nár bhocht an bás a thug siad dófa, na créatúir?' arsa Tadhg Rua, nár chuala an scéal riamh roimhe.

'Ní raibh "taise don trua" ar na saolta údaí,' arsa Pádhraic, "má bhí troid don tréan féin ann".'

'Tá mé ag rá leat arís,' arsa an seanduine le Pádhraic, ag tabhairt stracfhéachaint air, 'gur maith an cloigeann atá ort, slán a bheas tú. An bhfuil aon cheann d'amhráin Dick agat?'

'Diabhal amhrán dár chum Dick riamh, ná aon Dick eile, nach bhfuil aige,' arsa Tadhg Rua, go mustrach. 'Croch suas *Eoghan Cóir* dúinn, a Phádhraic, mar dhéanfadh mac.'

'Ara, nach bog stiall de chraiceann duine eile agat, a Thaidhg?' arsa Pádhraic. 'Cad chuige nach n-abrófá féin staic d'amhrán dúinn, is gur tú an fear ceoil is fearr ar an mbaile?'

'Dheamhan maith an mhada ionam ó chaill mé na clárfhiacla,' arsa Tadhg. 'Chomh beag sin ní bheadh aon chall preasála orm.'

'Ó, níl ansin ach leithscéal, mar bhíos ag sean-Mháirtín. Dá n-abraítheá leis amhrán a ghabháil séard a déarfadh sé i gcónaí "Bhris mé mo ghuth ag reathaí le muc". Níl duine sa domhan ...'

'An traein! An traein!' arsa duine den dream a bhí ar an gcairt eile, agus b'iúd aníos í as Cill Ala, ag déanamh isteach ar Bhéal an Átha, an chéad traein a chonaic Pádhraic riamh.

'Níor shíl mé go raibh sinn chomh gar sin don bhaile mór,' arsa Tadhg Rua. 'Níor airigh mé an t-am ag dul thart leis an seanchas.'

'Tá tú buailte air,' arsa an carraeir.

Rinne siad moill i mBéal an Átha nó gur chaith siad a ndinnéar – arán agus tae – agus go dtug na tiománaithe bia agus deoch dá gcuid capall.

Nuair a chonaic bean an tí ar chaith siad an bia ann, an samhnachán breá, d'fhiafraigh sí de Phádhraic céard a ghlacfadh sé air.

'Bíodh sé agat in aisce,' arsa Pádhraic, 'más breá leat é; fuair mé féin go réidh é.'

'Muise, leoga, a stócaigh, tá an gheanúlacht ionat, cér bith duine a dtug tú uaidh í,' arsa an bhean.

'Má tá féin,' arsa Tadhg Rua, 'ní ón ngaoth a thóg sé é — ba dhual athair is máthair dó é – níor dhíol siad an fhéile ná an fhlaithiúlacht riamh.'

Nuair a bhí an bia caite acu pingin ná bonn ní bhainfeadh bean an tí amach air.

'Ó ba libh féin an dóighiúlacht a bheith ionaibh,' ar sise, 'cúiteoidh mise libh é.'

Dúirt Pádhraic go rachadh sé suas go stad na traenach go bhfeiceadh sé cén sórt áite é, agus go mbeadh sé ar ais arís ar leagan d'fhabhra, agus amach leis. Ag dul thart choirnéal Shráid an Droichid dó cé a chasfaí leis ag teacht thart an coirnéal ina aghaidh ach Gráinne! Sheas gach duine acu; stán; agus dhearc ar an duine eile.

'In ainm Chroim,' arsa Gráinne, ar deireadh, ag síneadh amach a láimhe, 'céard a chas anseo thú?'

Bhí an chúthaileacht imithe go mór de Phádhraic, seachas mar bhí gach uair dár casadh Gráinne air roimhe sin. Ní raibh sé sa mbaile anois, nó ní raibh Micilín thart le straois a chur air féin, agus thairis sin féin nach raibh sé méadaithe suas i mbrollach a bheith ina fhear? Chuir sé iontas ar Ghráinne an t-athrú a chonaic sí ann.

D'inis sé di cá raibh a thriall. 'Ach ní hé sin é,' ar seisean, 'ach é seo; cá bhfuil tusa ag dul?'

Bhí sí ag dul ar cuairt chuig col ceathrar di i mBaile Átha Cliath, dúirt sí; agus dá n-éiríodh léi fáil isteach ann, agus dá dtaitníodh an áit léi, bhí fúithi dul ag foghlaim banaltrachta go hospidéal Naomh Eoin. Tháinig sí amach go Béal an Átha an lá roimhe sin ar charr Bhianconi, agus ní raibh sí le himeacht go Baile Átha Cliath go dtí an mhaidin lá arna mhárach. Bhí an lá ar a luach aici, agus bhí sí ag spaisteoireacht thart di féin, ag féachaint ar na fuinneoga. 'Is fearr liom é,' a deir sí, 'ná a bheith in mo shuí istigh san teach.'

Bhí siad beirt ina dtost ar feadh tamaill.

'An mbeidh tú i bhfad imithe?' ar sise, ar deireadh, ag breathnú fúithi ar an gcosán, agus ag tabhairt speiche go héadrom do mhéaróg a bhí ag barr a bróige.

'Ag Dia atá a fhios,' arsa Pádhraic, agus lig sé osna.

'B'fhéidir nach gcasfaí le chéile arís go brách sinn, a Phádhraic,' ar sise, agus cheapfá le breathnú ar a dhá súil dhubha lonracha go raibh féachaint bhrónach orthu. 'Nach iontach mar buaileadh ar a chéile mar seo sinn?'

'Castar na daoine le chéile,' arsa Pádhraic, 'ach ní chastar na cnoic ná na sléibhte. Ach caithfidh mise a bheith ag imeacht; beidh an mhuintir eile ag feitheamh orm.'

D'fhoscail sí mála a bhí ina láimh aici, agus bhain sí amach giota de pheann luaidhe as; ansin thoisigh sí ag cuartú nó go bhfuair sí seanchlúdach litreach, agus scríobh sí an seoladh a bheadh uirthi i mBaile Átha Cliath air.

'Seo,' ar sise, á sheachadadh air, 'cuir cárta poist chugam amach anseo nuair a bheas am agat air, agus inis dom cén chaoi a mbeidh tú ag dul ar aghaidh. Agus,' ar sise, ag breith ar láimh air, agus cheapfá go raibh tocht ina glór, 'Mac Dé go gcuire rath agus rathúnas ort ...'

Bhí an mhuintir eile ag éirí mífhoighdeach ag fanacht le Pádhraic, agus chomh luath agus tháinig sé ar ais, bhuail siad bóthar arís ag tarraingt ar Shligeach.

XXXI

Ar an mbealach go Sligeach dóibh ba mhó i bhfad Éireann an t-iontas a rinneadh díobh ná mar rinneadh go dtí sin; daoine ag seasamh suas ar an mbóthar agus ag breathnú i ndiaidh na gcairteacha; daoine ag stop dá gcuid oibre sna goirt agus ag ligean a n-ucht amach ar a gcuid arm agus ag breathnú ar na spailpíní bochta; daoine ag rith go dtí na doirse agus ag fógairt ar thuilleadh: 'Anuas libh go beo, go bhfeice sibh spailpíní Chontae Mhaigh Eo ag dul go Sasana.' Go deimhin féin bhí bean amháin chomh díbhirceach sin agus gur éirigh sí óna béile agus í ag glanadh an fhata le cur ina béal. Lean uirthi ag glanadh an fhata le hionga a hord-óige agus í ina seasamh sa doras, agus nuair a bhí sé glan aici bhuail uirthi á alpadh suas go hocrach, ise ag magadh faoi na spailpíní, agus na spailpíní ag magadh fúithise.

Ní raibh a oiread seanchais acu ar bhóthar Shligigh agus a bhí roimhe sin de bhrí nach raibh an t-eolas céanna acu ar na háiteacha a raibh siad ag dul tríothu. An carraeir féin, ní raibh sé i Sligeach ach go fíorannamh i rith a shaoil; ach bhíodh sé i mBéal an Átha cúpla uair sa tseachtain agus ní raibh cor ná casadh sa mbóthar a tháinig siad ar maidin nach raibh seanchas aige ina thaobh.

'Shílfeá gur cumha a tháinig ortsa, a Phádhraic, ó d'fhág tú Béal an Átha, leis an gcaoi a bhfuil an chaint caillte agat,' arsa Tadhg Rua. 'Is brónaí go mór an chosúlacht atá ort anois ná mar bhí ort ag fágáil an bhaile duit ar maidin. Céard faoin amhrán sin a chrochadh suas anois? Bhéarfaidh sé croí dúinn.'

Ach ba mhaith a híocfaí Pádhraic ar a shon nuair a chuirfí chun ceoil é an uair sin.

Ag dul trí pharáiste na Scríne dóibh, thaispeáin an carraeir teach dóibh a bhí ar thaobh an bhóthair. Teach ceann slinne a bhí ann, agus é dhá stór ar airde. 'Sin é teach an tsagairt paráiste,' a deir sé, 'an tAthair Seán Ó ——; chaith sé tamall fada ina shéiplíneach i bparáiste na nAchadh.'

'Ó, dar m'fhocal,' arsa Pádhraic, ag múscailt suas agus ag

méanfach, 'is minic a chuala mé an tAthair Séamas ag cur síos ar an tsagart sin, agus léigh mé leabhar a bhfuil trácht air ann ach go bhfuil ainm eile tugtha air. *Father Anthony* an t-ainm atá ar an leabhar, ach is é an tAthair Seán —— atá i gceist. Protastúnach agus Sasanach a bhfuil áit aige ar an Ros a scríobh an leabhar agus is maith atá curtha síos ar an Eaglais Chaitliceach aige – go han-mhaith amach is amach.'

'Nach in é an fear a dtugtar Buchanan air?' arsa an seanfhear. 'Chuala mé cur síos air chomh minic is tá méar choise nó láimhe orm.'

'An fear ceannann céanna,' arsa Pádhraic.

'Ós ag trácht orthu é,' arsa an carraeir, ag toisiú ag maolgháire, agus ag tochas na féasóige lena ordóg, 'tá scéal an-ghreannmhar a hinstear i dtaobh an tsagairt sin agus rachaidh mé i mbannaí nach bhfuil sé curtha síos in aon leabhar – scéal an-ghreannmhar,' a deir sé, agus bhuail air ag croitheadh a chinn ó thaobh go taobh. 'Fear as Ceathrú na gCloch a bhí á insint domsa, agus shílfeá go dtitfeadh an t-anam as lena ndearna sé de gháire agus é ag insint an scéil. Há-há-há-há!'

'Nach bhfuil tú ag dul á insint?' arsa Tadhg, agus a dhá shúil ag dul amach ar a cheann ag breathnú ar an seanduine, agus iontas air gur stop sé chomh tobann. 'Inis dúinn é, a dhuine, sula dtitimid inár gcodladh.'

'B'fhéidir nach gcuirfeadh sibh aon tsuim ann.'

'Ó, i bpéin Dé ort agus scaoil chugainn é,' arsa Tadhg. 'Cén fáth nach gcuirfimis suim ann?'

'Bhuel, nuair a bhí an tAthair Seán ina shéiplíneach ar na hAchadha bhí ministéir ag cur faoi ann sa tráth céanna, agus bhí an tAthair Seán agus an ministéir chomh mór le chéile le dhá chloigeann capaill. Ní raibh mórán daoine thart san áit le comhluadar nó comhrá a choinneáil leis an Athair Seán mura dtogradh sé a bheith ag cur síos ar fhataí agus ar choirce agus ar chearca, agus ar ndóigh, d'éireodh a leithéid tuirseach de bheith ag caint ar rudaí mar sin i gcónaí.

'Ach bhí go maith is ní raibh go dona. Amach leis an sagart agus leis an ministéir ag seilg faoi na sléibhte dófa féin lá amháin, le péire con. Bhí ag éirí leofa chomh maith sin agus nár chuimhnigh siad ar fhilleadh go raibh sé ina chlapsholas, agus tháinig ceo chomh trom sin orthu is gur cuireadh amú iad. Bhí siad ag imeacht rompu agus ag síorimeacht, agus gan fios acu cén áit a raibh siad ag dul, go dtí go bhfaca siad múchsholas beag ar a n-aghaidh amach. Tharraing siad air, agus áthas a sáith orthu, mar gur shíl siad go mbeadh siad amuigh go maidin.

'Nuair a tháinig siad go dtí an bothán a raibh an solas ann bhuail siad ar an doras. Foscladh é, agus ligeadh isteach iad; d'fhiafraigh siad d'fhear an tí an dtiocfadh leis iad a ligean isteach go maidin; agus mhínigh siad dó céard a tharla. Dúirt seisean go mbeadh céad fáilte rompu ach go mba dhona leis an bothán a bhí aige dófa. Réitíodh bia dófa, agus nuair a tháinig am codlata thug fear an tí suas chun an rúma iad, agus thaispeáin leaba dófa arbh fhéidir leofa beirt codladh inti. Chuir sé coinneal ar bhord dófa agus d'fhág slán codlata acu.

'Chuaigh an bheirt ar a nglúine le hais na leapa agus thoisigh ag rá a bpaidreacha. Bhí siad tuirseach de bharr an lae, ní nárbh ionadh, agus nuair a bhí siad tamall ar na capáin thug an sagart thart ruball a shúl go bhfeiceadh sé an raibh aon chuma ar an ministéir stop den phaidreoireacht, mar nár mhaith leis féin tabhairt le rá don Ghall go n-éireodh sé roimhe. Bhí siad ansin, an bheirt ag comórtas le chéile – an sagart ag fanacht go n-éiríodh an ministéir, agus an ministéir ag fanacht go n-éiríodh an sagart. Ar deireadh thiar, nuair ab fhada le fear an tí go raibh an solas ag dul as sa rúma, thug sé leathfhoscladh ar an doras agus chuir suas a cheann. Céard a d'fheicfeadh sé ach an bheirt agus iad ag srannfartaigh chodlata le hais na leapa agus iad ar a nglúine ligthe isteach ar cholbh na leapa!'

Tháinig falrach gáire ar a raibh ag éisteacht; agus an seanfhear é féin, shílfeá go réabfadh sé na heasnacha as féin leis an gcaoi a raibh sé ag rachtaíl.

'Ó, muise, b'fhéidir nár tharla sé riamh,' arsa Pádhraic. 'Tá neart daoine síos ansin agus is maith atá siad in ann craiceann a chur ar ghállóg.'

'Ó, diabhal focal bréige ann,' arsa an seanfhear. 'An fear a bhí á insint domsa, dúirt sé go raibh an scéal ina loscadh sléibhe ar fud an pharáiste. Ba ghearr gairid i ndiaidh an ama sin nó gur imigh an ministéir.'

'Á, ach tá boic ghlice síos an bealach sin,' arsa Pádhraic, 'boic a chuirfeadh an dubh ar an mbán ort mura mbítheá ar d'aireachas. An Buchanan údaí a raibh sinn ag caint ar ball beag air, bhí maidrín gleoite aige, maidrín nach dtabharfadh sé ar ór ná ar airgead. Cér bith mífhortún a tháinig ar an maidrín fuair sé bás. Bhí Buchanan chomh mór sin ina dhiaidh agus dá mba é a dheartháir a chaillfí, agus céard a dhéanfadh sé, an measann tú, ach a ní agus a ghlanadh agus a chíoradh agus a chur os cionn cláir, agus tórramh a bheith aige air go díreach mar dhéanfá le Críostaí. Nuair a chuala gleacaithe na háite an chaoi a raibh an scéal chruinnigh siad isteach i gcosa a chéile chun an "tórraimh." Bhuail siad orthu ag caoineadh agus ag gárthaíl agus ag greadadh na mbos os cionn an mhaidrín. "*An' Misther Buchanan*," a deireadh na cneamhairí, agus iad ag caoineadh agus ag caochadh ar a chéile, "*An' Misther Buchanan, your dogeen is dead.*"

'Ba é críoch an scéil é go bhfuair siad dalladh óil ó Bhuchanan, agus gur shíl sé go mba iad na daoine ba chairdiúla is ba charthanaí iad ar chuir Dia an t-anam riamh iontu.'

'Ó, b'in é a bhí uathu, neart óil a fháil,' arsa Tadhg Rua. 'Diabhal mo chraiceann go bhfuil an scéal sin chuile orlach chomh maith leis an gceann eile.'

Tá sé tuairim seacht míle dhéag agus fiche de mhílte Sasanacha as Béal an Átha go Sligeach, agus bhí sé ag cailleadh an lae go díreach agus lucht na gcairteacha ag dul trí Bhaile Easa Dara. Gasúr mór, gioblach a bhí amach rompu ag marcaíocht ar sheanasal dubh spadchluasach chamingneach d'ísligh sé agus thoisigh ag gabháil ar an asal bocht le bata draighin, ag iarraidh farasbarr siúil a bhaint as, agus é ag coscairt an asail thíos agus thuas in ard a chinn is a ghutha.

'Stop! stop! ar son Dé,' arsa Pádhraic leis, agus é ag cuimhneamh ar a asal féin a bhí ina dhiaidh sa mbaile. 'Stop! agus ná bí ag bualadh an asail bheannaithe chomh míthrócaireach is tá tú.'

'Beannaithe!' arsa an gasúr, ag stop agus ag dearcadh suas san éadan ar Phádhraic agus iontas air. 'Beannaithe! Cé dúirt go raibh an t-asal seo beannaithe? Ar son Dé, inis sin dom.'

'Tá sé beannaithe,' arsa Pádhraic, agus fearg ag teacht air. 'Nach bhfeiceann tú an chros anuas ar a dhá shlinneán?'

'Dá mbeadh agus cros eile anuas ar a dhá ghorrún, ní bheadh an t-asal seo beannaithe, agus is fearr an t-eolas atá agamsa air ná mar atá agatsa,' agus thug sé buille den bhata dó a lúb an t-asal i lár an bhóthair. 'Beannaithe, go deimhin!' agus rinne sé gáire searbh. 'Níl asal in Éirinn chomh mallaithe leis.'

'Ach nach bhfuil a fhios agat gur ar asal a chuaigh Mac Dé isteach go hIarúsailéim,' arsa Pádhraic, agus déistin ag teacht air leis an ngasúr.

'Más ea, muise, is maith an scéal nach é seo an t-asal a bhí Leis, nó dá mba é ní fheicfeadh Sé radharc ar Iarsúsailéim go brách.'

'Ara, ná bí ag bodhrú do chinn leis an bpleidhce sin,' arsa an seanfhear. 'Nach bhfeiceann tú go bhfuil sé féin chomh ramhar i réasún le hasal ar bith? Caithfidh sé gur mac tincéara atá ann.'

Go díreach leis sin féin céard a dhéanfadh an t-asal ach toisiú ag stealladh leis an méid a bhíothas a bhualadh air, agus cén áit a mbuailfeadh sé an gasúr mór gioblach lena dhá chois deiridh ach isteach i mbéal an ghoile, nó gur chuir ar shlatracha a dhroma é i gceartlár an bhóthair. As go brách leis an asal ansin chomh maith géar in Éirinn agus b'fhéidir leis cos a tharraingt nó gur imigh sé as amharc.

'Nár fhóire Dia ná Muire ort,' arsa Tadhg Rua, ag breathnú suas ina dhiaidh ar an ngasúr a bhí ag éirí agus ag baint an tsalachair de féin. 'Is maith atá an méid sin tuillte agat, agus is rímhaith. Smior i do chnámh, a asail, cér bith áit a bhfuil tú mar seo.'

★ ★ ★

Bhí an oíche tite go maith orthu nuair a bhain siad Sligeach amach; agus chuaigh siad suas go dtí teach bia i Sráid an Phunta a raibh aithne ag Tadhg Rua air, nó go bhfuair siad greim suipéir. An long a raibh siad le bheith uirthi, bhí sí le himeacht go díreach leis an lá, mar go raibh sí ag fanacht le hionradh tuile; agus bhí faitíos orthu dá dtéadh siad a chodladh nach nglaofaí in am orthu. Ar an ábhar sin nuair a bhí an bia caite acu agus a scíth ligthe, síos leo go dtí an long. Shíl siad go mbeadh cead acu dul isteach uirthi agus codladh inti go maidin agus luach a lóistín a shábháil. Ach ní raibh, ná cuid de chead, agus b'éigean dóibh síneadh ansin anonn agus anall le hais seanstóir a bhí ann, fir agus mná agus páistí, nó go dtáinig an lá agus gur ligeadh isteach ar an soitheach iad.

Bhí an mhaidin go haoibhinn agus iad ag dul amach Cuan Shligigh le hiomlán ionartha. Bhí an ghrian ag gobadh aníos sa spéir thoir agus go sílfeá gur aníos as sliabh ard san oirthear a bhí sí ag éirí. Ba ghearr go raibh sí nochta aníos bun barr, agus le féachaint uirthi bhéarfá lán an leabhair gur meall mór tine a bhí inti a bhí lasta ar mhullach an tsléibhe. Ach ba ghearr an mhoill uirthi ardú sa spéir, agus thoisigh uirthi 'ag scaipeadh a glóire ar fharraige, sliabh agus slí.' Chuir sí uisce an chuain ag spréacharnaigh agus ag lonrú, agus líonadh gleann agus gaorthadh lena solas síorálainn. Agus Pádhraic ina sheasamh ar bhord na loinge níorbh fhéidir leis gan cuimhneamh ar an am deireanach ar éirigh grian air ar farraige, agus thug sé buíochas do Dhia na Glóire a thug slán sábháilte é as an ngábh uafásach úd.

Ag dul thart le cóstaí Thír Chonaill dóibh thug Pádhraic faoi deara scata daoine ag nochtadh orthu anuas taobh cnoic a bhí clochach carraigeach, cnoc a raibh cuma air go raibh talamh chomh bocht ann le haon chnoc dá bhfaca sé riamh. Leis sin féin thoisigh an long ag moilliú sa siúl, agus ba ghearr gur stop sí bun barr. Cuireadh amach bád ón long agus tugadh ar bord na daoine. Fuair Pádhraic amach go mba dhaoine mar iad féin a bhí iontu, daoine a raibh orthu imeacht leo sna 'géabha fiáine' chuile bhliain ag iarraidh greim a mbéil a bhaint amach sna tíortha coimhthíocha.

'Nárbh fhearr dúinn greim bia a réiteach dúinn féin?' arsa Tadhg Rua, ag teacht aníos as colainn na loinge agus ag sméideadh ar Pháidhraic. 'Tá slabhra ocrais orm féin.'

'Bia!' arsa Pádhraic. 'Cén bia atá i gceist agat? Níor thugas greim ná blogam liom, ná níor chuimhnigh mé ar a leithéid. Dá mbeadh breith ar m'aiféala agam bhéarfainn mar go bhfuil lagar ocrais orm.'

'Nuair a bheas tú anonn is anall an bealach seo chomh minic liomsa,' arsa Tadhg, 'sin dearmad nach mbainfidh duit.

Ach chugainn leat síos; tá neart aráin leis na cailíní, agus gheobhaidh sinn uisce ón gcócaire, agus tig linn féin braon tae a fhliuchadh.'

'Go mba fíor do phort,' arsa Pádhraic, ag dul síos an dréimire i ndiaidh Thaidhg.

★ ★ ★

Le linn an tráthnóna thoisigh an ghaoth ag beochan beagán; agus cuid de na cailíní a bhí ar an long, thoisigh siad ag éirí tinn. Pádhraic féin, d'airigh sé sórt múisce ag teacht air, ach ba é boladh an tarra agus na rópaí ba chiontach leis, shíl sé. Leag sé a cheann thairis agus dhún a dhá shúil, ag síleachtáil go dtitfeadh sé ina chodladh agus go gciúineodh an gála arís.

Ag teannadh a bhí an ghaoth i leaba a bheith ag ligean fúithi.

'Níl mé ag rá nach mbeidh rí-dhrochoíche againn,' arsa Tadhg Rua. 'Ba chiúin liom a bhí an mhaidin inniu, agus an bhfaca tú an chaoi a raibh an toit ag éirí chomh díreach as na simléir ar maidin? Ní fhaca mé ag éirí mar sin riamh ar maidin í nár chosúlacht doininne agus drochuaire é. Sionnach de lá a bhí ann. Is cuma liom i mo thaobh féin mar nach mbím tinn ar farraige – "is deacair drochrud a chur chun báis," a deir siad – ach tá gearrchailí beaga óga anseo, na créatúir, agus bíonn trua agam dófa nuair a éiríos siad tinn.'

Ní thug Pádhraic aon fhreagra air. Bhí sé ag urlacan ar a tháirm mar seo, agus é lánchinnte nach bhfeicfeadh sé radharc ar thalamh ná ar thrá arís go brách na breithe.

Neartaigh an gála agus choip an fharraige. Déarfá féin go mba bhocht an áit é ag cailíní beaga, boga, óga, cailíní bochta ar tógadh cuid acu ón scoil lena gcur anonn ag baint fhataí. Bhí siad ansin caite ar an urlár – fir agus mná agus páistí caite ar fud a chéile in aon tromach tramach amháin – agus iad ag urlacan agus ag éagaoin, ag gol agus ag gárthaíl. An long, bhí sí á tógáil agus á tuargain ar bharr na dtonntracha go díreach mar bheadh corc ann a chaithfeá amach ar an uisce. Bhí ba agus muca, caoirigh agus caiple uirthi ag dul go Glaschú, agus mhaithfeá d'Éire chláir ach gan a bheith ag éisteacht leis an tsianaíl agus leis an ngéimnigh agus leis an únfairt a bhí ar na hainmhithe bochta; agus bhí sin ag déanamh na ndaoine a bhí tinn seacht n-uaire níos measa ná bheadh siad. Tadhg Rua, féin, dá dhochloíte é, ní raibh sé saor gan tinneas a bheith air, agus dúirt sé gurbh í an oíche ba mheasa í a chaith sé ar farraige lena chuimhne.

Na daoine nach raibh róthinn amach is amach, bhí faitíos a n-anama orthu go mbáfaí iad, agus thoisigh scata acu ag rá an Phaidrín. An mhuintir eile ba chuma leo a theacht nó imeacht dóibh, agus b'amhlaidh a bhí an scéal ag Pádhraic go mb'fhearr leis an soitheach dul go tóin, cheap sé, bhí sé chomh dona sin.

Bhí fear amháin orthu – Brian Antaine as Glais – agus ba é an t-aithríoch ab fhearr é dá raibh ann. Uair amháin, nuair ba threise a bhí an stoirm, tháinig cuaifeach as miosúr agus síleadh go raibh réidh. Tógadh an long ar thonn a bhí chomh mór le cnoc, agus nuair a d'imigh an tonn uaithi thit sí síos ionas gur cheap lucht an Phaidrín go raibh sí ag dul go tóin poill. Bhí fear as Tír Chonaill ag tabhairt amach an Phaidrín agus bhí an mhuintir a bhí ag friothálamh go díreach ag toisiú ar 'A Naomh Mhuire, a Mháthair Dé,' nuair a bhuail an tonn an long. 'A Naomh Mhuire, a Mháthair Dé . . .' arsa Brian, agus stop ansin go tobann agus bhuail uille sa té ba ghaire dó, 'an bhfuil sí ag dul síos?'

Rinneadh a lán gáire faoin bpaidir nuair a bhí an chontúirt thart, agus ón lá sin go ndeachaigh sé sa talamh níor tugadh aon leasainm ar Bhrian bocht ach 'A Naomh Mhuire, a Mháthair Dé . . . an bhfuil sí ag dul síos?'

XXXII

Ba mhór é iontas Pádhraic nuair a chonaic sé cathair Ghlaschú. An mhéid a bhí inti! Agus an deifir agus an driopás a bhí ar gach duine! An torann agus an troimpléasc agus an tuargain! Na sluaite daoine síos suas, síos suas, i rith an lae, gan beannú dá chéile, gan mora a chur ar aon duine, gan sos gan cónaí! Sa mbaile dá dtéitheá thart le duine, cuma cé hé, coimhthíoch nó muinteartha, agus gan forrán a chur air shílfí gur anduine a bheadh ionat; ach anseo ...

Na daoine a raibh tinneas na farraige orthu – agus ba bheag nach raibh – bhí cuid acu ag titim as a seasamh le teann ocrais, agus tuilleadh a bhéarfadh a dhá súil ar dheoch uisce dá mbeadh sí le fáil acu.

Bhí eolas an bhealaigh ag Tadhg Rua go maith, mar go mba mhinic ann cheana é, agus thug sé thart iad go dtí teach bia a bhí i sráidín chúng shalach, agus d'ordaigh sé béile don dream a bhí ina chomhluadar féin as an mbaile.

Bhí bord fada i lár an urláir ann, bord a raibh éadach cláir air a raibh gach cosúlacht air nár níodh é ó cuireadh ansin ar dtús é, agus stól fada ar gach taobh den bhord. Bhí triúr nó ceathrar fear ag ithe ag dul isteach dóibh; agus bhí a gcuid bairéad orthu, rud a chuir iontas mór ar Phádhraic, mar nach bhfaca sé rud den tsórt sin cheana riamh. Fir ghruama dhuairce, le héadaí salacha smeartha a bhí sna fir a bhí ag an mbord agus dhearc siad go mailíseach mioscaiseach as deireadh a súl ar an dream a tháinig isteach; ach focal níor labhair, 'cat dubh ' nó 'cat bán.' Thug Pádhraic faoi deara rud eile a chuir a sháith iontais air: bhí na sceana agus na gabhlóga greamaithe de na suíocháin ar gach taobh den bhord le slabhraí, ionas, nuair a bheadh duine ina shuí ag an mbord ag caitheamh bia, go mbeadh an ghabhlóg ar a chiotóg agus an scian ar a dheasóg, agus neart de shlabhra ar gach ceann acu le cead a thabhairt don té a bheadh ag ithe iad a oibriú; ach ní thiocfadh leis iad a chur ina phóca ag imeacht dó. Dúirt Tadhg leis mura ndéantaí rud mar sin nach bhfágfaí scian ná gabhlóg san áit nach ngoidfí, mar nach dtigeadh isteach ann ag caitheamh bia, ach lucht fáin agus anró agus ólacháin.

Sular fhág Pádhraic an baile ar chor ar bith, bhí rún daingean diongbháilte aige gan dul ag baint fhataí. Ní théadh ag baint fhataí ach mná agus páistí, ach amháin seanfhir a bhíodh ró-aosta le hobair ar bith eile a dhéanamh. Sa mbaile chaití drochmheas ar 'bhuachaill óg' ar bith a rachadh 'ag tochailt,' mar thugtaí air, agus na bainteoirí iad féin bhíodh siad ag steallamhagadh ar fhir óga urrúnta a bhíodh ina measc, agus ag spochadh astu nó go gcaitheadh siad imeacht leo in áit eicínt eile. Bhí col ceathrar d'athair Phádhraic, Tomás Óg Ó Maolfhabhail, bhí sin ar obair phoiblí sa gcathair, agus bhí leagan amach ag Pádhraic go mb'fhéidir go bhfaigheadh sé féin obair in éineacht leis; bhí a sheoladh leis ón mbaile.

Nuair a bhí an béile thart scar Pádhraic leis an gcuid eile den chomhluadar. Thug siadsan an tuath orthu féin, agus chuaigh seisean ar lorg Thomáis Óig.

Ach ní mar a shíltear a bhítear. Nuair a bhuail sé ar an doras ag an teach ar shíl sé Tomás a bheith ann, dúradh leis go raibh an té a raibh sé ar a lorg in ospidéal an fhiabhrais le seachtain roimhe sin, agus sularbh fhéidir leis aon cheist eile a chur buaileadh an chomhla amach go borb ina aghaidh agus is beag bídeach nár baineadh an tsrón de. Níorbh í Albain Éire, an áit a mbeadh fáilte agus féile agus an focal flaithiúil le fáil ag fear bóthair is bealaigh, agus bhí Pádhraic ag foghlaim fírinne an tseanfhocail a deir nach lia tír ná gnás.

Thit an lug ar an lag aige nuair a chuala sé an bhail a bhí ar Thomás. Ní raibh cuimhneamh ná smaoineamh aige nach mbeadh sé roimhe, agus nach mbeadh sé in ann a chur ar an eolas cén áit a bhfaigheadh sé obair mura mbeadh obair le fáil aige ina theannta féin. Ní raibh aige ach bos a chuimilt dá leiceann, agus níorbh é a gháire a sciorr air ag imeacht ón doras dó.

Punta airgid a bhí le Pádhraic ag fágáil an bhaile dó agus ní raibh fágtha aige faoin am seo ach ceithre scilleacha. Dúirt sé leis féin go gcuirfeadh sé faoi i dteach lóistín eicínt go maidin – bhí sé sáraithe sioncaithe de bharr na loinge – agus ar maidin go dtabharfadh sé a aghaidh amach faoin tuath go bhfeiceadh sé an bhfaigheadh sé obair ó fheilméara.

Síothmhaor mór a bhí ina sheasamh i lár na sráide ann chuir sé Pádhraic ar an eolas cén áit a bhfaigheadh sé lóistín saor, agus mar go raibh an oíche ag teacht agus gan aon chleachtadh aige ar na bailte móra dúirt sé leis féin go mbainfeadh sé an teach lóistín amach chomh tapaidh agus ab fhéidir leis, agus go rachadh sé a chodladh.

★ ★ ★

Níor thúisce sínte ar an leaba é ná toisíodh air. A leithéid d'fháilte is a chuir siad roimhe! Tá cáil mhór ar 'Fáilte Uí Cheallaigh' ach níorbh fhiú an deich triuf í ar ghualainn na fáilte a cuireadh roimh Pádhraic. Tháinig siad air ina gcéadta – ina mílte. An ceann nár rug ar chois air rug sé ar láimh air, agus a leithéid de 'chroitheadh láimhe' ní bhfuair sé ó rinne slat cóta dó. Bhí dreancaidí móra ann agus dreancaidí beaga, dreancaidí aosta agus dreancaidí óga, dreancaidí troma agus dreancaidí éadroma. Thiontaigh sé síos an tseanchiumhsóg phluide a bhí air, agus radharc a chonaic sé! Bhí na héadaí breac ballach le dreancaidí. Na dreancaidí a bhí ar thaobh na láimhe clé bhí siad ar a seacht ndícheall ag tarraingt mar bheadh siad ag iarraidh a thabhairt amach ar an urlár agus an leaba a bheith acu féin. Ach níor thaise leis na dreancaidí a bhí ar thaobh na láimhe deise é. Bhí siadsan agus saothar orthu ag tarraingt an taobh eile. Bhí an méid seo den ádh air ar chuma ar bith – bhí an dá thaobh ag tarraingt in aghaidh a chéile, agus b'in é a shábháil é nó tharraingeodh siad glan amach as an leaba é, mar nach neart go cur le chéile.

Agus an léimneach a bhí orthu! Cheapfá gur cleasa lúith a bhí ar bun acu leis an gcaoi a raibh siad ag caitheamh truslóg anonn is anall, suas is anuas, gan sos, gan stop, gan staonadh. Bhí tuilleadh acu a bhí ag léimnigh ina mhullach agus ag gabháil de chosa ann mar bheadh fúthu an tséideog a bhaint as gan faill stártha a thabhairt dó. Ach níor thada sin ar ghualainn na ngreamanna fiacal a bhí siad a bhaint amach. Bhéarfadh Pádhraic a bhfaca sé de leabhra riamh gur chuir siad faobhar ar a gcuid fiacal in aon turas amháin i gcomhair na hoíche sin.

Ach dá gceartainneoin ar éigean sheas sé an leaba orthu go maidin, gí nár leag sé súil ach an oiread leis an té a bhí ag faire na cille. Chomh luath géar in Éirinn agus a fuair sé soiléas an lae ann d'éirigh sé agus ní raibh leithead pingne dá chorp ó bhaithis a chinn go bonn a choise nach raibh folaithe le spuacracha agus le léasracha dearga, go sílfeá le breathnú air gurbh í an bhruitíneach a bhí air nó an galar breac. Bhí sé lánchinnte gur chuala sé ag tafann iad i gcaitheamh na hoíche, agus ní chuirfeadh rud ar bith as a cheann nár chuala sé ag gáire iad nuair a chuir siad chun teite é, ach caithfidh sé nach raibh ann ach rud a chonacthas dó.

Níor thúisce greim bia caite aige ná thug sé an tuath air féin, agus gan ach dhá scilling de chuid an tsaoil aige. Cheannaigh sé builín beag pingne ag dul amach ceann an bhaile mhóir dó, ar eagla go mbuailfeadh ocras nó féar gortach é, agus cheangail istigh ina bhurla beag é.

An chéad teach a dtáinig sé chuige bhuail sé ar an doras go fáilí faiteach, mar nach raibh dearmad déanta aige ar an doras a óbair an tsrón a bhaint de inné roimhe sin. Ba ghearr gur tháinig ceirtlín mhór de chailleach ghramhsach fhiarsúileach amach chuige agus d'fhiafraigh de go doicheallach danartha céard a bhí ag teastáil uaidh. D'inis sé di.

'Bog leat go beo,' ar sise, 'amach as m'amharc, nó cuirfead na madaí ort. Tá sinn bodhar bánaithe ag do leithéid ag bualadh ar an doras. Scrios.' Agus thug sé a sháith le déanamh dó an alamais a bhí aici a thuiscint. Ach dá mba rud é nach dtuigfeadh sé féin í b'fhurasta a aithne ar na gothaí a bhí uirthi nárbh é an carthanas a cuid de.

Bhí sé ag imeacht agus ag síorimeacht go dtáinig neoin agus deireadh an lae air, agus ba é an faitíos ba mhó a bhí air go gcaithfeadh sé an oíche a chodladh amuigh. Ach go díreach leis an gclapsholas agus é ag dul in éadóchas, mar chuirfeadh Dia ina bhealach é, cé a chasfaí leis ach feilméara a raibh fear ag teastáil uaidh go ceann míosa. Rinne sé margadh leis ar chúig scilleacha déag sa tseachtain agus a bhia. Shíl Pádhraic go mba phá as miosúr í ach dá ndéanfadh sé margadh crua leis gheobhadh sé punt. Ach níl aon dlí ag an riachtanas, agus rachadh sé leis ar choróin sa tseachtain, nó in aisce dá n-iarradh an feilméara air é, níos túisce ná a chodlódh sé amuigh.

★ ★ ★

Níl seachtain dár éirigh air nár chuir Pádhraic deich scilleacha abhaile chuig a mháthair, agus d'iarr uirthi gan dearmad a dhéanamh ar neart bainne a choinneáil leis an bpáiste má bhí sé le fáil ar ór nó ar airgead. An choróin eile bhí sé á sábháil suas go mbeadh luach culaith éadaigh aige, mar nach raibh anonn leis ach an chulaith a bhí ar a chraiceann. Thaitnigh an teach ceart go leor leis i dtaobh bia agus oibre, ach nach raibh an áit a raibh air codladh thar mholadh beirte. Lochta a bhí ann os cionn stábla capall, agus ba shráideog a mbíodh sé ina chodladh inti. Brat capall a bhí de phluid aige, agus bhí boladh an allais chomh láidir sin uaidh go mb'éigean dó é a fhilleadh síos óna bhéal agus a chóta féin a leagan trasna ar a bhrollach. Bhí torann na gcapall ag cur isteach air, agus ina theannta sin bhíodh luchóga ag rith anonn is anall ar fud an urláir agus ag strapadóireacht ar na fraitheacha. Oíche amháin thit ceann acu anuas sna súile air agus ba bheag nár shíothlaigh an t-anam as leis an ngeit a baineadh as. An dréimire a dtéadh sé suas ar an lochta air tharraingeadh sé suas é i gcónaí san oíche, agus d'fhág sin é gan aon fhaitíos a bheith air go dtiocfadh duine ar bith isteach agus go marófaí é. Áit bhocht go leor a bhí ann le haghaidh codlata, leis an bhfírinne a rá, ach ina dhiaidh sin féin bhí sé i bhfad ní b'fhearr ná teach na ndreancaidí a casadh air i nGlaschú.

Rud amháin bhí sé ag cur imní mhór ar Phádhraic – ní raibh aon teach pobail in aice na háite. An chéad Domhnach a tháinig, chuir sé ceist ar bhuachaill eile a bhí ar aimsir sa teach – buachaill Albanach – agus dúirt seisean leis go raibh teach pobail faoi neasacht dhá mhíle don áit. Nuair a chuaigh Pádhraic go dtí é fuair sé amach gur teampall Protastúnach a bhí ann, ach níor thuig an buachaill Albanach cén difríocht a bhí eatarthu; thuig sé gur 'paidreacha' a bhíodh ar bun i ngach ceann acu, agus ba é a bharúil go raibh creideamh amháin chomh maith le creideamh eile. Níor bhac sé féin le creideamh ar bith, agus dúirt sé go raibh sé ag fáil sláinte mhaith ina dhiaidh sin.

Bhuail Pádhraic air ag iarraidh an scéal a mhíniú dó, ach bhí sé fánach aige – 'an glór nach dtoilleann sa gceann is cuma é a bheith ann nó as.'

XXXIII

Bhí an mhí faoi neasacht dhá lá de bheith caite nuair a fuair Pádhraic scéala ón mbaile ag rá go raibh Tomás Óg go maith arís agus ag iarraidh air tarraingt air. Bhí seoladh Thomáis sa litir, agus b'fhaide le Pádhraic ná a shaol an dá lá sin ag dul thart nó go bhfuair sé cead a chos. Nuair a bhí an aimsir istigh aige fuair sé an méid pá a bhí ag teacht chuige, chuir a chuid balcaisí beaga sa mburla arís, agus méar níor bhain dá shrón go dtug sé an teach a raibh Tomás ar lóistín ann air féin.

Nárbh air a bhí an t-áthas nuair ab fhéidir leis caint agus comhrá a dhéanamh le fear aitheantais arís, agus an mhí mhór fhada a bhí curtha isteach aige i gcomhluadar daoine nárbh fhéidir leis aon charthanas a dhéanamh leo ná aon mhuinín mhór a bheith aige astu!

Ní raibh Tomás ag obair – dúirt an dochtúir leis gan aon stró a chur air féin go ceann cúpla mí, ach a scíth a ligean agus an saol a ghlacadh go réidh. Sea, gheobhadh sé obair do Phádhraic san áit a raibh sé féin ag obair nuair a d'éirigh sé tinn. Obair chrua a bhí inti ach bhí pá mhaith uirthi – an deich fichead sa tseachtain. Ag iompar brící agus moirtéil suas dréimire a bheadh sé, áit nár mhór dó a bheith ar a aireachas.

'Gheobhaidh mé teach lóistín duit in aice na hoibre,' arsa Tomás. 'Thiocfadh leat fanacht anseo ach go bhfuil an áit lán go boimbéal cheana aici.'

An deich fichead sa tseachtain! Shíl Pádhraic go raibh sé i dTír na hÓige! An deich fichead sa tseachtain! Ní bheadh sé i bhfad ná i ngearr ag déanamh a shaibhris. Bheadh sé ar a chumas punt sa tseachtain a shábháil as sin, agus chuirfeadh sé a leath abhaile gach seachtain. Nach ag a mhuintir sa mbaile a bheadh saol Chormaic, ag ithe agus ag ól, agus gan aon imní, dá loiceadh an cur féin orthu; agus chuirfeadh sé féin a sábhálfadh sé isteach i dteach an phoist chuile sheachtain. Thoisigh sé ag cuimhneamh ar dhaoine a rinne a saibhreas in achar gearr. Nár ghearr an mhoill air anois go mbeadh sé féin ina thoicí. An deich fichead sa tseachtain!

Agus gan ceo na fríde le déanamh aige ach ag siúl suas agus anuas dréimire i rith an lae ag iompar brící agus moirtéil. Ach an deich fichead sa tseachtain ... Ní raibh gar ag caint!

An teach lóistín ar chuir Tomás ann é, bhí a lán lucht oibre eile ag cur fúthu ann, daoine nár thaitnigh a mbealach ná a mbéasa le Pádhraic. Ní raibh oíche dá saol nach raibh siad ar meisce, agus na cainteanna garbha gáirsiúla a bhíodh ar siúl acu chuireadh siad déistin air. Ní raibh mac mioscalaí acu dár chuir uisce ar a éadan riamh, a d'fheacadh glúin ná a deireadh paidir, agus ní raibh beann ar Dhia ná ar Mhuire acu ná aon tagairt dóibh ach amháin le diamhasla agus le racadóireacht.

Bhíodh Pádhraic ina chodladh chuile oíche sula dtigeadh siad isteach as teach an óil; ach an chéad mhaidin Domhnaigh a chaith sé ann, nuair a d'éirigh sé le dul chuig an Aifreann, céard a dhéanfadh brúta mór breillsciúil a bhí ann, ach a lámh a chur amach agus breith ar bhróig agus a caitheamh leis nuair a chonaic sé ag dul ar a ghlúine é ag rá a phaidreacha. An brúta céanna bhí gach duine sa teach faoi shlat tiomána aige. Focal níor labhair Pádhraic ná níor lig air féin gur buaileadh é nó go raibh an urnaí ráite aige. Ansin d'éirigh sé dá ghlúine go ciúin socair, dhearc thart, agus d'fhiafraigh cé a chaith an bhróg.

'Mise,' arsa an brúta, ag cur streill gháire air féin, 'céard tá le rá agat faoi?'

'Níl ach an méid seo,' arsa Pádhraic, 'má dhéanann tú a leithéid arís go mbeidh aithreachas ort,' agus bhí an dá shúil ar lasadh ina cheann.

Bhí an brúta ina shuí de léim. Amach leis ar an urlár agus an dorn tarraingte aige. Ní túisce a bhí a dhá bhonn ar an urlár aige ná thug Pádhraic paltóg dó ar chorrán an ghéill agus thug leithead a dhroma den chlár dó. Sin níor fhág sé go mb'éigean do bheirt eile éirí agus dul ina ascalla.

'Cuirfidh mé cnaipe anois,' arsa Pádhraic, 'nach gcaithfidh tú aon bhróg le duine ar bith eile go ceann tamaill. Fágfaidh sin tinneas cinn ort go tráthnóna.'

'Nár fhóire mise air,' arsa duine den bheirt a thóg é. 'É féin a tharraing air féin é, agus b'fhada a bheifeása ansin sula gcuirtheá chuige nó uaidh ach gur bhain sé asat é. B'fhéidir nach mbeadh an oiread fuadair faoi arís,' ag caochadh ar Phádhraic.

Níor labhair an brúta focal ach dul isteach sa leaba arís, agus a lámh fáiscthe aige ar a ghiall, a bhí ag toisiú ag at an áit a bhfuair sé an buille; ach thug sé amharc ar Phádhraic as ruball a shúl, amharc a chuir i dtuiscint do na fir eile go bhféachfadh sé le buille feille a thabhairt dó lá eicínt a bhfaigheadh sé an fhaill. Agus ní raibh aon dul amú orthu.

Chomh luath agus bhí an tAifreann thart thug Pádhraic an tuath air féin agus ní dhearna stop ná mórchónaí go dtáinig go dtí an reilig a raibh Eibhlín curtha inti. Ní raibh mórán moille air an uaigh a fháil amach mar go raibh gach comhartha aige ó Thomás Óg. Bhí an uaigh ansin i gcoirnéal uaigneach léi féin, agus neantóga agus féar fada agus luibhearnach ag fás uirthi.

Chuaigh sé ar a dhá ghlúin ar an uaigh agus ghuigh go dílis dúthrachtach agus ní raibh deoir dá raibh ag silt anuas ar a dhá ghrua nach raibh chomh mór le ceann do mhéire. Nuair a bhí tamall fada caite mar sin aige, thóg sé amach cros bheag mhaide a bhí aige faoina chóta agus chuir ina seasamh ag ceann na huaighe í. Ansin chrom agus thóg lán a ghlaice den chré agus chuir isteach i bpáipéar í lena cur abhaile chuig a mháthair.

An cailín aimsire a bhí sa teach lóistín, máthair Éireannach a bhí aici; agus b'fhéidir gurbh é sin an fáth a raibh claon aici le Pádhraic. Ina theannta sin ba é an t-aon duine amháin sa teach é a raibh fearúlacht nó fiúntas, gnaíúlacht nó geanmnaíocht ag baint leis. Gí nach raibh aon tabhairt suas ar an gcailín í féin agus nár chleacht sí cineál ar bith creidimh, ina dhiaidh sin féin chloígh sí de réir nádúra leis an uaisleacht agus leis an onóir. D'fhág sin í go mbíodh sí ag iarraidh a bheith ag déanamh mórtais le Pádhraic agus ag teacht ina bhealach gach uair dá bhféadadh sí. Níor chuidigh sin leis an gcarthanas a mhéadú idir Pádhraic agus an brúta, mar go raibh tóir ag an mbrúta ar an gcailín, agus bhuail éad é ar áit bonn. Ba chosúil le drantán mada an straimbéal a chuireadh sé air féin gach uair dá bhfeiceadh sé Pádhraic, agus an mhuintir a raibh aithne mhaith acu ar dhrochintinn an fhir eile bhí siad ag tuar do Phádhraic ina n-aigne féin go rachadh an t-amharc a thugadh an brúta air as deireadh a shúl chun drochoiliúna dó lá eicínt nuair ba lú a bheadh súil aige leis. Tháinig sé ní ba thobainne ná mar shíl siad.

Maidin amháin ag a chuid oibre bhí siad réidh, ceathrar nó cúigear acu, le dul suas an dréimire. Níorbh é Pádhraic a bhí ag dul suas i dtoiseach ach duine den dream eile; ach go díreach nuair a bhí seisean ag dul ag cur a choise ar an runga ghlaoigh an brúta air agus dúirt gur theastaigh sé uaidh. D'fhág sin gurbh é Pádhraic an chéad duine a chuaigh suas.

Suas leis riamh riamh nó go raibh sé suas chomh fada le barr an tríú stór, é go haerach éadromchroíoch, gan cuimhneamh ná smaoineamh aige go raibh éad nó olc ar an domhan, agus gan ceapadh ar bith aige, ní nárbh ionadh, go raibh an phasóid gléasta faoina chomhair.

Go díreach agus é faoi neasacht cúpla slat den bharr bhris an runga mar bhrisfeá cipín trasna ar do ghlúin, agus d'imigh an dá chois ó Phádhraic. Ach bhí Dia á chumhdach. Chomh luath agus chaill sé na cosa lig sé an crannualach uaidh. Chuir amach an dá láimh, agus ar bhealach eicínt nárbh fhéidir leis déanamh amach go deo ina dhiaidh sin d'éirigh leis iad a chur thart ar dhá thaobh an dréimire. Bhí sé ansin agus greim an fhir bháite aige, agus é ag fógairt ar chúnamh chomh maith agus bhí ina chorp. Bhí na fir eile aníos ina dhiaidh, gach duine ach an brúta a bhí ag faracháil lena chrannualach féin, thíos ag bun an bhalla. Duine de na saoir a bhí ag obair thuas chuala sé Pádhraic agus thug araicis air sula raibh na fir a bhí ag teacht aníos go dtí é. Bhí sé go díreach in am. Nóiméad eile agus bheadh sé tite go talamh agus mionspruán déanta dá chnámha. Bhí sé go díreach ag cailleadh a ghreama nuair a tháinig an tarrtháil air.

Thug siad anuas é. B'ar éigean a bhí ann fanacht ina sheasamh leis an scanradh a baineadh as. Ar theacht anuas dóibh céard a gheobhadh siad ach an brúta caite le hais an bhalla. Bhí sé mín marbh! An crannualach a lig Pádhraic as a láimh nuair a sciorr na cosa uaidh thit sé ar an mbrúta agus rinne sé dhá leath dá mhuinéal! Nuair a bhreathnaigh siad ar an dréimire chonaic siad go raibh an runga fabhtach gearrtha trasna mar dhéanfaí le sábh é, ach amháin raimhre meana a choinnigh le chéile é go dtáinig an choiscéim air. Suas bealach eile a théadh na saoir i gcónaí, agus ba le haghaidh an lucht freastail amháin an dréimire. Ní raibh amhras ar aon duine cé a rinne an cleas fealltach. Ba dhaor a d'íoc sé as. Filleann feall.

XXXIV

Ní raibh Pádhraic ach achar an-ghearr in Albain nuair a chuir sé eolas ar chraobh de Chonradh na Gaeilge a bhí ag obair go tréan i nGlaschú an uair sin. Bhí an teanga ar a chomhairle féin aige, é in ann a scríobh agus a léamh go maith, agus scoláireacht mhaith go leor air thairis sin féin de bharr na scoile oíche úd agus a raibh déanta de léitheoireacht agus de staidéar aige féin sa mbaile.

Shílfeá, dá bhrí sin, gur as neamh a thit sé chuig muintir na craoibhe leis an bpráinn a bhí acu ann. Gaeilgeoir óg ó dhúchas a raibh scoil agus léann aige! Ba é an dán doiligh a leithéid a fháil sa tráth.

Bhí a shliocht ar mhuintir na craoibhe, thogh siad ina mhúinteoir é le rang a theagasc trí oíche sa tseachtain, agus níorbh é sin amháin é ach duine uasal a raibh baint aige leis an gcraobh fuair sé post eile dó ag obair ar an mbóthar iarainn, post nach raibh na huaireanta chomh fada air ann, ná an obair chomh contúirteach agus bhí san áit eile. Ní raibh an tuarastal céanna dó, ní raibh ná faoi choróin dó, ach ba phost an ceann nua seo a mbeadh caoi aige le dul ar aghaidh ann agus é féin a ardú ach cur chuige. Ina dhiaidh sin féin, idir an dá phost a bhí aige anois bhí coróin agus daichead sa tseachtain dó, agus nach raibh sé ar mhuin na muice leis an gcaoi a raibh an scéal aige – airgead ag teacht isteach chuige ar shíl sé nach bhfeicfeadh sé a oiread aige féin choíche.

Ba í Gráinne an chéad duine ar chuimhnigh sé uirthi nuair a fuair sé an dá phost aige féin. Bhí sé ar a chumas ansin scríobh abhaile chuici agus a rá léi go raibh sé ag dul ar aghaidh go díreach mar d'iarrfadh sé.

Ba cheart dó litir a chur chuici. Ach cén chaoi a dtoiseodh sé uirthi, nó céard a chuirfeadh sé inti? B'in í an fhadhb. Bheadh sé an-deacair amach is amach litir a líonadh suas le caint agus tú ag scríobh chuig duine den chéad uair. Sea, scríobhfadh sé cárta poist – den chéad uair ar chuma ar bith – bhrisfeadh sin an oighreog, agus b'amhlaidh b'fhusa litir a scríobh arís.

Amach leis agus síos leis an tsráid nó go dtáinig sé chomh fada le siopa a raibh a lán cártaí poist crochta sa bhfuinneog ann. Bhuail air á n-iniúchadh agus á mionscrúdú. Cén sórt cinn is fearr a thaitneodh léi? Dá mbeadh gan a bheith ann ach an beagán bheadh sé réidh go leor togha a dhéanamh, ach bhí an oiread sin acu ann, agus an oiread sin cineál, go raibh sé an-doiligh amach is amach ceann a phiocadh amach astu. Ba mhaith ba chuimhneach leis an cárta poist a fuair sé uaithi nuair a bhí sé ar an bhFód Dubh. Bhí sé i dtaisce aige go fóill go ceanúil cúramach; bhí, agus bheadh go n-imíodh an anál as. An t-aon chárta a fuair sé ó dhuine ar bith riamh! Nár mhaith ba chuimhneach leis an cat dubh agus an ribín faoina mhuinéal, agus an cloigín ag sileadh síos leis. Dá mb'fhéidir leis ceann mar é a fháil! Ach níorbh fhéidir. Ní raibh ceann amháin féin den tsórt sin ann.

Na cártaí grinn a bhí ann déistin a chuir siad air, agus ní bheadh tada le déanamh aige le haon cheann acu. Ar deireadh isteach leis agus d'iarr cárta a raibh pictiúr dhroichead Broomie Law air, droichead a mbíodh caint mhór sa mbaile air ag lucht bainte na bhfataí nuair a thigeadh siad ar ais.

Scríobh sé an cárta nuair a chuaigh sé ar ais abhaile go dtína theach lóistín. Shíl sé i dtoiseach nach mbeadh ar a chumas cuimhneamh ar a sháith leis an gcárta a líonadh – go mbeadh cúthaileacht air. Ach chuir sé iontas air féin a threallúsaí is bhí sé, agus an chaoi a dtáinig sruth cainte chuige nuair a bhí líne nó dhó scríofa aige. Nuair a chonaic sé chomh réidh agus a tháinig an rith cainte chuige leathaiféala a bhí air nach litir a scríobh sé; ach bhí an cárta ceannaithe anois, agus cuid de scríofa cheana féin, agus ba mhór an trua a chur amú.

D'inis sé di an chaoi ar éirigh leis agus an teacht isteach a bhí aige, agus d'iarr uirthi cúpla líne a chur chuige nuair a bheadh an fhaill aici, agus insint dó cén chaoi a raibh an saol ag éirí léi féin, nó cén chaoi ar thaitnigh Baile Átha Cliath léi.

Nuair a bhí an cárta scríofa aige chuaigh sé go gcuireadh sé an seoladh air. An giota úd de pháipéar a thug sí dó i mBéal an Átha agus a seoladh scríofa air chuir sé i bpóca a chasóige é. Níorbh í sin an chasóg a bhí air anois mar gur cheannaigh sé culaith nua éadaigh ó tháinig sé; ach bhí an tseanchasóg crochta os cionn staighre agus bheadh an seoladh sa bpóca.

Suas leis an staighre agus é ag feadaíl. Chuartaigh sé pócaí na casóige. An chéad phóca ar chuir sé a lámh ann ní bhfuair sé ann ach dhá chnaipe; an dara póca bhí sé folamh. Ba ansin a chuimhnigh sé gur sa bpóca ascalla a chuir sé an seoladh. Chuir sé a lámh ann. Sea, bhí cúpla clúdach litreach ann agus ba cheann acu é go cinnte. Dhearc sé orthu. Litreacha a fuair sé as an mbaile a bhí iontu! Bhí an ceann a raibh sé ar a lorg ar iarraidh.

Gheit sé. Cén chaoi a mbeadh an scéal dá mba rud é go mbeadh sé caillte aige! Ní mhaithfeadh sé dó féin go brách é. Nó ní mhaithfeadh Gráinne dó ach an oiread dá mbriseadh sé a fhocal agus gan scríobh chuici mar gheall sé.

Bhí sé ina dheargimní anois air. É ag cuartú go híseal is go hard ar a mhíle dícheall. Níl uair d'fhiche uair nach ndeachaigh sé trí gach póca dá raibh ar a chorp. Poll ná póirse dár leag sé tada ann ó tháinig sé chun an tí níor fhág sé gan ransú. Ní raibh maith dó ann. Ní raibh a thásc ná a thuairisc le fáil.

Ar deireadh ghlaoigh sé ar chailín an tí. Cheistigh sé í an bhfaca sí aon tseanchlúdach litreach a raibh seoladh air. Dhearg sí agus bhreathnaigh fúithi ar an urlár agus dúirt nach bhfaca. Níor dhúirt sí go gcuartaíodh sí na pócaí sin gach lá ó tháinig sé, agus nuair a fuair sí ainm agus seoladh cailín i gceann acu gur chaith sí an seanchlúdach sa tine le héad. Níor dhúirt sí sin, ach d'aithnigh Pádhraic ar an lasadh a tháinig ina héadan go raibh a shárfhios aici céard a tharla don seanchlúdach sin.

Céard a bhí le déanamh aige anois? Ní raibh tada. Níorbh fhéidir an scéal a leigheas. Ní raibh aige ach bos a chuimilt dá leiceann. Scríobhfadh sé abhaile chuici go Béal an Mhuirthead ach ní raibh sé cinnte go gcuirfí an litir chuici. Cá bhfios d'aon duine nárbh é a foscailt agus a léamh a dhéanfaí agus an scéal a sceith air go raibh sé ag scríobh chuig cailíní? Dá dtéadh an scéal go Log an tSearraigh air nach ar Mhicilín Pheait a bheadh an straois gháire, agus nach é Séimín Donn a bhéarfadh thart ó theach go teach é! Agus, céad míle uair ní ba mheasa ná sin ar fad, dá bhfaigheadh Nóra Chrosach greim giobúis ar an nuaíocht nach í a d'fháiscfeadh na puisíní, agus a dhúnfadh na súile, agus a chuirfeadh a leasú féin leis nó go ndéanadh sí scéal chailleach an uafáis de.

Ba iad seo na smaointe a bhí ina cheann ar dhul a luí dó an oíche sin, agus choinnigh siad ina dhúiseacht é go raibh sé i dtaca an lae. Chuala sé na huaireanta ag bualadh ar sheanchlog mór a bhí sa gcisteanach – an dó dhéag, an haon, an dó, an trí. Chuala sé na lóistéirí eile a bhíodh ina gcodladh in aon tseomra leis ag teacht isteach ina nduine agus ina nduine, agus á gcaitheamh féin isteach ina gcuid leapacha agus ag toisiú ag srannadh ar an toirt boise. Chuala sé ag rámhaillí iad trína gcodladh agus ag glaoch ar ól agus ag lua mionnaí móra. Bhí rud amháin, ar chuma ar bith, a chuir áthas air. Bhí fonn air dul ar athrú lóistín ón lá úd a bhuail sé an brúta, agus go mór mór ón lá mí-ádhúil a tharla an timpist uafásach. Bhí leithscéal aige anois, ar deireadh thiar thall, agus ar maidin déarfadh sé leo go mbeadh sé ag imeacht ar dheireadh na seachtaine.

Agus leis sin thoisigh na fabhraí ag teacht anuas go trom, agus ba ghearr gairid go raibh sé ina thoirchim suain agus sámhchodlata.

XXXV

Shleamhnaigh na blianta thart. Ní dheachaigh Pádhraic abhaile ó d'imigh sé, ach ní hé sin le rá go ndearna sé dearmad ar a mhuintir. Ní dheachaigh seachtain thart i rith an achair sin nár chuir sé abhaile na deich scilleacha chomh féiltiúil agus dá mba bhreithiúnas aithrí a chuirfí air é, agus faoi Nollaig agus faoi Shamhain i gcónaí chuireadh sé luach chuid na Nollag uaidh agus a oiread agus d'íocfadh cíos na bliana.

Chuaigh sé ar aghaidh go maith ar an mbóthar iarainn agus

bhí dhá ardú faighte aige cheana féin. An t-ardú deireanach a fuair sé rinneadh maor de, agus ní raibh obair ar bith le déanamh aige ach dearcadh i ndiaidh leathchéad fear a bhí ag obair faoi. Thaitnigh sé thar cionn leis na fir oibre, agus bhí meas ag lag agus ag láidir air.

Ní raibh seachtain ó d'fhág sé an baile nár chuir Antaine an *Mayo Messenger* chuige, mar gur chuir Pádhraic suim mhór i nuaíocht an bhaile, go díreach mar chuireas gach duine eile idir shaibhir agus daibhir. Tráthnóna amháin agus é ag léamh cuntas ar chluiche peile thoisigh sé ag smaoineamh ar an gcéad cheann a chonaic sé riamh, agus an chaoi ar casadh leis Gráinne i dtoiseach. Bhí an cuntas léite aige, agus súil dá dtug sé ar chuid eile den pháipéar thug sé faoi deara go raibh pósadh fógartha ann.

Chuir sé suim thar cionn sa bhfógra, mar nach go minic a bhíos a leithéid sa *Mayo Messenger*. Na daoine a phósas féin ní bhíonn aon tóir acu ar a fhógairt don phobal agus airgead maith a chur amú leis. Ba é seo an fógra a léigh sé:

'Dé Céadaoin, an 25ú de Fheabhra, 19—, pósadh Séamas Ó Muireadhaigh, R.I.C., agus Gráinne Nig Uidhir, i séipéal Bhéal an Mhuirthead . . .'

B'in ar léigh sé. Thit an páipéar ar an urlár as a láimh. An braon a bhí i mullach a chinn chuaigh sé síos go bonn a choise. Tháinig dath liathbhán ar a aghaidh. D'éirigh sé, agus shiúil go haimhleasc go dtí an doras.

Bhí bean an tí ag cur na súl tríd. D'fhiafraigh sí de an rud ar bith a bhí air nó an drochscéal ar bith a chonaic sé ar an bpáipéar. Ach an chaint féin níor fhan aige. Fáir ná freagra níorbh fhéidir leis a thabhairt uirthi. A cheann a chroitheadh b'in a ndearna sé.

Nach fuar dallraithe a bhreathnaigh gach rud agus é ina sheasamh sa doras ag faire amach! Bláthanna a bhí ag fás i mbosca a bhí ar tháirseach na fuinneoige, agus a gcuireadh sé suim mhór iontu roimhe sin, níorbh fhéidir leis breathnú orthu – déistin a chuirfeadh siad air. Rachadh sé amach as an teach – ag siúl in áit eicínt dó féin, ba chuma leis cén áit.

Chaithfeadh sé imeacht as amharc daoine a raibh aithne acu air – imeacht in áit eicínt leis féin nach dtabharfadh aon duine faoi deara an brón a bhí air. Ach cén mhaith rud ar bith anois? Nár chuma ...

Chuir sé air a bhairéad agus chuaigh amach. Nár mhór an t-athrú a tháinig ar gach rud ó chuaigh sé an tsráid cheana. Gach duine dá bhfaca sé shíl sé go raibh sé ag breathnú air agus ag déanamh trua dó. Gach carr agus cairt a chuaigh thart, gach traein dár chuir fead aisti, gach clog dár bhuail, gach rud dá ndearna torann, bhí sé lánchinnte gurbh é an port ceannann céanna a bhí acu ... 'Tá Gráinne pósta ag pílear.'

Sea, ag pílear! Dá mba rud é gur phós sí duine ar bith eile ní bheadh an scéal leath chomh dona, gí go mbeadh sé dona go leor. Dá bpósadh sí fear siopa, nó feilméara, nó iascaire féin, ní bheadh an cás chomh dona agus bhí sé. Ach pílear! Fear a bhí ag cuidiú le cumhacht Shasana a choinneáil i réim in Éirinn! Agus an dearg-ghráin a bhí ag Pádhraic ar Shasana agus ar a lucht leanúna ón gcéad lá riamh a dtáinig tuiscint ina cheann! Agus an meas mór a bhí aige ar Ghráinne!

Chuimhnigh sé ar an lá úd a raibh an cruinniú i nGaoth Sáile. An scata síothmhaor a bhí ann faoina gcuid caipíní spéiceacha agus fear leo ag tógáil síos gach focail dár dhúradh ag cruinniú an *U.I.L.* Agus Gráinne anois pósta ag duine acu seo – Gráinne pósta ag pílear!

Chuaigh sé thart le teach ósta. Bhí sé lasta suas faoi sholas mar bheadh pálás ann, gí nach baileach a bhí an oíche tite fós. Bhí fir agus mná ag dul isteach ann – fir agus mná ag dul isteach faoi bhrón agus go mbeadh siad ag teacht amach faoi mheidhir. Ní raibh rud ar bith sa domhan ab fhearr le droim díbeartha a chur le brón agus le buaireamh ná braon uisce bheatha. Nárbh ar na fir oibre a bhí sa gcéad teach lóistín a raibh sé ann, nárbh orthu a bhíodh an t-aoibhneas gach oíche agus iad ag teacht abhaile ar na daortha!

An rachadh sé isteach? Níor bhlais sé braon uisce bheatha riamh, ach níorbh ionann riamh agus anois. Gloine amháin féin ruaigfeadh sé an míshásamh. Sea, bhí a fhios aige go raibh geall air, ach cén dochar? Gloine amháin ...

Bhí sé ar thob géilleadh nuair a chuimhnigh sé ar a mháthair. An ghealllúint a thug sé di ag fágáil an bhaile dó. An cruatan agus an t-anró a d'fhulaing sí ag iarraidh iad a thógáil ó fágadh ina baintreach í. Agus ansin Eibhlín bhocht ina luí go huaigneach léi féin san uaigh i bhfad óna tír agus óna gaolta!

Smaladh air mar ól! Ní bhlaisfeadh sé go deo de. Ní fhaca sé aon duine a lean dó riamh nach mbeadh an drámh air. Nach iomaí teallach a d'fhág sé faoi bhrón agus faoi bhuaireamh!

Cá ham nó cá huair é ach seanchailleach shalach smeartha mhantach teacht amach as doras theach an ósta. Bhí a gruaig ag titim anuas ina clibíní ar a muinéal agus ar a héadan. Na seanbhróga a bhí uirthi bhí a méara le feiceáil amach tríothu, agus iad caite go dtí na huachtair. Bhí clabhstar de sheanhata uirthi agus é ar leathspleic. Chuir sí péire uilleann uirthi féin nuair a tháinig sí amach agus thoisigh ag gabháil fhoinn. Ansin thóg leathchos go ndéanadh sí dreas rince. Ach níor thúisce a thóg ná siar léi ar chúl a cinn i salachar na sráide. Bhuail uirthi ag eascainí agus ag mallachtaigh agus ag lua mionnaí móra.

Chuir an radharc glonn ar Phádhraic. Ba bheag nár tháinig múisc air. D'imigh sé leis chomh tapaidh is b'fhéidir leis, agus níor dhearc ina dhiaidh. Nár mhaith a chuaigh sé as! Dá dtéadh sé isteach i dteach an ósta an uair úd cá bhfios nach dtiocfadh an t-am a mbeadh sé mar sin. B'fhéidir go raibh an chailleach sin, nuair a bhí sí óg, chomh neamhurchóideach leis féin, agus féach an bhail a bhí uirthi anois. B'fhéidir go mba rud beag suarach a chuir i mbealach a basctha í ó thús. Is minic a chuala sé na seanfhondúirí ag rá go mb'fhurasta toisiú ar an ól ach go mba dheacair éirí as.

Bhí an cath tugtha – agus buaite. Dhearc sé thart air. Níor aithnigh sé cá raibh sé lena raibh siúlta aige ó d'fhág sé an teach, agus b'éigean dó fáirnéis an bhealaigh abhaile a chur. Ach gí go raibh cumha na gcéadta air i dtólamh b'fhear úrnua a bhí ann ag dul a chodladh dó an oíche sin.

XXXVI

Cogadh! Cogadh! Cogadh dearg! Bhí an Eoraip ó bhun go barr in aon rírá amháin. Ní raibh le clos ó mhaidin go hoíche ach 'cogadh'. Ní raibh le feiceáil ar pháipéar ach 'cogadh'. Ní raibh ó bhéal go béal ach 'cogadh.' Lucht stoic agus airgid ní raibh ag déanamh imní dóibh ach 'cogadh'. Lucht gnótha agus tráchtála ní raibh ag dul idir iad agus codladh na hoíche ach 'cogadh.' Daoine ag dul chun a gcuid oibre, 'cogadh' an t-aon rud amháin a mbíodh siad ag caint air. Fiú na bpáistí ag dul ar scoil, ba 'cogadh' an comhrá a bhíodh acu. Bhí an Ostair tar éis cogadh a fhógairt ar an tSeirbia, agus na náisiúin eile idir bheag agus mhór thoisigh cuid acu ag éirí as an Ostair agus tuilleadh ag éirí as an tSeirbia, go díreach de réir mar mheas siad ab fhearr a d'fheilfeadh dá bpócaí féin. Chruinnigh siad isteach ag troid ar gach taobh, go díreach mar d'fheicfeá dhá mhada ag dul ag troid agus bheadh madaí an bhaile cruinnithe ar an bpointe boise anoir agus aniar, gan fios cá as a dtáinig siad, ag cuidiú leis an gcoimheascar.

Bhí an Bhreatain Mhór ina tine bhruite. Na sluaite ag éirí as a gcuid oibre agus ag dul san arm! Daoine ag dul thart ag gríosú agus ag spreagadh! Bhí na Gearmánaigh ag déanamh aicearra tríd an mBeilg, ag dul ag ionsaí a sean-namhad, an Fhrainc. Ní raibh léamh na leabhar ar an trua a ghlac Sasana do 'náisiúin bheaga.' Bhí sí ag silt na ndeor go cráite agus í ag cur síos ar an díobháil a bhí á dhéanamh don 'Bheilg bhocht.' Ní raibh sí ag smaoineamh uirthi féin ar chor ar bith – ó ní raibh sí – ach ar an 'Bheilg bhocht.'

Shíl gach duine nuair a thoisigh an cogadh dáiríre píre go mbeadh sé thart in achar gearr. Bhí an Eoraip ar fad beagnach ag troid in aghaidh na Gearmáine.

Bhí daoine móra i Sasana ag dul san arm agus oifigigh á ndéanamh díobh, agus iad ag rá ag dul amach dóibh go mbeadh siad ag ithe a suipéir i mBeirlín an oíche Nollag dár gcionn. Ach bhí na céadta agus na mílte acu nár ith aon tsuipéar i mBeirlín ná in aon áit eile an Nollaig dár gcionn, agus nach n-íosfaidh aon tsuipéar ná aon dinnéar arís go brách.

Tar éis tamaill bhí gach cosúlacht ar an scéal nár mhagadh a bhí ann agus go raibh sé ina chogadh dáiríre. Na daoine a chuaigh amach ag ceapadh go mbeadh an troid thart faoi cheann cúpla mí agus go mbeadh poist mhóra le fáil acu, bhí go leor acu faoin bhfód cheana féin, agus bhí sluaite ag teastáil gach lá lena n-áit a thógáil. Thoisigh an tírghrá ag fuarú de réir a chéile, go dtí ar deireadh go mb'éigean preasáil a chur ar bun sa mBreatain Mhór. Dhéanfaí an cleas céanna in Éirinn ach gur sheas na hÓglaigh ina aghaidh.

Bhí faitíos a chraicinn ar Phádhraic go mbeadh air féin dul amach chun an chogaidh. Níorbh é go raibh meatacht nó cladhaireacht ar bith ag gabháil dó ach nár mhaith leis troid ar son Shasana. Dá mba in aghaidh Shasana a bheadh air troid ba scéal eile é; ach chuir sé glonn agus déistin air státairí Shasana a chlos ag rá go raibh siad ag seasamh ar son na náisiún beag agus iad féin ag déanamh cos ar bolg ar náisiúin bheaga agus mhóra nuair a d'fheil sé dóibh. Fimínteacht – deargfhimínteacht a bhí ann. Ba cheird í a raibh státairí Shasana sároilte uirthi – fimínteacht, bréaga, agus bladar.

Agus, ansin, an mhóid úd a ghlac sé le hais a leapa an oíche úd tar éis an bá uafásach a rinneadh in Inis Gualann!

Maidin amháin go haicearrach i ndiaidh an ama seo fuair Pádhraic litir oifigiúil – litir nach raibh mórán fáilte aige roimpi. Ba é an rud a bhí inti fógra a bheith ag oifig na liostála a bhí ina cheantar, lá áirithe an tseachtain dár gcionn, le dul san arm le feacht eile fear a bhíothas le tabhairt as an gcuid sin den chathair.

Nuair a léigh sé an litir chuir sé ar chúl na tine í. Rud amháin nach ndéanfadh sé go ndúnadh an bás a shúil, agus b'in troid ar son Shasana. Rachadh sé abhaile ar dheireadh na seachtaine sin cér bith bás a bhéarfadh Dia dó. Bhí muintir na hÉireann ag bagairt dá gcuirfí preasáil orthu féin nach nglacfadh siad leis – go dtroidfeadh siad ina haghaidh – agus nár bhreá an rud troid den tsórt sin! Ach Sasana! Mallacht na n-asal ar Shasana!

An lá ceannann céanna sin bhí sé ina sheasamh ag stad na

traenach tar éis a lá a bheith oibrithe aige, agus é ag fanacht le fear a raibh aithne aige air, a dúirt go dtiocfadh sé ar an traein sin lena fheiceáil. Bhí slua daoine ag an stad, agus orthu seo bhí banaltra a raibh páiste fionnbhán catach ar ghreim láimhe léi – páiste chomh dathúil agus ar leag fear nó bean súil riamh air.

Bhí an traein ag teacht isteach faoi shiúl mór agus í go díreach ag ceann an staid – torann aici mar bheadh toirneach ann agus í ag ropadh léi ar aghaidh. Cér bith brú agus dingeadh a bhí ar na daoine a bhí ag an stad, nó cér bith míthapa a d'éirigh don pháiste, céard a tharlódh, go mí-ádhúil, ach é titim síos ar an líne idir an dá ráille a raibh an traein ag teacht isteach orthu. Gheit na daoine agus gháir siad. Cuid acu chuir siad a lámha ar a súile níos túisce ná d'fheicfeadh siad é á mharú. Bean amháin thit sí ina cnap i laige. Níorbh fhéidir an traein a chosc agus an ligean a bhí léi. Níor thráth dá fhaillí é.

Le luas lasrach d'éirigh Pádhraic de léim agus siúd síos é i ndiaidh an pháiste. Chaith sé é féin ar a chliabhrach idir an dá ráille agus tharraing an páiste anuas lena ais. B'ar éigean a bhí sé sínte nuair a bhí an traein ina mullach, beirt.

Stop sí. Ba é barúil gach duine go raibh an bheirt a bhí fúithi ina míle píosa. Cuid den mhuintir ba mhó a raibh misneach acu chuaigh siad síos go bhfeiceadh siad cén chaoi a raibh an scéal.

Ach an bheirt a bhí faoin traein bhí siad beo bíogúil. D'fhógair Pádhraic a rá le tiománaí na traenach gan corrú go n-éiríodh sé féin agus an páiste. Níor chorraigh an traein. Agus aniar leis an gcuingir gan fuil chreabhair ar cheachtar acu!

A leithéid de ghárthaíl agus de bhualadh bos agus a bhí ann! Ar leagan do shúl thoisigh lucht páipéar nuaíochta agus lucht pictiúirí ag cruinniú. Shílfeá gur aníos as na leacracha a d'éirigh siad tháinig siad chomh tapaidh sin. Gach duine ag cur fáirnéise cé a shábháil an páiste.

Ar maidin an lae arna mhárach bhí na páipéir lán den scéal – an gníomh ba ghaisciúla a rinneadh i nGlaschú riamh, dúirt siad. Ba bheag páipéar nach raibh pictiúir Phádhraic ann agus cuntas ar a bheatha. Bhí sé ina laoch mór acu dá cheartainneoin ar éigean. Agus ba mhaith sin ach gan é ar lorg laochras ar bith!

Tráthnóna agus é ag ól a chuid tae bhuail teachtaire ar an doras. Athair an pháiste a dtáinig sé uaidh. Shín sé litir chuig Pádhraic. Dlíodóir mór clúitiúil a bhí san athair, agus bhí sé ina chónaí ar imeall na cathrach. D'iarr sé ar Phádhraic cuairt a thabhairt air féin agus ar a bhean an tráthnóna sin ionas go mbeadh faill acu a mbuíochas a ghabháil leis. Bhéarfadh siad cuairt air ach amháin go raibh an bhean chomh criothnaithe sin leis an scanradh a baineadh aisti nárbh fhéidir léi an teach a fhágáil.

★ ★ ★

Níor bhréag nár cuireadh fáilte roimhe nuair a chuaigh sé go teach an dlíodóra. D'éirigh an bhean agus phóg sí a lámh agus na deora ina súile. An gasúirín féin tugadh isteach é nó gur chroith sé lámh le Pádhraic, agus gan aon chuma air gur thit sé faoi aon traein riamh, agus bréagán mór de bhéar faoina ascaill leis.

Bhí togha gach bia agus rogha gach dí réidh le haghaidh Phádhraic, agus ní raibh a fhios acu cén áit a gcuirfeadh siad ina shuí nó ina sheasamh é. Ní bhlaisfeadh sé greim ná deoch. Dúirt sé go raibh a chuid tae caite aige agus go raibh geall air in aghaidh uisce bheatha. Tharraing an dlíodóir seic ar chéad punt agus sheachaid ar Phádhraic í. Ní ghlacfadh sé pingin ná bonn. Bhí iontas ar an dlíodóir.

'An bhfuil rud ar bith sa domhan,' arsa an dlíodóir leis, 'a d'fhéadfainn a dhéanamh duit? Tá sinn faoi chomaoin mhór agat, agus ní maith liom thú an teach a fhágáil gan sin a chur in iúl duit.'

D'inis Pádhraic dó an chaoi a raibh an scéal aige, agus go mbeadh air a bheith ag glanadh leis ar dheireadh na seachtaine.

'Ná himigh,' arsa an fear eile. 'Gheobhaidh mise coimisiún duit, agus déanfar oifigeach díot. Ní bheidh oifigeach ar pháirc an chatha leath chomh cróga.'

'Tá mé an-bhuíoch díot,' arsa Pádhraic, 'ach dá ndéantaí rí díom ní throidfinn ar thaobh Shasana'; agus d'inis sé dó an chaoi a raibh an scéal in Éirinn, le sclábhaíocht agus le hanró agus le bochtaineacht.

Shámhaigh an fear eile tamall agus focal níor labhair. Ansin chuir amach a lámh go tobann agus rug ar láimh air. D'fháisc an lámh nó go raibh na méara greamaithe dá chéile.

'Molaim thú,' ar seisean, 'gí nach ndéanfadh sé cúis dom sin a rá os ard. Ach an bhfuil a fhios agat céard a dhéanfas mé leat. Gheobhad áit duit i gceann de na monarchana a bhfuil siad ag déanamh an lóin chogaidh iontu. Beidh pá mhaith duit, agus ní baol duit go gcuirfear amach ag troid thú.'

Thug Pádhraic a bhóthar abhaile air féin go buíoch beannachtach.

★ ★ ★

Léamh na leabhar ní raibh ar an bpá a bhí ag imeacht do lucht déanta lón cogaidh. Thoisigh Pádhraic le cúig phunta sa tseachtain ach ba ghearr ann é go raibh sé suas chomh hard le ocht bpunta. Daoine nach raibh acu go dtí sin ach ón láimh go dtí an béal agus iad lom líobach bhí siad anois ag imeacht as a gcranna cumhachta le gléas agus le héirí in airde agus le galamaisíocht. Daoine nach raibh an dara léine ar a ndroim roimhe sin bhí siad anois agus cótaí fionnaidh agus muinchí luachmhara agus práisléid óir ar a gcuid ban. Daoine nach raibh eolas acu ar cheol ná ar chultúr ná rud ar bith a bhain le ceachtar acu cheannaigh siad pianónna costasacha nach raibh a fhios acu céard a dhéanfadh siad leo ach an oiread leis an té atá sa ngealach. An rud a d'fheicfeadh duine ag a chomharsa chaithfeadh sé féin a mhacasamhail a fháil ar eagla nach mbeadh sé sa bhfaisiún. Ní raibh ann ach éad – éad agus coimhlint agus comórtas – agus caitheamh.

Ach níorbh amhlaidh a bhí an scéal ag Pádhraic. Thuig sé go maith nach seasann an rith maith don each i gcónaí, agus bhí a shliocht air – ní raibh pingin rua dárbh fhéidir leis greim a fháil uirthi nár chuir sé i dtaisce le haghaidh na coise tinne. Thuig sé an té nach ndéanfadh taca le haghaidh na haoise nuair a bheadh sé óg go dtiocfadh an t-am a mbeadh aithreachas air. Fuair sé cuid dá chuid oideachais ó shean-

Mháirtín, agus má fuair féin b'inmholta an máistir é. Fealsamh ceart críochnaithe gí nach raibh a fhios aige féin é. Dhá sheanfhocal a bhíodh go minic ar bharr a theanga aige. 'Mura bhfuil tine agat féin déan do ghoradh leis an ngréin', agus 'Ag dul siar don ghréin is mairg nach mbeadh rud in do chóimhrín féin.' Cá bhfuil sé sa domhan fealsúnacht a bhéarfadh bua orthu?

Timpeall an ama seo ba ea a thoisigh corrchogar ag teacht thar uisce as Éirinn, corrchogar a chuir an fhuil ag preabadh i gcuisleacha na nÉireannach thar lear a raibh a gclaon lena dtír dhúchais. An t-éirí amach a bhí i mBaile Átha Cliath le linn na Cásca sa mbliain 1916 cuireadh faoi chois é go tobann, ach má cuireadh rinneadh é ar bhealach a chuir deargdhéistin ar a lán Éireannach a raibh a gcroí le Sasana féin sa gcogadh mór a bhí ar siúl. Dá mbeadh rialtas Shasana gan a dhéanamh ach an Piarsach agus a lucht leanúna a chur sa bpríosún cúpla mí agus cead an bhealaigh a scaoileadh leo ansin bheadh gach duine ag gáirí faoin éirí amach. Ach níorbh amhlaidh a bhí. Chuir an rialtas chun báis na ceannairí – cuid acu nach raibh chucu féin ó na créachta a rinneadh orthu sa troid níor tugadh cead dóibh biseach féin a fháil nó gur tugadh anbhás dóibh.

I leaba scanradh agus imeagla a chur ar Éireannaigh mar cheap Asquith agus a lucht comhairle, a mhalairt de rud ar fad a thit amach. Ní raibh mac Gaeil faoi chóipí na gréine dá raibh braon in aon chuisle leis nár ghríosaigh sé chun tírghrá agus chun díoltais. Is fíor an focal gurb í fuil na mairtíreach síol an chreidimh, agus ba chumhachtaí an Piarsach agus mairtírigh eile Sheachtain na Cásca agus iad sínte san uaigh, ba chumhachtaí iad faoi chéad – faoi mhíle – ná dá mbeadh siad beo bíogúil. Ba í seo an chogarnaíl a bhí ag dul i gcluasa Phádhraic ag ranganna na Gaeilge i nGlaschú, agus a mhúscail an rún úd a bhí ina chroí ón oíche a rinneadh an bá in Inis Gualann. Ba chosúil í leis an ngliúrascach a bhíos le clos i mbroinn na talún sula dtige an chrith thalún agus an brúchtadh.

Chuaigh an cogar thart go mba ghearr an t-am go mbeadh gunnaí ag teastáil sa tseantír – gunnaí agus piléir, piostail agus pléascáin. Bhí Pádhraic ar bhealach cuidiú maith a thabhairt uaidh ar an mbealach seo mar gheall ar an gcineál áite a raibh sé ag obair ann agus bhí a bhail air. Má bhí sé ag déanamh lón cogaidh do Shasana bhí sé ag soláthar lón cogaidh d'Éirinn; agus ní raibh fear thart sna himeachta ba mhó a raibh cáil air leis an méid cúnta a thug sé uaidh ar an mbealach seo ná mar bhí ar Phádhraic.

Ag neartú a bhí an ghliúrascach. Ba ghairid gur caitheadh síothmhaor. Caitheadh duine agus duine eile. Bhí an bhruith ina suí – an tine fadaithe – an fraoch ar lasadh! Thoisigh na beairicí á n-ionsaí, thoisigh na luíocháin – bhí éirí amach eile in Éirinn – éirí amach dáiríre an babhta seo.

Ar an dá luas ar thoisigh an iorghal i gceart sa tír seo thairg Pádhraic éirí as a chuid oibre agus teacht abhaile le cuidiú leis an troid; ach moladh dó fanacht mar bhí sé. B'fhusa i bhfad fear troda a fháil ná gunna nó piostal le cur ina ghlaic. Ba iad sin ba mhó a bhí ag teastáil, agus ba mhaith é Pádhraic á soláthar.

XXXVII

'Níl tuile dá mhéad nach dtránn,' a deir siad, 'ach tuile na ngrás.' Cuireadh deireadh leis an gcogadh mór gí gur shíl daoine tamall maith go gcuirfeadh seisean deireadh leis an saol, mar gur cheap a lán gurbh é 'cogadh na gcríoch' é atá geallta sa tairngreacht. Stad na hoibreacha, stad an phá mhór. An dream a cheannaigh na cótaí fionnaidh agus na seoda luachmhara, bhí siad á ndíol amach ar leath a dtug siad orthu. Bhí na mílte saighdiúir ag teacht ar ais go Sasana agus gan aon obair le fáil acu.

Ba é seo an t-am ar scaoileadh anall dríodar an airm, daoscarshlua Shasana, ag féachaint leis an éirí amach a chur faoi chois in Éirinn. Níorbh é sin amháin é ach cuartaíodh na príosúin agus tugadh cead a gcos do dhúnmharfóirí agus do ghadaithe agus do bhithiúnaigh, agus sacadh anall chun na tíre seo iad le gach diabhlaíocht darbh fhéidir le hinchinn duine cuimhneamh uirthi a imirt ar mhuintir na hÉireann. Ba é an fáth ar toghadh an dream seo atá i gceist mar go raibh a fhios ag an rialtas go mbeadh siad toilteanach cleas ar bith dá thútaí agus dá fhealltaí agus dá ísle a imirt ar an tír. Na saighdiúirí eile bheadh fiúntas nó fearúlacht eicínt ag baint leo; ach an dream seo a tháinig ní raibh meas acu ar Dhia ná ar dhuine, ná taise ná trua ag baint leo. Cuir ráca ar ifreann agus ní bhfaightheá a leithéidí eile ann. Amhais, amhais chríochnaithe, ba ea an dramhaíl sin.

Ba iad sin an dream a dtugtar na Dúchrónaigh orthu agus ba splancracha iad a d'éirigh de dhroim an diabhail.

B'fhada Pádhraic ag iarraidh teacht anall chun na troda agus tugadh an cead sin dó ar deireadh thiar. An long a raibh sé anall uirthi bhí slua de na Dúchrónaigh uirthi ag teacht go hÉirinn. Ní raibh mac máthar acu nach raibh ar meisce, agus d'éirigh le Pádhraic cúig phiostal agus mangadán maith piléar a cheannach uathu ag teacht trasna ar an long dó.

Ar theacht go Baile Átha Cliath dó chuaigh sé chuig duine den mhuintir a bhí i gceannas an airm. Bhí cruinniú le bheith ag cuid de na ceannairí an oíche chéanna agus hiarradh air teacht chuige. Tháinig.

Socraíodh go rachadh sé i gceannas chipe Chontae Mhaigh Eo, agus bhí gach rud réidh le hé dul siar faoi cheann cúpla lá nuair a bheadh a scíth ligthe aige agus gach rud mínithe dó a dteastódh uaidh eolas a bheith aige air. Nuair a bhí an cruinniú beagnach thart bhí duine eicínt ag caint ar thuairisc an-tábhachtach a tugadh isteach an oíche sin. Ba í Gráinne Nig Uidhir a thug an tuairisc dó, a dúirt sé.

Ar chuala Pádhraic an t-ainm i gceart. Gráinne Nig Uidhir! Níorbh fhéidir gurbh í seo Gráinne na gciabhfholt agus na súl dubh lonrach a raibh aithne aigesean uirthi lá dá shaol! Ach níorbh í, cén chaoi a dtiocfadh leis? Nach raibh Gráinne pósta le fada an lá – pósta ag pílear leis an scéal a dhéanamh níos measa arís – agus cén chaoi a mbeadh sí ag tabhairt tuairisce chuig na hÓglaigh? Nach ag tabhairt tuairisce chuig an taobh eile a bheadh sí dá mbeadh sí ag déanamh rud ar bith?

Ach ní raibh sé sásta ina intinn. Ag dul amach dóibh agus an cruinniú thart, anall leis chuig an bhfear a luaigh a hainm agus d'fhiafraigh de cérbh í an bhean a bhí i gceist aige.

'Banaltra í,' arsa an fear go neamhshuimiúil. 'Banaltra atá in ospidéal Naomh Eoin, bean nach bhfuil a sárú in Éirinn. Is mó an cúnamh atá tugtha aici dúinn ná aon bhean eile i mBaile Átha Cliath ... Ó, sea, agus is aniar as do cheantar féin í, freisin. An bhfuil aithne agat uirthi?'

'Tá – bhí aithne agam ar chailín den ainm sin blianta ó shin, ach níl a fhios agam gurb í an bhean chéanna í. An bhean a raibh aithne agamsa uirthi, chonaic mé ar an bpáipéar gur phós sí pílear ...'

'Deamhan a fhios agam an pósta nó gan phósadh í nó an baintreach í,' arsa an fear eile, 'ach gur breá an bhean í agus gur fíordhílis. Is é seo mo bhealachsa – slán agat go maidin.'

Níor thúisce luisne an lae in oirthear na spéire maidin an lae arna mhárach ná bhí Pádhraic ina shuí. B'fhaide leis ná a shaol go dtéadh sé go hospidéal Naomh Eoin go bhfeiceadh sé arbh í Gráinne a bhí ann nó nárbh í. Níor mhaith leis bualadh amach bog te chomh luath sin ag cur fáirnéise uirthi, agus bhí sé chomh mífhoighdeach sin agus nach bhféadfadh sé suí faoi. Amach leis ag siúl na sráideanna nó go raibh sé an naoi a chlog, tuairim, agus ansin dúirt sé leis féin go mbuailfeadh sé síos go dtí an t-ospidéal in ainm Dé agus Mhuire.

Bhuail sé ar an doras. Foscladh é. Sea, bhí bean den ainm sin ina banaltra san ospidéal ach ní raibh a fhios ag cailín an dorais an raibh sí saor. Chuirfeadh sí fáirnéis. Nach suífeadh sé?

Ní raibh ach cúig nóiméad caite – shíl Pádhraic go raibh leath an lae – nuair a foscladh doras an tseomra agus sheas Gráinne os a chomhair. Focal den chaint níor fhan ag ceachtar acu leis an iontas a tháinig orthu ...

B'fhurasta an scéal a mhíniú – agus ba dheacair. D'inis Pádhraic faoin gcaoi ar chaill sé an seoladh, nó ar caitheadh ar siúl é, agus bhí náire air scríobh go Béal an Mhuirthead ar eagla na heagla – 'ach chonaic mé le mo dhá shúil féin, ar an *Mayo Messenger*, go raibh tusa pósta,' a deir sé.

Rinne sí gáire. 'Níorbh é m'ainmse a chonaic tú,' a deir sí, 'ach ainm col ceathrar liom – phós sí pílear.'

'Sea is cuimhneach liom go maith – pílear. Sin é a chuir an

t-iontas ar fad orm nuair a shíl mé go mba tusa a bhí ann. An bhfuil sé beo go fóill?' ar seisean, ag maolgháire.

'Is é atá – lánbheo,' arsa Gráinne. 'D'éirigh sé astu nuair a thoisigh an troid. Tá sé sna hÓglaigh le fada an lá.'

'Muise, mo ghairm é, agus nár ba dhonaide é an mhalairt a rinne sé.'

Bhí a lán le rá acu lena chéile, ach ní raibh mórán ama ag Gráinne mar go raibh sí ag tabhairt aire do dhuine tinn. Ar chuma ar bith gheall sí dó go rachadh sí leis go hAmharclann na Mainistreach ar theacht na hoíche, mar go mbeadh sí saor ón cúig a chlog, agus bheadh faill acu labhairt ar an am a chuaigh thart.

★ ★ ★

An oíche sin ag an dráma ba bheag aird Phádhraic ar an ardán. Níorbh fhéidir leis insint riamh ina dhiaidh sin cén sórt dráma a bhí ann, nó cén chaoi ar léiríodh é. Bhí a dhá shúil sáite i nGráinne gach faill dá bhfaigheadh sé. Ba bheag an t-athrú a tháinig uirthi. Bhí an ghruaig dhubh a bhíodh síos ar a slinneáin bhí sí craptha ar chúl a cinn. Bhí an béal agus an aghaidh beagán níos aibí. Ach amháin sin b'ar éigean a bhí aon athrú le feiceáil inti – ba í an Gráinne chéanna i gcónaí í.

Tar éis tamaill shleamhnaigh lámh Phádhraic síos lena thaobh – de mhíthapa, ar ndóigh, – agus thit ar an suíochán. Cá ham nó huair é ach lámh Ghráinne a bheith ar an suíochán freisin – míthapa eile, ar ndóigh. Theagmhaigh an dá láimh le chéile, agus, go díreach mar tharlaíos nuair a bhuailtear an dearfach agus an diúltach le chéile sa dá shreang, rith an 'sruth aibhléise' sin trí chorp agus anam gach duine acu, agus chuir drioganna iontu amach go dtí barr na méar.

D'fháisc lámh Phádhraic lámh Ghráinne agus d'fhreagair lámh Ghráinne – an fháiscín ba lú a d'airigh tú riamh, ach fáisc ina dhiaidh sin féin. B'in a raibh ann. Focal níor dúradh. Smid níor labhradh. Ach Demosthenes an lá ab fhearr a bhí sé, dá mhéad na gothaí agus na geáitsí dá gcuirfeadh sé air féin, ní fhéadfadh sé, leis na briathra ba bhinne dár tháinig amach as a bhéal riamh, a leath oiread a chur i dtuiscint agus a chuir an fháiscín bheag sin. Mar sin atá ó túsaíodh an domhan. Mar sin a bheas go lá na leice.

Ag dul ar ais dóibh an oíche sin bhí siad tostach go maith. B'ar éigean a bhí an dara focal eatarthu ó d'fhág siad an amharclann nó gur scar siad le chéile ag doras an ospidéil. Bhí an oíche ag toisiú ag brádán. Chroch Pádhraic cába a chóta agus rinne deifir abhaile. B'éadrom í a choiscéim agus b'éadroime ná sin a chroí.

★ ★ ★

Ba bhocht an chuma a bhí ar iarthar Mhaigh Eo nuair a chuaigh Pádhraic ann. Bhí an ceantar ar fad ina chosair easair ag na Dúchrónaigh. Ní raibh díol ná ceannach ann, aonach ná margadh. Agus níorbh iad na Sasanaigh a tháinig thar sáile ba mheasa. An t-oifigeach a bhí ar an *R.I.C.*, ba de shíol na mBlácach é, agus a leithéid níor shiúil an talamh ná an féar riamh. Ba chuma céard a tharlódh in áit ar bith b'ar mhuintir an iarthair a ligtí amach an deasca. Thógtaí na fir dá gcuid leapacha, agus bhuailtí agus dhrubáltaí iad, agus chuirtí ag líonadh trinsí iad a bhíodh gearrtha ó oíche roimhe sin. Ba é an rud a tháinig as sin go raibh a lán de na daoine a bhí in aghaidh na nÓglach ar dtús, agus a shíl go raibh siad ina n-amadáin, go raibh siad anois ag cuidiú leo ar gach bealach, agus go raibh an dearg-ghráin acu ar na Dúchrónaigh, agus go mór mór ar an mBlácach, an *D.I.*

Ba mhór ar Phádhraic nárbh fhéidir leis dul abhaile chun a thí féin go bhfeiceadh sé a mháthair agus an chuid eile dá mhuintir, ach cuireadh comhairle air go mbeadh sé róchontúirteach – contúirteach dó féin agus contúirteach dóibhsean. Ba é an chaoi a mb'éigean dóibh teacht chuige de shiúl oíche ina nduine is ina nduine lena fheiceáil.

Ina dhiaidh sin féin ní raibh seachtain caite go raibh a fhios ag an *D.I.* go raibh 'mac Mháire Bhán' sa mbaile as Albain, agus go raibh sé ina cheannfort ar na hÓglaigh. Céard a dhéanfadh na Dúchrónaigh ach teacht ar maidin an lae arna mhárach agus an teach a dhó ar Mháire agus gan cleath ná sop a fhágáil os a cionn. Mura mbeadh cuid de na comharsana a raibh sé de charthanacht agus de ghrá Dé iontu í féin agus a muirín a thógáil isteach, duine sa teach seo agus duine san teach úd eile, chaithfeadh siad codladh amuigh cois claí.

Ach ní théann thar chomhar na gcomharsan. Cúpla lá ina dhiaidh sin fuair Pádhraic scéala go raibh suas le leathchéad de na Dúchrónaigh agus an *D.I.* ina gceannas, go raibh sin le ruaig a thabhairt soir taobh Bhaingear ar maidin an lae arna mhárach. Shíl an Blácach go mba scéal rúin é agus nach raibh a fhios ag aon duine é ach aige féin agus ag beirt eile. Ach ní scéal rúin é ó tá a fhios ag triúr é. Is cuma anois cén chaoi ar sceitheadh é ach beidh scéalaíocht air go ceann na gcéadta bliain in Iorras.

Maidin aoibhinn a bhí inti gan puth as aer. Amach an Bhearna Mhór a rachadh na mótarthrucailí agus go díreach roimh ghealadh an lae tháinig Pádhraic agus fiche Óglach leis agus rinne siad trinse trasna an bhóthair mhóir ag béal na Bearna. Nuair a bhí sin déanta rinne sé dhá leath den bhuíon. Chuaigh sé féin agus deichniúr eile suas ar thaobh an chnoic a bhí ar an taobh ó dheas den Bhearna, agus chuir sé an chuid eile de na fir suas ar an gcnoc a bhí ar an taobh ó thuaidh. Bhí siad ansin céad troigh os cionn an bhóthair agus iad i bhfolach sna scairteacha a bhí ag fás ar gach taobh. Bhí ordú ag na fir a bhí ar an taobh ó thuaidh gan urchar a ligean go gcluineadh siad na hurchair ón taobh ó dheas.

Bhí Pádhraic sínte ar thulán fraoigh agus a ghunna ina láimh aige. Bhí a shúil mar bheadh súil iolair ann a bheadh ag faire ar rud eicínt a bheadh sé ag dul a ionsaí. Nóiméad ar bith anois bheadh na trucailí ag teacht. Ní raibh focal as duine ar bith. A leithéid de chiúineas! Torann dá laghad nó fuaim dá laige ní raibh le clos. Bhí gach rud chomh ciúin socair sin go gcluinfeá na fir ag tarraingt a n-anála. Éist! Céard é sin? D'fháisc gach duine a dhá láimh ar a ghunna ionas go bhfeicfeá an ghile a bhí in ailt na méar ón bhfáisceadh. Ach níor tháinig tada. Ní raibh sa torann ach cloch a sciorr ó chos caorach agus a thit le fána an ailt síos ar an mbóthar.

A Thiarna, nárbh fhada a bhí an t-am ag dul thart! An dtiocfadh siad go deo? Cén chaoi a mbeadh an scéal dá ndéanadh siad athrú comhairle agus gan teacht ar chor ar bith nó dá mba rud é gur éirigh aon mhíthapa dóibh ar an mbealach amach? Nár lige Dia ná A Mháthair Bheannaithe!

A leithéid de chiúineas agus a bhí ann! Ba chosúil é leis an gciúineas marfach sin a thigeas go minic roimh thoirneach nuair nach mbíonn gíog ná míog as ainmhí ach gach rud ina thost, agus an domhan uilig mar bheadh sé faoi shuan.

Leis sin féin ligeadh scread! Scread bhrónach mhúisiamach a scoilt an t-aer agus an t-uaigneas ar gach taobh, agus a chuir criothnú ar chroí na bhfear a bhí ag faire. 'U-a-igh, u-a-igh, u-a-igh!' Tháinig an focal go glan soiléir chucu ar chiúineas na maidine, trí huaire, go díreach mar déarfadh duine é. Dhearc na fir ar a chéile. Cuid acu a bhí ní ba phiseograí ná an chuid eile chuir siad geis ann ar an toirt agus choisric iad féin. Ní raibh ann ach ceann cait a bhí ina luí ar ghéag crainn, ach é sin féin is minic gur tuar mí-ádha é.

Chuaigh ceathrú uaire thart. Bhí na fir ag éirí mífhoighdeach. An dtiocfadh na Dúchrónaigh ar chor ar bith?

Br—rr—rr—rr ...

Dar fia! Torann na dtrucailí. Tá siad ar fáil ar deireadh.

Seo aniar iad agus ceo deannaigh tógtha acu ar feadh leathmhíle den bhóthar ... Tá torann na n-inneall ag neartú ... Tá siad ag teacht níos gaire ... Sea, tá cúig trucailí ann ar fad. Is féidir iad a fheiceáil go soiléir anois ... Má tá a fhios acu faoin trinse! ... Ach níl a fhios, tá siad ag teannadh in aice leis faoi lánsiúl. Níos gaire ... níos gaire ... níos gaire ... ó! ...

Síos leis an gcéad trucail sa trinse agus tiontaítear droim ar ais í. Tá an ceann eile róghar dó ionas nach féidir cosc a chur leis nó go mbuailtear é in aghaidh an chéad chinn. Mar an gcéanna le dhá cheann eile. Tá na ceithre cinn anois caite i mullach a chéile in aon tromach tramach amháin, agus ní thigeann slán as ach an ceann deiridh. Tá lámha agus cosa, éadain agus easnacha loite leonta. Tá rírá ann agus ruaille buaille, eascainí, mionnaí móra agus mallachtaí.

Mar sin a bhí nuair a cluineadh an t-aon phlanc déag ón taobh ó dheas den Bhearna mar ligfí le láimh amháin iad. Ar éigean a bhí am ag an macalla toisiú ag freagairt nuair a cluineadh deich bplanc ón taobh eile.

Leathchéad Dúchrónach ar fad atá ann agus an *D.I.* Tá deichniúr acu sínte marbh ar an mbóthar mar seo, gan caint ar an méid atá loite.

Tharla an rud ar fad chomh tobann sin gur bhuail uamhan agus imeagla iad. Theith siad anonn agus anall chomh maith is bhí ina n-anam. Cuid acu a chuaigh ar chúl na gcrann agus na gclaíocha agus a thoisigh ag loscadh thart orthu ar gach taobh nó go raibh siad tuirseach sáraithe. Ach ní raibh á bhfreagairt ach macalla na Bearna agus an scréach scanraithe a chuireadh an ceann cait as anois agus arís:

'U-a-igh, u-a-igh, u-a-igh!'

Chuaigh leathuair thart. Stad an loscadh. Tháinig fear amach ar an mbóthar agus ghlaoigh sé ar an muintir eile. Bhí siad cruinn i lár an bhóthair arís mar bheadh siad ag cur a gcomhairle i gceann a chéile céard ab fhearr a dhéanamh.

Arís mar ligfí as gunna amháin iad tháinig aon phlanc déag ón taobh ó dheas den Bhearna. Mar bhuailfeá do dhá bhois faoi chéile lean deich bplanc iad ón taobh eile. Thit ceithre fhear déag. Tháinig critheagla ar na Dúchrónaigh agus an méid acu a bhí i gcruth siúil, agus ba bheag sin, theith siad leo béal a gcinn. D'fhág gach rud ansin ina ndiaidh, gunnaí agus a raibh ann. Nuair a fuair na hÓglaigh imithe iad, tháinig siad anuas. Bhí ceithre fhear fichead marbh agus bhí ochtar eile a bhí i mbéal báis. An *D.I.* bhí sé ina shuí i lár an bhóthair agus a chúl le trucail. Bhí gach cuma air go mba ghearr a sheal ar an saol seo. Fear de na hÓglaigh tharraing sé buille den ghunna air lena bhlaosc a bhriseadh, ach rug Pádhraic ar an ngunna agus choisc an buille.

Bhí iontas ar an Óglach. 'Ach sin é an *D.I.*,' ar seisean, 'an Blácach bradach,' ag féachaint ar Phádhraic. 'Is é an bithiúnach is mó agus is mioscaisí é ar chuir Dia an t-anam riamh ann. Níl sé seachtain ó bhuail sé m'athair agus mo bheirt dearthair nó gur thit siad as a seasamh. Níl rud ar domhan ab fhearr liom ná a bheith ag damhsa ina chuid putóg.'

'Is cuma sin,' arsa Pádhraic. 'Nach bhfuil a fhios agat céard a rinne sé le mo mháthairse agus le mo mhuintir? Ach maith in aghaidh an oilc! Nach bhfeiceann tú go bhfuil a chuid troda déanta?'

Bhí dath liathbhán ar an mBlácach. Chuaigh piléar trína

thaobh, agus bhí a lán fola caillte aige. D'iarr sé orthu deoch uisce a thabhairt chuige ar son Dé. Bhí sruthán geal gléigeal ag caismirlíneacht go ceolmhar crónánach síos le fána i lár an ghleanna, mar bheadh eascú airgid ann, agus mar bheadh gan bruíon gan buaireamh a bheith in aon áit sa domhan. Rug Pádhraic ar chaipín a bhí caite ar an mbóthar, chuaigh síos chun an tsrutháin agus thug aníos deoch uisce chuig an mBlácach. Níor bhain sé as ach lán a bhéil. Chomh luath agus d'ól sé an blogam thit a cheann anuas ar a ucht. Faoi cheann chúig nóiméad bhí an t-anam síothlaithe as.

Ní raibh duine in Iorras nár ghlac buíochas le Dia go raibh 'an bithiúnach ba mhó agus ba mhioscaisí dár chuir Dia an t-anam riamh ann,' mar a dúirt an tÓglach, go raibh sin imithe ar shlua na marbh.

Bhí an luíochán seo ar cheann de na cinn ba mhó dá raibh in aon áit sa tír i rith an chogaidh úd. Chuaigh an scéal go fada agus go gearr, gí nach raibh sna páipéir nuaíochta an lá arna mhárach ach gur maraíodh beirt agus gur loiteadh duine nó beirt eile.

★ ★ ★

Cúpla lá ina dhiaidh sin cuireadh slua Dúchrónach síos go hIorras. Bhí ordú acu déanamh mar ba mhian leo. Theastaigh breith ar Phádhraic beo nó marbh. Níor fágadh teach ná cró, clúid ná ceard, tom ná sceach gan cuartú. Bhí fógraí ar na ballaí ag tairiscint míle punt do dhuine ar bith a dhéanfadh scéala air dá mba rud é go mbéarfaí air dá bharr. Ach dá mba rud é go mbeadh duine ar bith ann ar mhaith leis an t-airgead a shaothrú féin, ní bheadh misneach aige mar nach raibh spíodóireacht 'ag íoc' duine ar bith sa tráth sin, bhí an oiread sin contúirte ag baint léi.

Ar deireadh bhí an tóir chomh dian ar Phádhraic agus ar a bhuíon go mb'éigean dóibh doimhin an tsléibhe a thabhairt orthu féin agus imeacht ina gcúplaí nó ina nduine is ina nduine. Ba é seo an t-am ar cuireadh Micilín Pheait i mbuíon Phádhraic. Bhí sé i mbuíon eile go dtí sin. Ach níor thúisce a chuala sé go raibh Pádhraic ar ais as Albain agus é i gceannas buíne ná d'iarr sé cead a ligean chuige.

B'ar Phádhraic a bhí an gliondar nuair a tháinig Micilín chuige. Ní fhaca siad a chéile le blianta fada, agus bhí a lán scéalta ag gach duine acu le hinsint don duine eile. D'fhan siad beirt i mbun a chéile, agus cér bith teach a mbeadh duine acu ann bheadh an duine eile ann chomh fada agus bhí siad ar a dteitheadh.

XXXVIII

Bhí na Dúchrónaigh ag cuartú agus ag ransú. Bhí siad le buile agus le báiní nuair nach raibh ag éirí leo. Nuair a théadh siad amach ar maidin agus iad ar meisce mhionnaíodh siad agus mhóidíodh siad go mbeadh cuid de na *rebels* isteach leo tráthnóna.

Gí go raibh na hÓglaigh scaipthe anonn is anall is beag oíche nach dtigeadh siad le chéile agus an bóthar a dheisíodh na Dúchrónaigh sa lá – nó a gcuireadh siad ar dhaoine eile a dheisiú – ghearradh na hÓglaigh arís san oíche é. Rinne siad cíor thuathail de na Sasanaigh ar an mbealach sin, agus gan aon neart acusan an scéal a leigheas. Ní ligeadh an fhaitíos do na Dúchrónaigh an baile mór a fhágáil san oíche mar bhí ráfla amuigh go rabhthas lena n-ionsaí sa mbeairic, agus bhí an áit chomh daingnithe sin acu le sreang dheilgneach agus le boltaí agus le hiarann go sílfeá go raibh na mílte fear ag dul ag tabhairt fúthu.

Lá amháin fuair an ceannfort a bhí ar na Dúchrónaigh, fuair sé litir a chuir eagla a sháith air. Dúradh leis sa litir de bharr na drochúsáide a bhí sé a thabhairt ar mhuintir na háite – daoine bochta nach raibh baint acu le troid ná clampar – dúradh leis nach spárálfaí é féin ná a chuid fear as sin amach, go gcaithfí leo áit ar bith a bhfaightí an seans orthu. Ní raibh aon ainm leis an litir, ní nárbh ionadh. Leis an rud a chur abhaile i gceart chuige maraíodh duine de na Dúchrónaigh an oíche chéanna sin agus é ag teacht amach as doras teach ósta agus é ar meisce. Urchar piostail a mharaigh é agus ní raibh a fhios beirthe ná beo cé a rinne é.

Chuir sin na Dúchrónaigh ar crith ina gcraiceann. As sin suas níor chuir siad iallach ar dhuine ar bith trinse a líonadh – líonadh siad féin iad. Ar deireadh thoisigh siad ag ligean a gcuid maidí le sruth agus d'fhág na trinsí ansin gan líonadh ar chor ar bith, agus as sin suas ní raibh an scéal chomh dona ag muintir na háite is a bhí sé roimhe sin.

Nuair a lagaigh an tóir ina ndiaidh thoisigh na hÓglaigh ag éirí ní ba mhisniúla agus théadh siad ar an Aifreann. Ba mhinic freisin iad ag rincí agus ag scoileanna damhsa nó go raibh siad ag éirí ródhána ar fad ar deireadh; ach san oíche choinníodh a mbunáite amach sna sléibhte i nGleann an Iolair, trí mhíle ón mbóthar mór, áit a raibh baile beag a raibh an deich nó an dó dhéag de thithe ann.

★ ★ ★

'Chugainn leat síos go Log an tSearraigh anocht, a Mhicilín,' arsa Pádhraic, tráthnóna amháin, leis an gclapsholas, agus iad ina suí cois na tine i dteach Stiofáin an Ghleanna. 'Tá raifil le bheith i dteach Mhaidhc, agus beidh spórt mór ann.'

'Ba mhaith liom a dhul ann,' arsa Micilín, 'ach measaim go mbeadh an iomarca contúirte ag baint leis. Dheamhan ar dhóichede an Cháisc a bheith ar an Domhnach ná na buachaillí dubha ruaig a thabhairt amach, agus nach deas an bhail a bheadh orainn ansin? Dá mbeirtí orainn bhí ár bport seinnte, agus bheadh an raifil daor go leor orainn.'

D'éirigh Pádhraic, chuaigh síos go giall an dorais agus dhearc amach.

'Dheamhan baol orthu an baile mór a fhágáil oíche mar seo,' ar seisean. 'Tá an ré dorcha ann agus beidh an oíche chomh dubh le pic. Ar ndóigh, níor chorraigh siad amach aon oíche anois le fada, agus feicfidh tú féin go bhfanfaidh siad i mbonn a gcos. Chugainn leat! Bhéarfainn cuid mhaith ar phaiste grinn a bheith agam le Maidhc agus le Séimín Donn – ní fhaca mé le cuimhne Sheáin Brún iad.'

'Bhuel, más breá leat é,' arsa Micilín, 'rachaidh mé leat, ach leis an fhírinne a insint duit b'fhearr liom fanacht i mbonn mo chos. Má théann sinn ann is fearr dúinn fios a chur ar chuid de na buachaillí eile, agus b'fhéidir go rachadh siad síos linn. Tá an bealach chomh huaigneach sin nach mbeadh aon doicheall agam féin roimh chomhluadar.'

Bhí Stiofán an Ghleanna ina shuí ar stóilín, a chúl le bac aige agus é mar bheadh sé ag míogarnaigh. Ach bhí sé ní ba bheochluasaí ná mar cheapfá.

'Má ghníonn sibh mo chomhairlese,' ar seisean, 'bhur gcos ní fhágfaidh an teach anocht. Chaith mé an oíche aréir ag brionglóidigh ar ghunnaí agus ar urchair agus, mo choinsias féin, níl mé saor gan imní a bheith orm. Ná fágaigí an teach anocht, ní ag cur aithne oraibh é.'

'Tá tú chomh dona le mo mháthair,' arsa Pádhraic, ag gáire. 'Ní bhíodh oíche dá saol nach mbíodh "drochbhrionglóidí" uirthi, agus dá dtiteadh an fichiú cuid de na rudaí a bhítí a fheiceáil di, dá dtiteadh siad amach ní bheadh duine beo ar na bailte anois.'

'Bíodh agaibh,' arsa Stiofán, 'ach cuimhnigh gur chuir mé ar bhur gcosaint sibh.'

Chuartaigh siad thart nó go bhfuair siad cúigear nó seisear eile de na buachaillí, agus stad ná cónaí ní dhearna siad go dtug siad teach Mhaidhc orthu féin.

Bhí na mílte agus na múrtha fáilte rompu nuair a tháinig siad isteach, go mór mór roimh Phádhraic, nach bhfaca cuid mhór dá raibh i láthair leis na blianta roimhe sin.

'Nár ba liachtaí sop ar an teach ná céad míle fáilte romhat, a Phádhraic,' arsa Maidhc leis, ag éirí den bhac agus ag teacht anuas agus ag breith ar dhá láimh air. 'Nach é an leigheas ar shúile tinne tú a fheiceáil!' Níor thaise le bean Mhaidhc é, shílfeá gur anuas as na flaithis a thit Pádhraic chuici.

Ach Séimín Donn! nuair a chuala sé cé a bhí ann – níor aithnigh sé i dtoiseach é – d'éirigh sé de léim as an áit a raibh sé ina shuí thall le balla, agus mura raibh fáilte aige roimh Phádhraic castar leis é. Níor athraigh Séimín breá blas ó chonaic Pádhraic cheana é – an seanchóta céanna agus an seanbhríste céanna agus an seanbhairéad céanna bhí siad air, agus an sop coch áin a bhí á changailt aige ina bhéal déarfá gurbh é an sop céanna é, gí nárbh é.

Bhí an teach mar bhuailfeá le cúl tua é lena raibh de

dhaoine cruinn ann, mar go dtáinig siad ann anoir agus aniar. Ní raibh áit suí ag a leath, ach ba bheag a ghoill sin orthu, agus go leor de na cailíní bhí siad ina suí ar ghlúine na mbuachaillí thart le balla.

Bhí an damhsa ag dul ar aghaidh go tréan, agus ní shílfeá le breathnú ar an gcomhluadar gealgháireach go raibh punt bróin ar aon duine dá raibh i láthair. Rinneadh dearmad glan ar Dhúchrónaigh agus ar chogadh agus ar chlampar.

Mura mbeadh go ndeachaigh Maidhc amach ag tarraingt soip as an gcruach le tabhairt isteach chuig an mbó b'fhéidir nach bhfeicfí iad go mbeadh siad isteach ar fud na bhfud; ach caithfidh sé gurbh é Dia féin a labhair ina chroí, mar, ar a dhul amach dó, dhearc sé síos an bóthar, agus chonaic sé na solais ag déanamh air tríd an dorchadas.

Isteach leis agus scaoll uafásach ina dhá shúil. 'Na *Black an' Tans*, na *Black an' Tans*,' ar seisean, 'seo aníos an bóthar iad. Glanaigí libh ar son Dé, fhad's tá an fhaill agaibh.'

Ach ba bheag an brostú a bhí ag teastáil. D'éirigh a raibh sa teach i gcosa a chéile, agus bhí siad ag baint na sál dá chéile ag imeacht. Níor thóg duine ar bith an bóthar ach thug siad uilig na fálta orthu féin. Bhí Dia i bhfabhar acu go raibh an oíche chomh dorcha agus bhí sí. Mura mbeadh sin bheadh scéala acu air.

Nuair a tháinig na Dúchrónaigh bhí an áit maol bán rompu, gan ann ach Maidhc agus a bhean agus a mháthair.

Nuair a cuireadh chun teite iad ní raibh ann ach gach duine dó féin, agus chuaigh siad amú ar a chéile sa dorchadas. Ní fhaca Pádhraic duine ar bith dá chomhluadar féin, agus ní raibh faill aige dul ag cuartú, mar go mb'éigean dó a bhaint as na hioscaidí mar rinne gach duine eile.

Dúirt sé leis féin gurbh é an rud ab fhearr dó féachaint lena bhealach a dhéanamh ar ais go Gleann an Iolair, mar nach mbeadh ach díth céille fanacht i dteach ar bith i Log an tSearraigh ar fhaitíos go rachadh na Dúchrónaigh ag ransú. Bhí sé ag rith riamh riamh go raibh sé tuirseach sáraithe, agus ansin shuigh sé síos ar chlaí lena scíth a ligean agus leis an allas a thriomú de féin. Ní raibh sé cinnte an ndéanfadh sé a bhealach ar ais go teach Stiofáin an Ghleanna ach dhéanfadh sé a dhícheall. Nár thrua nach rabhthas ag casachtáil aon duine de na buachaillí eile air! Ach b'fhearr a bheith ag bogadh.

Bhí a fhios aige dá dtigeadh sé ar an abhainn agus leanúint di ag tarraingt ar a bun go dtabharfadh sí chomh gar do na tithe é agus go dtiocfadh leis na solais a fheiceáil dá mbeadh aon teach acu ina shuí. Bhí an oíche chomh ciúin sin go raibh an ciúineadas ag goilleadh air, agus bhí sé chomh dorcha agus nár léir dó cén áit a leagfadh sé a chos. Nárbh é an mac dosmachtaithe é nár thug aird ar chomhairle Stiofáin, agus gan an teach a fhágáil. Ach rud gan leigheas is foighid is fearr chuige, agus ba bheag an chabhair dó aithreachas a bheith air anois.

Bhí sé ag imeacht roimhe agus cluas le héisteacht air ag dúil go gcluinfeadh sé fuaim na habhann. Ba cheart dó a clos má bhí sí in aice leis ar chor ar bith, mar go raibh an oíche chomh ciúin sin, ach ina dhiaidh sin féin ní raibh sí á casachtáil air.

Bhí a fhios aige go raibh na mílte acra den bhogach báite thart timpeall air, agus dá mba rud é nach bhfaigheadh sé na tithe amach agus a bheith ag siúl i bhfad eile b'fhéidir gur i súmaire a chuirfí é agus a bhá. Thoisigh sé ag smaoineamh ar Shéimín Donn agus an lá fad ó shin nuair a chuaigh sé sa scraith bhogáin. Am ar bith eile dhéanfadh sé gáire faoi, ach ní fonn gáire a bhí air anois; b'fhada uaidh é.

D'éirigh corrscréachóg amach óna chosa agus scoilt sí an t-aer leis an scread nimhe a chuir sí aisti. Ba bheag nár thit an t-anam as leis an ngeit a baineadh as, agus thoisigh sé ag cuimhneamh ar thaibhsí agus ar thaisí agus ar mhná caointe. Ní raibh scéal sí dár chuala sé ó bhí sé ina pháiste nár tháinig ar ais chuige anois, agus bhuail uaigneas as miosúr é. Ní raibh teach duine bheo ná leacht duine mhairbh le feiceáil, agus é ag snámhán, ag snámhán síos an gleann uafar uaigneach úd, mar bheadh mioniasc ar thóin na mara ann.

Céard úd a chuala sé? Crónán uisce an ea? Chrom sé agus chuir a chluas leis an talamh, beagnach. Ba ea. B'in é crónán na habhann. Míle buíochas le Dia! Tharraing sé ar an gcrónán. Ba í an abhainn í. Ba roimpi a bhí an fháilte.

Ach cén taobh a raibh sí ag rith? Níorbh fhéidir leis

déanamh amach sa dorchadas. Chuir sé a lámh san uisce. Bhí sé ag dul an bealach contráilte. B'ar bhéal na habhann a bhí a aghaidh agus ba é an taobh eile ar cheart dó a bheith ag dul. D'fhill sé ar a sháil, agus tar éis aistear fada a chur de, agus a lán anró agus aimlithe a fháil, chonaic sé solas tamall uaidh ar deireadh – an t-aon tsolas a bhí le feiceáil sa ngleann. Na tithe eile bhí siad ar fad ina gcodladh.

Ba é teach Liam Úna a raibh an solas ann. Chuaigh sé isteach. Níor mhaith leis dul go teach Stiofáin agus iad a dhúiseacht chomh mall sin san oíche. Bhí Liam Úna ar thob dul a chodladh. Bhí sé ina shuí chomh mall agus bhí sé mar go raibh sé amuigh ag iascaireacht san abhainn le coinneal ghiúsaí. Bhí ceithre shamhnachán bhreátha leagtha ar an mbord aige. Dúirt sé le Pádhraic go mb'fhearr dó fanacht mar bhí sé go maidin.

Ceannaí a bhíodh ag teacht an bealach le blianta roimhe sin – cnábaire mór de chrannfhear a raibh féasóg rua air – bhí sé ina chodladh i sráideog thíos in éadan an tí, agus é ag srannadh. Ba é teach Liam a gcuireadh sé faoi ann gach uair dá dtigeadh sé an bealach.

Bhuail Pádhraic air ag cur síos do Liam ar an ngábh a dtáinig sé as, agus an t-iontas a bhí air nár casadh duine ar bith eile de na buachaillí air ar an mbealach ar ais chun an ghleanna.

'Nach bhfuil a fhios agat go maith,' arsa Liam, agus é ag coigilt na tine, 'nach bhfuil a fhios agat sin, go bhfanfaidh siad i Log an tSearraigh anocht? Níl an tóir chéanna orthusan atá ortsa. Tá míle punt le fáil asatsa, a mhic, cér bith duine a bhéarfas isteach beo nó marbh thú, nó a bhéarfas scéala chucu cá bhfuil tú. Sin airgead is fiú a shaothrú,' ar seisean ag toisiú ag maolgháire.

Nuair a thagair Liam don mhíle punt cheap sé gur lagaigh an srannadh, agus stad sé den chaint. Dhearc an bheirt a bhí ag an tine ar a chéile go himníoch. Ach caithfidh sé nach raibh ann ach rud a chonacthas dó, mar go raibh an fear a bhí sa tsráideog anois agus shílfeá go dtabharfadh sé an balla isteach le gach srann dá raibh sé a chur as.

Bhí sé i dtaca an lae agus chuaigh siad a luí gan focal eile a labhairt.

XXXIX

Ba é tafann an mhada a dhúisigh teach Liam ar maidin, go han-mhoch, sular éirigh aon duine ar an mbaile. D'éirigh Liam agus chuaigh go dtí an fhuinneog. Ba bheag nár thit sé as a sheasamh leis an radharc a bhí os a chomhair. Bhí suas le fiche duine de na Dúchrónaigh ag déanamh anuas ar an teach, agus a gcuid gunnaí feistithe ina lámha acu.

D'fhógair sé ar Phádhraic go raibh an tóir ag teacht. Léim seisean ina shuí, tharraing air a bhríste, agus thug an doras amach air féin ina dhá chois.

Bhí claí ard fód ag dul síos ón teach go dtí an abhainn. Síos le Pádhraic le hais an chlaí agus é ag cromadaigh. Nuair a bhí sé thíos ag bruach na habhann bhí na Dúchrónaigh ag an teach. Gháir duine acu amach go raibh fear ag teitheadh. D'fhógair siad air seasamh nó go gcaithfeadh siad leis.

Níor thug sé aon aird orthu. Amach leis san abhainn go snámhadh sé go dtí an taobh eile. Níor thúisce san uisce é ná thit cith piléar thart air. Chuaigh piléar acu ina ghualainn. Thit sé san uisce ar a bhéal is ar a aghaidh. Dhá nóiméad agus bhí sé gafa. Tugadh ceangailte le cuibhreacha é isteach go beairic Bhéal an Mhuirthead.

Ba é sin an uair a chuimhnigh Liam Úna ar an gceannaí, mar go raibh iontas air nár dhúisigh na hurchair é. Chuaigh sé síos go héadan an tí agus dhearc sa tsráideog. Bhí sí folamh. Bhí an ceannaí imithe. Ní raibh fios cá ndeachaigh sé, nó cén tráth ar imigh sé; ach thoisigh Liam ag machnamh go dólásach ar eachtra na hoíche agus na maidine.

Bhí na cosa agus na lámha i gcruth titim de Phádhraic le fuacht mar go raibh an mhaidin goimhiúil go maith agus glasreo seaca ann. Bhí pian as cuimse ina ghualainn an áit a ndeachaigh an piléar ann, agus bhí cuid mhaith fola caillte aige. I rith an bhealaigh ar ais dóibh bhí na Dúchrónaigh ag iarraidh fáirnéis a phiocadh as, agus gheall an ceannfort dó dá dtugadh sé liosta de na daoine a bhí sna hÓglaigh ina cheantar dó féin go ligfí amach saor é, agus ina theannta sin go gcuirfí in áit é a mbeadh sé ó chontúirt, agus go mbeadh post maith le fáil aige.

Nuair a chonaic siad nach raibh aon mhaith dóibh a bheith leis thoisigh siad ag steallamhagadh air, agus ag caitheamh drochmheas ar na hÓglaigh 'nach dtiocfadh amach ar mhachaire an dúshláin agus troid go fearúil, ach ag caith-eamh le saighdiúirí cróga calma ó chúl claí.' Ach níor fheac Pádhraic a chluas le focal dár dhúirt siad leis, agus, ar deireadh, nuair nach dtug sé aon tsásamh dóibh, d'éirigh siad as an spochadóireacht.

Níorbh iontaí le Pádhraic an sneachta dearg nuair a shroich sé an bheairic ná Micilín Pheait agus ceathrar eile de na buachaillí a bheith ansin roimhe. Ach ní raibh aon chead cainte acu, agus níorbh fhéidir leis aon cheist a chur i dtaobh cén chaoi ar tharla sé.

Fágadh istigh iad i seomra mór nach raibh tine ná teas ann, ná fiú an troscáin féin ach bord mór fada lom a bhí i gceartlár an urláir, agus stólta fada a bhí thart le balla agus cosa iarainn fúthu. Bhí caipíní dubha agus cótaí dubha crochta ar thaobh-bhalla ann, agus rungaí iarainn ar na fuinneoga an taobh amuigh ar eagla go n-ionsófaí an áit. Fágadh beirt Dúchrónach ar garda, agus piostal ina ghlaic ag gach fear acu ar fhaitíos go n-éalódh aon duine de na príos-únaigh.

D'airigh Pádhraic doras ag foscailt ar a chúl, mar bheifí á fhoscailt go ciúin socair, agus dearcadh dá dtug sé ar an doras as ruball a shúl, céard a d'fheicfeadh sé ann ach cnábaire mór de chrannfhear a raibh féasóg rua air agus é ag síneadh a mhéire chuige. Bhí an ceannfort agus oifigeach eile ina seasamh ar chúl an chrannfhir, agus chomh luath agus thug an cnábaire faoi deara Pádhraic ag tiontú thart tharraing sé leis a cheann mar bheadh gadaí ann. Bhéarfadh Pádhraic a bhfaca sé de leabhra riamh gurbh é an ceannaí a bhí sa tsráideog i dteach Liam Úna é, ach ansin smaoin sé cén chaoi arbh fhéidir leis sin a bheith amhlaidh agus é ina chodladh fós b'fhéidir i nGleann an Iolair?

Tar éis tamaill tugadh isteach bia chuig na príosúnaigh — muga tae agus arán agus im chuig gach duine acu. Tháinig Dúchrónach isteach nach bhfaca siad go dtí sin agus ní raibh cuma air a bheith chomh borb ná chomh drochmhúinte leis an muintir eile. Bhí cuma air chomh maith go raibh údarás eicínt aige san áit, gí nach sílfeá gur oifigeach a bhí ann. Mhol sé dóibh a sáith a ithe mar go mb'fhéidir go mbeadh tamall maith den lá caite sularbh fhéidir leo aon bhlas eile a fháil.

Ní raibh ann ach gur bhlais Pádhraic den bhia. Ní raibh aon ocras air ach bhí sé spalptha leis an tart. Chaith sé siar a raibh de tae sa muga gan a thógáil dá cheann gur chríochnaigh sé é. Ansin dhearc síos san soitheach go brónach amhail agus dá mba é an rud a déarfadh sé dá mbeadh cead cainte aige: 'Is trua gan tú líonta arís.' Ní raibh an Dúchrónach a tháinig isteach gan an t-amharc sin a thabhairt faoi deara, agus nuair a chuaigh sé amach tháinig muga eile tae isteach chuig Pádhraic. Chroch sé ar a cheann é agus níor fhág striog ann.

Níor mhó ná go raibh an bia caite acu nuair a chuala siad torann na dtrucailí, agus ghluais siad chun bóthair arís. Ní raibh a fhios acu ach an oiread le cúl a gcinn cén áit a rabhthas á dtabhairt, ach go raibh a fhios acu gur amach bóthar Bhéal an Átha a bhí a n-aghaidh. Agus iad ag dul amach an Bhearna Mhór, an áit ar maraíodh an Blácach, d'fháisc Pádhraic a fhiacla le péin leis an gcroitheadh a baineadh as an trucail agus é ag dul thar an trinse nach raibh ach leathlíonta.

Dhearc an t-oifigeach air go searbh nimhneach. 'Ort féin a mhilleán, má tá pian ort, a bhodaigh,' ar seisean. 'Is tú is ciontach leis an ár a rinneadh anseo an lá faoi dheireadh, agus is tú a ghearr an bóthar, ach is gearr anois go n-íoca tú as, tú féin agus cuid de na hamadáin a bhí ag cuidiú leat, rachaidh mise faoi duit.'

Tuairim an mheán lae bhí siad i mBéal an Átha. Bhí siad trom tuirseach dá n-aistear mar go raibh siad craite as a sláinte ag na trucailí ar an mbóthar garbh, agus na trinsí a rinneadh ann le tamall roimhe sin ní raibh ach cineál deisithe tugtha orthu. Bhí dath ar Phádhraic chomh bán le páipéar agus shíl sé cúpla uair nó trí go rachadh sé i laige. D'iarr sé deoch uisce, ar son Dé, nuair a shroich sé an bheairic i mBéal an Átha.

'Seo,' arsa bodach mór de Dhúchrónach, ag tabhairt isteach crúsca mór uisce chuige agus á sheachadadh air go tarcaisneach, 'seo,' ar seisean, 'ól é seo, agus nár dhéana sé maith ná sláinte duit!'

Cuireadh isteach i seomra i mBéal an Átha iad a bhí beagnach cosúil leis an gceann ar cuireadh ann iad i mBéal an Mhuirthead, ach go raibh sé beagáinín bídeach ní ba ghlaine, gí nár mhór é. Bhí siad ag tarraingt ar dhá uair an chloig ag fanacht ansin agus garda armáilte orthu, chomh fada agus bhí an dá dhream Dúchrónach, muintir Bhéal an Átha agus muintir Bhéal an Mhuirthead, ag socrú céard a dhéanfaí leo. Ar deireadh tugadh suas go stad na traenach iad, agus cuireadh iad ar thraein a tháinig isteach as Cill Ala timpeall deich nóiméad ina dhiaidh sin. Nuair a d'athraigh siad ar thraein Shligigh ag Clár Chlainne Mhuiris tamall ina dhiaidh sin b'in é an uair a chuimhnigh Pádhraic gur go Príosún an Chrainn Mhóir, Sligeach, a bhíothas á dtabhairt. Bhí an ceart aige.

Bhí trucail ag fanacht leis an traein nuair a shroich siad Sligeach. Cuireadh isteach ann iad ar áit bonn sula raibh am ag slua cruinniú thart, agus faoi cheann deich nóiméad bhí glas fáiscthe orthu sa bpríosún.

XL

Bhí coiste i Sligeach le linn an ama sin agus ba é an dualgas ba mhó a bhí air cuairt a thabhairt anois agus arís ar na hÓglaigh a bhí sa bpríosún, go mór mór ar an dream nach raibh aon duine dá ngaolta féin ina n-aice, agus bronntanais bheaga – cácaí milse, tobac, agus araile – a thabhairt isteach chucu ó am go ham.

Lá dá dtáinig duine den choiste seo isteach chuig Pádhraic agus gan é ach cúpla lá sa bpríosún thug sé faoi deara ar an gcaochadh agus ar an múicneáil a bhí ar an té a tháinig isteach go raibh rud tábhachtach eicínt le cur i dtuiscint dá mbeadh caoi aige air. Ba dheacair mórán a dhéanamh i ngan fhios don gharda ar chaoi ar bith, mar go raibh seisean agus cluas le héisteacht air ar eagla go ndéanfaí nó go n-abrófaí rud ar bith a bheadh in aghaidh rialacha an phríosúin. Ach dá ghéire an tsúil dá raibh ag an ngarda agus dá bheochluasaí dá raibh sé bhí daoine le fáil a bhí inchurtha chuige le gliceas. Go díreach agus an strainséara ar thob imeacht, cér bith seans a fuair sé d'éirigh leis tiontú thart agus a chúl a thabhairt don gharda. D'fhoscail sé brollach a chóta mhóir mar bhainfeá smeach. Bhí cárta mór ar a bhrollach aige faoin gcóta agus na focla seo air i litreacha breátha móra:

'Tiocfaidh cáca isteach chugat amárach. Gearr trína lár é. Gheobhair eochair ann agus litir a bhéarfas tuilleadh eolais duit.'

Léigh Pádhraic é ach smid níor labhair.

B'ar éigean a leag Pádhraic fabhra ar feadh na hoíche ach ag feitheamh leis an lá. Ach tháinig an lá ar deireadh. Tháinig an meán lae. Tháinig an cáca. Chomh luath agus a fuair Pádhraic an fhaill bhris sé ina dhá leath é, agus, ceart go leor, bhí sin ann istigh, fillte i bpáipéar, ní eochair ach dhá eochair, ceann mór go maith agus ceann ba lú ná sin.

'Anocht,' arsa an litir, 'nuair a chluinfeas tú an dó dhéag á bhualadh bí réidh le héalú. Fosclóidh an eochair bheag doras na cille a bhfuil tú féin inti agus fosclóidh an eochair mhór an doras mór atá ar an bpríosún taobh amuigh. Téigh go dtí an coirnéal is faide soir ón ngeata agus caithfear dréimire rópa trasna an bhalla chugat. Seachain an bhfeicfeadh an saighdiúir atá ar garda taobh istigh den gheata thú. Caith amach méaróg thar an mballa chomh luath agus a bheas tú réidh. Táthar ag iarraidh ar dhuine eile de do chompánaigh éalú an tráth céanna agus is dócha go gcasfar ar a chéile sibh ag teacht amach. Bíodh misneach agaibh agus éireoidh libh, le cúnamh Dé.'

B'in a raibh inti. Ach nár mhór an lán é! Nárbh é a chuir an misneach agus an dóchas ag preabadaigh i gcroí Phádhraic! Saoirse! Cead a chos! An t-aer úr glan! An spéir ghorm agus ceol na n-éan! A Dhia, nárbh aoibhinn, nárbh inmholta, nárbh áthasach an rud é!

Chuaigh Pádhraic a luí an oíche sin go díreach mar théadh sé gach oíche eile, ach má chuaigh agus go ndeachaigh ní a chodladh a chuaigh sé. Bhí a chuid éadaigh air agus é réidh glan le himeacht chomh luath agus bheadh an t-am ann. Bhí a lámh i bpóca a bhríste aige an áit a raibh an dá eochair, agus é á láimhsiú agus á síorláimhsiú, mar bheadh eagla air go n-eitealfadh siad leo dá dtógadh sé a lámh díobh.

Bhí sé tamall ó bhuail sé an haon déag agus bhí sé ag teannadh ar uair an mheán oíche. D'airigh Pádhraic é féin ag éirí creathach de réir mar bhí sé ag teannadh ar an am, ach ní eagla a bhí air ach imní. Cheap sé gur chuala sé a chroí ag bualadh, agus d'airigh sé mar bheadh torann ina chluasa, bhí sé ag éisteacht chomh haireach sin. An torainnín ba lú ní dheachaigh sé uaidh. Dá ndéanadh an eochair aon torann! Dá gcastaí aon gharda air ag dul ...

Aon, – dó, – trí, – ceathair, – cúig, – sé, – seacht, —ocht, – naoi, – deich, – aon déag, – dó dhéag.

Ní raibh an dó dhéag buailte baileach aige nó go raibh doras na cille foscailte agus é sa halla mór. Ach bhí an doras mór roimhe go fóill. Chuartaigh sé thart lena láimh sa dorchadas nó go bhfuair sé poll an ghlais. Chuir isteach an eochair agus chas í. Bhí an glas docht agus ba dheacair a chasadh. A Dhia, an torann a rinne sé! Shíl sé go raibh gach duine ar an mbaile dúisithe aige. Sheas sé tamall agus a chroí ina bhéal ar eagla go gcluinfeadh sé aon duine de na gardaí ag teacht air.

Leis sin féin leagadh lámh ar a ghualainn! Thit an lug ar an lag aige agus chuaigh a chroí go bonn a chos! Shíl sé go raibh an t-im tríd an mbrachán air.

'An tú Pádhraic? An bhfuil an doras foscailte agat?' arsa an cogar ina chluais.

Micilín, dar fia! Micilín Pheait a bhí ann, agus níorbh aon duine eile. Ba é an 'compánach' eile a bhí ag éalú. Léim croí Phádhraic.

Amach leo beirt sa dorchadas. Chuala siad siúl an tsaighdiúra a bhí ar an ngeata agus é suas agus anuas, suas agus anuas ag coinneáil garda. Nárbh iontach nár chuala sé an doras á fhoscailt? Ach ní raibh aon chosúlacht air gur chuala sé tada.

Choinnigh siad isteach go dlúth ar scáth bhalla an phríosúin ar eagla go bhfeicfeadh an saighdiúir iad, agus thoisigh siad ag tarraingt suas ar an gcoirnéal. Bhí siad ag siúl ar bharr a gcos agus iad ag sú isteach a n-anála ar fhaitíos go ndéanfadh siad aon torann.

Ach bhí Dia leo – go fóill ar chuma ar bith. D'éirigh leo an coirnéal a bhaint amach gan mórán trioblóide. Chrom Pádhraic agus chuartaigh thart nó go bhfuair sé cúpla méaróg. Chaith amach thar an mballa iad. Dhá nóiméad ina dhiaidh sin caitheadh dréimire rópa isteach chucu.

Ba é Micilín an chéad duine a chuaigh thar balla. Ansin suas le Pádhraic. Bhí sé go díreach ar bharr an bhalla agus é ag ísliú ar an taobh eile nuair a ligeadh an phlanc, agus chuaigh an piléar thart chomh gar sin dá chluais agus gur mhothaigh sé an siúrsán a bhí leis. An saighdiúir a chonaic é idir é agus léas nuair a bhí sé ar bharr an bhalla.

Níor thráth dá fhaillí é! Ba ghearr go mbítí ar a dtóir, mar go músclódh an t-urchar an príosún ar fad agus a raibh timpeall air. Léim Pádhraic de bharr an bhalla agus tháinig ar a dhá bhonn ar an talamh.

As go brách leis féin agus le Micilín agus le ceathrar eile a bhí ag fanacht leo taobh amuigh. Rinne siad a mbealach trasna páirce nó go dtáinig siad go dtí bóithrín a raibh gluaisteán ann. Cuireadh Pádhraic agus Micilín sa ngluaisteán, agus chuaigh duine den cheathrar eile leo á dtionlacan. Thug an gluaisteán a aghaidh amach bóthar Lár Easa.

Ach ba ghearr a bhí siad imithe nuair a chuala siad na faolchoin ina ndiaidh. Bhí torann agus troimpléasc agus tuargain ann. Bhí na Dúchrónaigh ar a lorg i dtrí cinn de thrucailí agus iad ag scaoileadh piléar leo ar a dteann-dícheall. Ceann de na piléir chuaigh sé i mbonn an ghluaisteáin agus shílfeá gur pléasc toirní a bhí ann leis an torann a rinne an ghaoth ag imeacht as.

B'éigean do Phádhraic agus dá bheirt chompánach léimneach as an ngluaisteán agus na fálta a thógáil chucu féin ag déanamh síos ar an dumhach ag Lár Easa. Bhí piléir ag feadaíl thart lena gcluasa, agus ba é Dia féin a tharrthaigh iad nár baineadh an tséideog astu.

I dtús báire bhí na Dúchrónaigh in ann lorg na nÓglach a chur sa talamh curaíochta, ach nuair a theann siadsan amach ar an talamh bán chuaigh siad amú orthu bun barr, gí go raibh tóirsí láidre aibhléise leis na Dúchrónaigh agus iad á gcaitheamh thart orthu ar gach taobh. D'aithneofá, freisin, ar an taobh a raibh na hurchair á gcaitheamh, nach raibh na Dúchrónaigh ar an lorg ceart.

Cá ham é nó huair é ach naosc éirí mar d'éireodh sí amach ó chosa Phádhraic, agus bhéarfadh sí ba bodhra as coillte le gach scréach nimhe dá raibh sí a chur aisti. Níor thúisce a chuala na Dúchrónaigh sin ná dhírigh siad na hurchair arís ar an áit ar chuala siad an scréachaíl, mar go raibh a fhios acu céard ba chiontach léi.

Thit Pádhraic de thuairt faoin talamh amach ar a bhéal agus ar a aghaidh, agus ní baileach a bhí sé tite nuair a chuaigh piléar ag feadaíl amach thairis. Shíl an bheirt eile gur marbh a bhí sé, ach níorbh ea. Barr a bhróige a chuaigh isteach i súil ribe a bhí curtha ag gasúr sa dumhach i gcomhair coiníní b'in é a leag é. Ba é an leagan ádhúil dó é. Dá mba rud é go mbeadh sé ar a bhoinn roimh an bpiléar úd bhí a chuid aráin ite. Nach beag an rud, go minic, a mbíonn bás nó beatha duine ag brath air!

Ba ghearr eile go mbeadh siad ag an bhfarraige, agus ní raibh a fhios acu beirthe ná beo céard a dhéanfadh siad ansin mar nach mbeadh dul ar a gcúl ná ar a n-aghaidh acu. Ach bhí an t-ádh ina gcaipín i dtólamh. Ar shroicheachtáil chrioslach na mara dóibh céard a bheadh rompu, mar leagfaí ann in aon turas í, ach bád iomartha, í ceangailte de chloch mhór go díreach i mbéal na toinne, agus í feistithe amach faoina cuid céaslaí agus eile. Triúr fear a bhí tar éis teacht amach ó Oileán Chuanaigh chun tórraimh a bhí i Lár Easa ba iad a d'fhág an bád ar an bhfeistiú sin, ach cheap na fir a bhí ag teitheadh go mba mhíorúilt é.

Ba bheag an mhoill ar an triúr an bád a shá. Ach ba ríghearr amach a bhí siad ag tarraingt ar an oileán nuair a shroich na Dúchrónaigh an áit, agus chonaic siad an bád agus a foireann. B'in é an áit a raibh an eascainí agus an mhallachtach agus na mionnaí móra. Toisíodh ag scaoileadh na n-urchar anois dáiríre píre. Shílfeá gur cith cloch sneachta a bhí ag titim san uisce thart ar an mbád bhí na piléir ag titim chomh trom sin.

Bhí Pádhraic agus Micilín ag tarraingt agus ag tarraingt ar a míle dícheall, agus an fear eile bhí sé crom thiar i ndeireadh an bháid ag iarraidh é féin a chosaint ar na hurchair. Bhí tuairim leath an bhealaigh atá idir an tír mhór agus an t-oileán curtha díobh acu nuair a chuaigh piléar trí thaobh an bháid taobh thíos de mharc an uisce. Thoisigh sí ag líonadh isteach. Níor thúisce sin ná chuaigh ceann agus ceann eile inti nó go raibh ceithre pholl inti ar fad. Dá mbeadh deich nóiméad eile acu bheadh sé ar a gcumas an t-oileán a bhaint amach mar nach bhfuil farantacht míle ann ó thaobh go taobh.

Ach ní raibh dhá nóiméad féin caite nó go raibh an bád líonta go béal, agus síos léi mar rachadh cloch. D'aithnigh siad ar a luaithe agus bhuail sí grinneall nach raibh an áit ródhoimhin, agus b'in é an uair a chuimhnigh fear Shligigh gur mhinic a chuala sé go mb'fhéidir siúl isteach is amach idir an t-oileán agus an tír mhór ach amháin nuair a bheadh taoide rabharta ann. Chuir Pádhraic amach a chéasla agus b'air a bhí an t-áthas nuair a fuair sé amach nach raibh thar cheithre troithe uisce fúthu.

Bhí na hurchair stoptha mar seo, agus ba é an leagan amach a bhí ag na buachaillí go raibh na Dúchrónaigh imithe ar lorg báid agus go mba ghearr go mbeadh siad sa tóir orthu arís. Ba bheag an mhoill orthu féin an t-oileán a bhaint amach de shiúl a gcos. Bhí siad fliuch báite, ní nárbh ionadh, ach ádhúil go leor bhí aithne ag fear Shligigh ar theach ar an oileán a bhí ar thaobh na hÉireann sa gcogadh, agus rinne siad comhairle tarraingt air.

D'éirigh cuid de mhuintir an tí nuair a chuala siad céard a tharla, agus fearadh fíorchaoin fáilte roimh na buachaillí a bhí tar éis an dá shaol a fheiceáil. Fuair siad éadaí tirime, agus chomh luath agus bhí greim bia caite acu fuair siad bád eile agus thug a n-aghaidh ar Thír Fhiachrach, an áit a raibh Óglaigh Shligigh ar dídean i measc na sléibhte. Tar éis a lán sclábhaíochta agus anró bhain siad amach an campa sular gheal an lá, agus iad trom tuirseach traochta.

Ba mhaith an scéal dóibh féin nár fhan siad ar an oileán,

mar nach raibh leathuair an chloig caite nó gur ransaigh na Dúchrónaigh an teach ar chaith na buachaillí bia ann agus inar athraigh siad a gcuid éadaigh, ach bhí an tseilg imithe rompu.

Lá arna mhárach nuair a fuarthas an bád agus í ina criathar tollta ag piléir chuaigh an gháir amach ar fud an cheantair go raibh na buachaillí báite. Chreid gach duine é ach amháin foireann tí amháin ar an oileán, agus níor bhac siadsan lena bhréagnú ar fhaitíos go rachadh tóir ar an tseilg arís.

XLI

Ní raibh ann ach go raibh a scíth ligthe ag na buachaillí nuair a tháinig scéala amach as Sligeach go dtí an campa ag rá go raibh na Dúchrónaigh ag fáil faoi réir le teacht amach agus na sléibhte a 'chíoradh,' mar dúirt siad féin, agus 'deireadh a chur le hÓglaigh Shligigh.' Bhíothas ag dúil le rud eicínt dá shórt le tamall roimhe sin, agus ba é sin an fáth ar socraíodh cuidiú le Pádhraic éalú, mar go raibh cáil mhór air ar fud an Iarthair ina throdaí agus ina ghleacaí. Bhí garda amháin sa bpríosún a bhí cairdiúil le cúis na hÉireann, agus fuair seisean amach ó Mhicilín go mb'fhearr leis féin freisin taobh amuigh de bhallaí an phríosúin ná taobh istigh. An garda céanna thug sé leide do na hÓglaigh eile as Contae Mhaigh Eo a bhí istigh, freisin, ach ba é an rud a thug siad le tuiscint dó go mb'fhearr leo fanacht mar bhí siad ná dul amach ar a dteitheadh i gceantar nach raibh aon eolas acu air ná aon aithne orthu ann, in áit nach mbeadh siad in ann a gcara a aithneachtáil óna namhaid; agus fágadh iadsan mar bhí siad.

★ ★ ★

Ní raibh sé mórán thar bhreacadh an lae, maidin amháin, cúpla lá i ndiaidh an ama sin nuair a chonaic an fear a bhí ar garda ag an gcampa slua Dúchrónach ag déanamh air aníos taobh an tsléibhe. D'fhógair sé go raibh an tóir ag teacht, agus ba ghearr an mhoill a bhí ar lucht an champa go raibh siad ina suí agus iad feistithe i gcomhair na teagmhála a bhí ag teacht orthu.

Maidin choimhthíoch cheobhránach a bhí inti, agus le seachtain roimhe sin bhí a lán báistí déanta aige. Bhí a bhail ar bhun an tsléibhe bhí sé mar bheadh scraith bhogáin ann, go mb'ar éigean ab fhéidir a shiúl, agus an mhuintir a bhí ag teacht aníos – bhí tuairim leathchéad acu ann – bhíothas á gcur go glúine sa bportach, agus iad broghach brocach le salachar agus le láib agus le guta. Bhí triúr acu a raibh inneallghunna an duine acu le hiompar, agus bhí sé ag dul rite go maith leosan a mbealach a dhéanamh beag nó mór. Ba mhinic a chaitheadh an dream eile cúnamh a thabhairt dóibh á dtarraingt as lathach nó as súmaire.

Thuas ar an gcruaiteach ar leiceann an tsléibhe bhí campa na nÓglach agus cruacha móna thart orthu a rinne cosaint bhreá dóibh. Ina theannta sin bhí trinsí gearrtha acu, ó ba rud é go raibh siad ag dúil le cuairt ó na Dúchrónaigh. Bhí gach fear acu faoi réir anois agus a ghunna feistithe ina lámha aige. Tuairim dhá scór acu a bhí ann ar fad. Bhí dhá inneallghunna acu agus b'ar Phádhraic a bhí cúram cinn acu.

Bhí na Dúchrónaigh ag cur an bhealaigh díobh chomh maith agus b'fhéidir leo, agus is cosúil nár bhuail sé isteach ina n-intinn riamh iad go gcuirfí troid orthu. 'Ruaigeadh' a bhí uathu a dhéanamh; 'ruaigeadh' agus 'cíoradh.' Ach amháin nuair a ghnítí luíochán rompu ar bhóthar b'annamh a chuirtí troid orthu, agus ba é an leagan amach a bhí acu gur 'lá spóirt' a bheadh ann.

Ba bheag le cúpla céad slat ón gcampa faoi seo iad, agus ní raibh cosúlacht ar áit ar bith go raibh duine nó deoraí thart timpeall. Ní raibh le feiceáil ach an sliabh ina shuí ansin go huaigneach agus a cheann sáite i néalta neimhe aige.

Ach ba ghearr an mhoill a bhí ar an uaigneas gur réabadh ó chéile é. Tháinig cith piléar anuas ar na Dúchrónaigh mar bhrúchtfadh an sliabh as amach iad. Cith agus cith eile! Leagadh a lán acu, ach níor theith siad. Níorbh fhéidir meatacht ná cladhaireacht ar bith a chur ina leith gí gur rugadh greim gearr orthu. Chaith siad iad féin ar a mbéal agus ar a n-aghaidh ar an mbogach agus thoisigh ag pléascadh agus ag plancadh ar a dteanndícheall.

Sheas an treascairt agus an tuargain sin ceathrú uaire, agus ní chluinfeá méar i gcluais i rith an ama sin ach torann na ngunnaí agus coscairt agus racadóireacht an oifigigh a bhí ar na Dúchrónaigh agus é ag brostú a chuid fear le mallachtaí agus le mionnaí móra. Ach bhí gach buntáiste ag na hÓglaigh, agus ar deireadh b'éigean do na Dúchrónaigh teitheadh – an méid acu a bhí in ann, agus ba é an beagán é. D'fhág siad na coirp agus na daoine loite ina ndiaidh agus ba é luas na gcos, nó na dtrucailí ab fhearr a rá, a thug ar ais go Sligeach iad agus scéal chailleach an uafáis acu go raibh na sléibhte beo le *rebels*.

Níor maraíodh aon duine de na hÓglaigh sa gcath, ach ná ceaptar go ndeachaigh siad saor gan cuid acu a lot. Ba é Micilín bocht ba mheasa a bhí. Bhí sé ar chúl cruaiche móna agus rinne sé obair iontach, ach féachaint dá dtug sé amach go bhfeiceadh sé cén chaoi a raibh an troid ag dul ar aghaidh chuaigh piléar ina éadan, agus b'fhurasta a aithne air go raibh an cath deireanach tugtha aige.

Pádhraic féin bhí sé loite go mór. Chuaigh piléar ann go díreach in aice an chroí, agus gí go raibh sé á scoilteadh le péin agus go raibh a lán fola caillte aige, ina dhiaidh sin féin thug sé araicis ar Mhicilín.

Bhí Micilín lag go maith, ach dá laige dá raibh sé bhí an chaint agus a aithne aige. Chuir sé amach a lámh nuair a tháinig Pádhraic go dtí é agus rug greim láimhe air.

'A Phádhraic,' ar seisean, 'nach iomaí contúirt agus clampar a raibh sinn ann riamh, agus nach iomaí crostacht a rinne sinn, ach tá orainn scaradh lena chéile ar deireadh! Nach beag a shíl sinn an oíche úd a bhí sinn amuigh sa gcurach gur anseo a chasfaí an bás le duine againn? Ach toil Dé go ndéantar. Ó, agus a Phádhraic, tá tú féin loite, nach shin fuil ar do bhrollach? Dia linn, Dia linn!'

Stop sé tamall. Bhí an glór ag éirí ní ba laige. Bhí na deora i súile na beirte.

'A Phádhraic,' ar seisean, arís, agus b'éigean do Phádhraic a chluas a chur lena bhéal ionas go gcluinfeadh sé é, bhí a ghlór chomh lag sin, 'a Phádhraic, abair – le – mo – mhá — thair – ó! ...'

Thoisigh sé ag rámhaillí agus ag glaoch ar a mháthair, amhail agus dá mba pháiste é arís, agus faoi cheann leathuaire shíothlaigh an t-anam as.

XLII

Seachtain i ndiaidh an ama sin bhí dochtúir ina sheasamh le hais leapa i seomra in ospidéal Naomh Eoin i mBaile Átha Cliath. Bhí a uaireadóir ina láimh aige agus a mhéar ar chuisle an othair a bhí ar chúl a chinn sa leaba gan cor ná cleas as agus nach n-aithneodh súil dá ghéire air go raibh ann ach corp. Chroith an dochtúir a cheann agus d'fháisc a bhéal go mídhóchasach agus chuir an t-uaireadóir ar ais go mín réidh socair ina phóca.

Bhí banaltra freisin le hais na leapa, banaltra nach bhféadfadh duine ar bith gan sonrú a thógáil di mar gheall ar dhathúlacht a pearsan agus ar an gcuma bhuartha bhrónach a bhí uirthi. Bhí sí ag cur a dhá súl tríd an dochtúir i rith an ama, agus nuair a chonaic sí ag croitheadh a chinn é tháinig dath liathbhán ar a haghaidh, mar bheadh duine ann a dtabharfaí breith bháis ar an gcara ba dhílse dá raibh ar an domhan aige.

'Níl aon mhuinín agat as, a dhochtúir?' Bhí crith ar a glór.

'Is eagal liom nach féidir liom a rá go bhfuil, a Bhanaltra Nig Uidhir. Bhí an piléar róghar don chroí agus gí gur éirigh linn a bhaint as féin, ní raibh ann ach "beir nó fág". An cara duit é?' ar seisean, ag breathnú go géar uirthi.

Chrom an bhanaltra a ceann beagáinín, agus tháinig an luisne bheag is lú a chonaic tú riamh tríd an leiceann liathbhán ag labhairt di.

'Sea,' ar sise, go hóghmánta. Agus ansin, tar éis nóiméid nó mar sin, 'an cara is dílse dá bhfuil ar an domhan agam.'

'Tá brón orm gur chuir mé drochmhisneach ort,' arsa

an dochtúir. 'Agus ina dhiaidh sin féin níl sa rud a dúirt mé ach barúil. Fhad agus atá an anál féin i nduine ní féidir a rá nach bhfuil seans aige, agus tá coimpléasc aigesean chomh láidir le capall. Murach sin bheadh sé marbh sular tugadh anseo é.'

Chuaigh uair an chloig thart agus b'fhaide leis an ógbhean a bhí ag faire le hais na leapa an uair sin ná lá agus oíche. Ar deireadh bhuail an t-othar air ag rámhaillí. Cheap sé go raibh sé amuigh ar na sléibhte in éadan na namhad, agus b'eo é ag brostú agus ag gríosú a chuid fear ar a dheargdhícheall. Níor thúisce stoptha de sin é ná tharraing sé port eile air féin: 'Gráinne! Gráinne!' Ní raibh ainm as a bhéal ach 'Gráinne.' Ansin stop sé go tobann, chuir suas a lámh go dtína éadan, agus dhearc thart air.

'Gráinne! An tú Gráinne, nó an bhfuil mé as mo mheabhair? Cá bhfuil mé?'

Buíochas mór le Rí na Glóire! Tá sé ina mheabhair arís!

'Ní baol duit,' ar sise, ag cromadh anuas agus ag slíocadh na gruaige siar dá éadan mar dhéanfadh máthair le páiste. 'Féach le titim i do chodladh más féidir leat, a Phádhraic.'

Stop Press! Stop Press! Stop Press!

Bhí gáir bhuachaillí na bpáipéar le clos go réidh sa seomra isteach den tsráid. Chuaigh an bhanaltra go dtí an fhuinneog agus dhearc amach.

Tá na páipéir á sciobadh ó na buachaillí atá á ndíol. Tá cuma an áthais ar gach duine. Caithfidh sé go bhfuil rud iontach eicínt tar éis titim amach. Chuir Gráinne fios ar pháipéar. Tugadh sin chuici.

Sos cogaidh idir Éire agus Sasana!

'Céard atáthar a fhógairt mar sin?' arsa Pádhraic, go lag, ag cur cluas le héisteacht air féin.

'An cogadh atá thart, buíochas mór le Dia, agus más maith is mithid.' Bhí eitreoga ar a croí le háthas.

Leis sin thit an t-othar ina chodladh.

Shoilsigh an ghrian isteach ar fhuinneog an tseomra. Fuiseog a bhí á cleitiú féin in éanadán a bhí crochta ar bhalla ar an taobh eile den tsráid bhuail sí uirthi lena ceiliúr croíúil nuair a tháinig an scalán. Tháinig an dochtúir isteach arís. Dhearc sé ar an othar. Chonaic sé go raibh sé ina chodladh go sámh. Dhearc sé ar Ghráinne. B'fhurasta aithne air go raibh iontas a sháith air.

'Tá biseach air,' ar seisean, i gcogar. 'Tiocfaidh sé i dtír.'

'Tá,' arsa Gráinne, ag cromadh a cinn. 'Bhí sé ag rámhaillí, ach thit sé ina chodladh ar ball beag nuair a tháinig a mheabhair ar ais chuige.'

Dhearc an dochtúir ó dhuine go duine acu arís. Chuir amach a lámh agus d'fháisc lámh Ghráinne.

'Is fearr an dochtúir tusa ná mise,' ar seisean, ag éalú amach as an seomra go foríseal, agus ag dúnadh an dorais go réidh ina dhiaidh.

DEIREADH